瞿林东文集

第10卷

走进我们共有的精神家园

近三十年史学演讲录

瞿林东　著

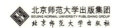

北京师范大学出版集团
BEIJING NORMAL UNIVERSITY PUBLISHING GROUP
北京师范大学出版社

序

　　自 20 世纪 80 年代初至今的 30 多年中，或因教学工作与研究工作的需要，或因参加学术会议与应邀作学术交流，我在不同的场合先后做了七八十次演讲，内容大多与史学有关，而受众多为高校本科生、硕士生和博士生，偶尔也面向社会公众。

　　这些演讲，有的已过去十几年甚至二十几年，其学术氛围、语言环境以及针对的主要问题，或多或少都带着时间的印记。更重要的是，所讲论题，大多属于基础性的范围，而具有研究性的论题不多。或许正是由于上述两个原因，我的学生们和一些青年朋友建议把这些演讲汇编出版，供青年史学工作者和史学爱好者参考。

　　当搜集、汇编 30 多年来的演讲稿时，我发现有的演讲只有一两页纸的提纲，有的是手写稿或打印稿，有的是据录音整理稿，情况很不一样。经过比较、斟酌，我从 70 多篇演讲稿和演讲提纲中选出 21 篇，集为本书，并大致依内容所及，分为走进历史学、史学与社会、读书与治史三个部分，以便读者阅读。有关访谈录，多与演讲内容相联系。故附于本书之后，一并请读者指正。

这里，我要感谢有关演讲的组织者，是他们为我提供了很好的机会，使我得以同学术界朋友进行学术交流；我要感谢所有听过我演讲的朋友们，是他们一次又一次地激励着我前行。在我看来，每一次演讲，都是对自己的"考验"。因此，我的感谢之情是发自内心的和真诚的。我还要感谢对我进行专访的朋友们，是他们推动我不断地反思，检讨自己在治史方面所走过的路。博士研究生王姝、于泳、李凯、范宇焜帮助我录入并校阅文稿，我也向他们表示谢意。

由于本人的学识所限，这些演讲可能存在的不妥之处乃至错误之处，敬希读者批评、指正。

瞿林东

2016 年 12 月 4 日

目 录

走进历史学

中国史学的遗产、传统和
当前发展的趋势 *

引言　中国史学的特点

中国是史学大国，而且是绝无仅有的史学大国。同世界各国比较起来，中国史学至少有四个特点：

一是历史记载和历史撰述的连续性；

二是传世的历史文献的丰富性；

三是历史编纂形式的多样性；

四是重视人事的社会性。

一、中国史学的遗产

把"史学遗产"从历史遗产中分离出来，并作为一个专门的学术问题和理论问题加以研究，是

---

* 2003 年 10 月 23 日，在当代中国研究所的演讲。

白寿彝先生开其先河的。这里说的史学遗产，是指历史流传下来的前人在史学活动中的创造和积累。

白寿彝先生在 1962 年写了一篇长文《谈史学遗产》，后来收入《学步集》(生活·读书·新知三联书店 1962 年版)。在这篇文章中，他从理论上阐述了研究史学遗产的重要性及研究的方法。他从七个方面归纳了史学遗产中的主要成就，称之为七个"花圃"，这就是：史学基本观点的遗产(历史观、历史观点在史学中的地位、史学工作的作用)，史料学遗产，历史编纂学遗产，历史文学遗产，重大历史问题研究成果的遗产，有代表性的史学家和史学著作，历史启蒙书的遗产。大家知道，自从 1902 年梁启超发表《新史学》以后，中国古代史学始终处于被批判甚至被否定的位置，白寿彝先生提出要总结史学遗产，并把这些遗产比喻为"花圃"，在当时不仅要有学术上的见解，还要有理论上的勇气。

20 世纪 80 年代，白寿彝先生又写出了五篇关于史学遗产的文章，其中一篇谈历史观点，一篇谈历史编纂，一篇谈历史文学，两篇谈历史文献。这五篇文章谈了四个专题：历史观点、历史文献、历史编纂、历史文学(历史著作之文字表述的艺术性)。这四个专题比原先所讲的七个"花圃"更集中了，也更提升了一步，同时也可以相互比照着理解。①

以上是白寿彝先生关于史学遗产的主要见解。他的这些见解发表后，对推动史学界研究史学遗产，研究中国史学史，有一定的促进作用和指导作用。最近，我已经同北京出版社商定好，把白寿彝先生的这几篇文章汇集起来，收入"大家小书"第三辑，书名叫作《史学遗产六讲》，同时附上他的另一篇代表作《史记新论》。这书可望在 2004 年 4 月出版。

---

① 参见白寿彝：《历史教育和史学遗产》，《白寿彝史学论集》上，北京：北京师范大学出版社，1994 年。

这里，我想在白寿彝先生关于史学遗产的见解的基础上，做一些变通，也加上我自己的研究和认识，简要地讲四个问题：丰富的撰述内容，多样的表现形式，历史理论的积累，史学理论的成就。

（一）丰富的撰述内容

在《汉书·艺文志》中，人们还看不出史书撰述内容的丰富性，可是到了唐初修成的《隋书·经籍志·史部》，我们看到史书已经分成13类，足见其内容的丰富性；到了清人修《四库全书总目·史部》时，史书内容更是发展为15类了。其中，仅以历代"正史"而言，它是综合各方面内容而成书的，其纪、表、志、传互相配合，把重大事件、典章制度、历史人物都写到了，经济、政治、军事、民族、文化等都有所反映。单说"正史"中的"志"就包含天文、地理、食货、礼乐、职官、经籍等，反映了社会生活的许多方面。"正史"以外的各类史书，有民族史、地方史、地理书、族谱、家传等，可以说是反映了多方面的历史面貌。

在丰富的历史内容中，我想强调的是，在过去很长的时间里，有人认为中国古代史学只是记述了汉族的历史，没有写出少数民族的历史，更没有写出多民族国家的历史，这种看法是不全面的，是不完全符合中国史学的实际的。《春秋》《左传》《国语》《战国策》等先秦史书，写的就是多民族的历史。司马迁《史记》更是写出了统一的多民族国家的历史。此后，在"正史"中写少数民族传记，成为一个传统，这是丰富的历史撰述内容的一个极重要的方面。

（二）多样的表现形式

中国古代史书体裁的多样形式，各有所长，互相补充，形成了对客观历史纵横交错、详略有致的表现形式。而每一种体裁都有不少代表性的著作，突出地表现出此种体裁的优点和所记述历史内容的价值。举例如下。

——编年体史书，从《春秋》《左传》《汉纪》《后汉纪》到《资治通鉴》及《续资治通鉴长编》等；

——纪传体史书，从《史记》《汉书》到历代正史；

——典制体史书，从《通典》《唐会要》到《文献通考》及历朝会要；

——纪事本末体史书，从《通鉴纪事本末》到历朝纪事本末；

——学案体史书，有《明儒学案》《宋元学案》《清儒学案》等；学案体在今天仍有突出的借鉴价值，可惜未曾引起人们的足够的重视；

——评论体史书，这里包含历史评论和史学批评，历史评论著作有《帝王略论》《唐鉴》《读通鉴论》《宋论》等，史学批评著作有《史通》《非国语》《新唐书纠谬》《五代史纂误》《史略》《史学要义》《文史通义》等，乾嘉时期的几位历史考证著名人物的著作，如钱大昕所著《廿二史考异》、王鸣盛所著《十七史商榷》、赵翼所著《廿二史札记》，则既有历史评论，又有史学批评，内容丰富，多有理论见解，不能单纯以一般性历史考证著作看待；

——历史笔记，这里主要是指史料笔记，其中有侧重历史考辨的，有侧重历史掌故的，有侧重社会风俗的；自唐迄清，这种笔记极为丰富，其中有不少是名家所撰，如欧阳修、苏轼、洪迈、陆游等；笔记的体裁比较灵活，或亲历，或传闻，或读书所得，随手札录，聚少成多，汇编成书；这些笔记有的按类编次，有的按撰写时间编次，有的有目录，有的没有目录，总之，这是一种不拘形式的体裁，20世纪90年代以来，各种"笔记"撰述风起云涌，学术含量高的当然也有，但并不多见；

——史注，这虽然不是一种独立的体裁，但却具有重要的地位，如《国语》韦昭注，《左传》杜预注，《水经注》郦道元注，《洛阳伽蓝记》杨衒之自注，《史记》三家注，《三国志》裴注，《汉书》颜注，《通典》杜佑自注，《资治通鉴》胡注，《史通》浦起龙注等，这些都是有名的注，重要的注，在注文的内容和注文的体例上都有很多可以继承的地方。

以上这些史书的表现形式，互相补充、交叉，对于记述和反映中国历史面貌，反映历代史家和学人对于中国历史的认识，都具有重要的价值，同时也要丰富了我们对于中国历史和中国史学的认识。有些史书的表现形式，在当今的史学活动中还是可以借鉴的。

（三）历史理论的积累

这里，我首先要说明两个问题。第一个问题，是应当区分历史理论同史学理论的内涵，同时也要注意到它们之间的联系。第二个问题，是在中国古代史学中，有没有历史理论？有一种比较普遍的观点，认为中国古代史学没有理论，只有记载和描述，有人甚至名之曰"记述史学"。我个人认为，这种看法是不妥当的，究其原因，一是他们对中国史学不甚了解，二是研究中国史学的朋友（包括我自己）对理论遗产发掘和总结不够。依我的肤浅认识来看：中国古代史学有着辉煌的理论成就。比如，《史通》和《文史通义》就是中国古代史学理论成就的代表作；《新唐书纠谬》《史略》《文献通考·经籍考·史部》《史学要义》《廿二史札记》等，都有鲜明的史学理论色彩；《吕氏春秋》《新语》《淮南子》《盐铁论》《人物志》《帝王略论》《贞观政要》《唐鉴》《唐史论断》《通鉴直解》《读通鉴论》《宋论》《明夷待访录》等，则蕴含着丰富的历史理论内容。《史记》《汉书》以下，历代"正史"中也包含着丰富的理论遗产。

中国古代史学的理论遗产有自己的特点。第一，中国古代史学的理论形式，大多不离事而言理、言道。从《吕氏春秋》到《读通鉴论》《廿二史札记》，莫不如此。第二，中国古代史学的理论成就，就作者和著作而言，显得"分散"；就历史脉络而言，却具有系统性和连续性。如分封、郡县之论，从秦朝至清朝，代有所论且愈益深刻；又如君主之论，从孟子到王夫之，论者屡朝不绝，宏论迭出；再如兴亡之论、正统之论等，也是如此。认清了这两个特点，以这两个特点为基础，我们才可能走出误区，不断加深对中国古代史学的理论遗产的认识。

北京师范大学史学研究所的研究人员，经过几年的努力完成了《中华大典·历史典·史学理论与史学史分典》，约六百万字。这个分典有史学史部分，有历史理论部分，也有史学理论部分，可望在近一二年内出版。这是我们在理论遗产的文献方面所做的一点工作，《人民日报》曾报道过这个消息①。

根据我目前对中国古代历史理论的初步研究，我认为中国古代史学在历史理论方面有如下一些积累。

——关于天人之际的理论。这可以从多方面、多角度进行探讨。"天"的含义：有意志的天，自然的天，作为客观环境的天三个方面。"人"的含义：有周王与"人"，普通的人两个方面。天人关系：有"天命"与"人事"，"天道"与"人道"位置的变化两个方面。

——关于古今关系的理论。例如，古今是否有联系，是何种联系，进步？倒退？循环？穷、变、通、久的观念，"社稷无常奉，君臣无常位"的观念，"通古今之变"的思想。

——关于历史进程的理论。例如，上古之世、中古之世、近古之世的历史分阶段论，关于国家起源的天才猜想。

——关于历史变化动力的理论。例如，"天命"，"人事"，"圣人之意"，"生人（民）之意"，"时势"与"事理"，"事势之流，相激使然"。

——关于治乱兴衰的理论。例如，"民惟邦本，本固邦宁"，"水"与"舟"（民与君）的关系，"逆取"与"顺守"的辩证思想，"过役民力"与"休养生息"，"戒奢"与"风教"，"物盛而衰，固其变也"，居安思危与忧患意识，"兴亡"论种种。

——关于夷夏关系与历史文化认同的理论。例如，同源共祖观念，

---

① 载《人民日报》，2003年4月25日，第9版。

"天子失官，学在四夷"，地理环境与民族差别，科举制和五经，十三史与仁义道德，史书编纂与历史认同(说明：从《魏书》《周书》《北齐书》《南史》《北史》《辽史》《金史》《元史》等，说到今天新修清史)。

——关于历史人物评价的理论。例如，"时势"与"英雄"，人才的作用，丰富的君主论，历史评价与道德评价，人在历史进程中的作用。

——关于人民、国家、君主之关系的理论(史学家有孟子、魏徵、柳宗元、王夫之等)。

这些理论，在层次上或许有所不同，但都有丰富的积累。其中，天、人、古、今、时、势、理、道、通变、治乱、盛衰等，是经常出现的命题或范畴，历代史家都在不同程度上有所贡献。

近代以来历史观念不断变革，历史理论不断发展，如批判意识增强，进化论的引进，唯物史观的产生和发展等。

(四)史学理论的成就

概括说来，这主要表现为对于一些概念、范畴和问题的提出与论述，例如，历史意识与史学意识，古代史学理论的基本范畴(史才、史学、史识、史德、史法、史意)，书法与信史，采撰与历史事实，史论艺术与历史见识，史文表述与审美要求，史学的社会功能，史学批评的标准和史学批评方法论，近代以来史学理论的发展。从史家和著作来看，刘知幾的《史通》、吴缜的《新唐书纠谬》、高似孙的《史略》、王世员的《弇山堂别集》、章学诚的《文史通义》、梁启超的《中国历史研究法》及《补编》、李守常(大钊)的《史学要论》等，具有突出的代表性。

二、中国史学发展的基本规律和优良传统

(一)基本规律

探索史学发展规律，是史学史研究的重要任务。史学发展的基

本规律主要有：历史的发展如何影响着历史认识的发展，史书的内容与形式之辩证发展的关系，史学不断走向社会、深入大众的趋势等。

（二）优良传统

中国史学在长期的发展中，形成了一些优良传统，这主要表现在：撰写前朝史的制度与历史撰述的连续性，深刻的历史意识和恢宏的历史视野，史家之角色意识与社会责任的一致性，史学之求真与经世的双重使命，坚守史学的信史原则与功能信念，以及史家重视自我修养的传统等。

三、当前发展的趋势

（一）二十多年来中国史学的面貌

这突出反映在以下几个方面：理论探讨是关键所在，研究领域不断扩大，新成果的涌现，学术队伍的发展，以及中外史学交流日趋活跃。

（二）当前史学发展的趋势和存在的问题

主要趋势是：唯物史观面临挑战和考验，即坚持与创新；外国史学的影响与多元发展的趋势；无需指导思想的思潮；多元发展的客观趋势与怎样体现中国史学的主流；新的社会史研究受到普遍的关注，成为一个强劲的趋势；这里存在着两种社会史观，如何同时得到发展；中外史学交流不断加强，从国际史学大会、一般性国际研讨会到个别交流，都有很大发展。

目前存在的主要问题是：存在轻视理论的倾向，这种倾向产生于多种原因并导致了不同态度；青年史学工作者缺乏马克思主义修养，这是队伍建设中的一个重要问题；关于历史学的性质有种种不同的认识，比如，人文学科、社会科学、艺术，以及后现代思潮的影响；历史学的社会功能，比如，求真与经世的关系，史学与政治的关系等，存在着模糊的认识；学风浮躁夸张。

我建议有造诣的史学工作者，除自身研究领域外，多关注理论问题，关注史学发展趋势，关注一些具有倾向性的史学现象，并发表评论，这样能够促进中国史学沿着正确的方向健康地发展。这是我们的社会责任和历史使命。

时间匆忙，讲得很粗糙，不当之处，请大家批评指正。

历史学是什么[*]

历史学在目前的社会里面是不被人们青睐的一个学科，甚至可以说是不怎么被人们关注的一个学科，但是我要说明，历史学这个学科非常重要，它的重要性不在任何一个其他学科的重要性之下，这是我今天要讲的最重要的见解。那么，我们要讲历史学是什么，首先要碰到的就是历史是什么。我们在中学都学过历史课，但是我们未必懂得历史是什么，我们或许更不懂得历史学是什么，历史学在社会中有什么价值，对于我们人生和事业来讲究竟有什么重要性，这就是我今天要讲的几个主要问题。

一、历史是什么

历史是什么？关于这个问题的讨论由来已久，在当今的西方学术界仍然在讨论。而且有许

---

* 2007 年 11 月 11 日，在苏州大学的演讲。

多论点可以说把人们带到一些误区里面去，说不清楚历史是什么。在 20 世纪的 100 年中，这个问题一直在讨论。这里我想举几个例子。20 世纪初，意大利历史哲学家克罗齐认为历史是同生活统一的一种存在，历史同生活是统一的。他认为，一切真历史都是当代史。因为历史的当代性是在于他所叙述的事迹必须在历史学家的心灵中回荡，人们不感兴趣的那些事件都不是历史，他的这个观点在其所著《历史学的理论与实际》中被反复阐述。我们对此要做一些评论。所谓"一切真历史都是当代史"，有一定的合理性，因为它表明任何对历史的看法都反映了当代人的认识水平、价值观念，所以它不能不具有当代性，这是它的合理的地方。但是这个论点也有很大的局限性，就是把以往的事实和现实的事实混为一谈，或者说混淆了它们的界限。以往的并不是当代的，那么问题产生在哪里呢？人们认识历史必然有他的主观意向，这种主观意向是有当代性的，但是以往的历史是客观的，是不变的，历史事实本身是不可改变的，因此，就历史事实本身来说，是不具有当代性的，只是人们认识、解释它的时候，它才具有克罗齐所说的当代性，所以对于这句话我们要有分析地看待，我们不能轻率或不加分析地引用说一切真历史都是当代史，因为这样就过分夸大了人们的主观意向。这是一种很有影响的看法，可以说影响了 20 世纪的八九十年，因为该书出版于 20 世纪初，直到今天它还有影响。

我再举一个例子，是英国的一个历史哲学家，叫柯林伍德。他写过一部书，叫《历史的观念》，写于 20 世纪 40 年代，在 80 年代被译成中文，在国内产生广泛的影响，也被人们经常引用。他的基本观点是，历史是什么呢？他说自然的过程可以确切地被描述成单纯事件的序列，而历史的过程则不能。历史的过程不是单纯事件的过程，而是行动的过程。它是一个用思想的过程所构成的内在方面，而历史学家所要寻求的正是这些思想的过程。所以他得出结论：一切历史都是思想史。这是一个很有名的论点。他说，一切历史，都是在历史学家自己的心灵中重演过去的思想，这就是历史。我们对这个论点也略加评论，这种论点毫无疑问是继承了克罗齐所谓心灵回荡的说法，从根本上说是不承认历史的客观性。柯林伍德把行动的过程和思想的过程等同起来是不对的，他承认有行动的过程，但他又说，这是由思想的过程所构成的内在存在，这就混淆了二者的界限。同时，柯林伍德认为历史学家所要寻求的历史真相，把它归结为思想的过程也是不对的，历史学家所要寻求的是客观历史的真相，而不是所谓思想的过程。克罗齐和柯林伍德谈论历史的共同之处是过分夸大了人们的主观意识。因为任何一个人在判断历史人物和事件时都有他的主观意向，这是所有人都不能超越的。克罗齐和柯林伍德正是过分夸大了这种主观意向，而事实上否定了历史的客观性、历史事实的不可改变性，我想这是他们的缺陷所在，甚至可以说是错误所在。

我再举一个例子，是英国一位历史哲学家，叫爱德华·霍列特·卡尔，他写过一部书，书名就叫《历史是什么?》，20世纪80年代有中文译本，商务印书馆出版。卡尔的基本观点是这样的：历史是什么呢，历史是过去跟现在之间的对话。他进一步阐说：历史是过去的事件跟前进中出现的将来的目标之间的谈话。这仍然是过去和现在的对话。卡尔的观点也有他的合理性，这个合理性就是历史和现实是有联系的，历史是不能割断的。因此，他认为现实跟历史之间的对话就是人们所说的历史。我们说他的合理性就在于他承认历史和现实是有联系的。但是这里同样存在一个问题，就是当人们的主观印象加入对话当中去时，人们有意无意地就改变了或否定了历史的客观性。而把"对话"看作历史。我们说，现实的人去解释历史，这是对历史的一种评价、一种说明、一种看法。它不能完全等同于客观存在的历史。所以说卡尔虽然研究了克罗齐和柯林伍德的一些论点，并且有所批评，但是我认为他同样存在这样的问题，即没有明确指出客观的历史和人们所解释的历史是有联系而且也是有区别的。我们说不同的解释是历史学家各自对历史认识的不同，这个问题在历史学领域是时时存在的。我们大家要关注一下历史学的著作、期刊，我们就会看到人们在不断地讨论同一个问题。一个作者这样认为，另一个作者又那样认为，不同的作者有不同的解释，不同的评价。这是不可避免的，因为每一个历史学家、历史研究者，他的知识、他的修养、他的价值观念都会有差别。因此在解释历史时就会有差异，甚至得出完全不同的结论。正是因为这样，所以在历史学领域里人们在不断地探讨研究，寻找一个基本上的共识，这种共识或许比较接近历史的真相。这是极其自然的，这是历史学在研究中的一个常见现象。但是不管历史学家对同一事件或人物有多么不同的看法，都不能改变历史的客观存在。我想这些观念我们都必须很明确。

以上举的几例都是外国学者，他们都是哲学家，而不是史学家。这里我再举一个例子，大家都比较熟悉的例子，就是中国学者胡适。他说历史是什么呢？历史好像是一个可以随便被人打扮的小姑娘，你这样打扮她是一种历史，你那样打扮她就是另一种历史。我们知道，胡适是重考据的，对一些小说、历史，甚至人物他都做过翔实的考证。胡适在 20 世纪中国学术史上也是强调重视史学方法的学者。那么，他为什么会得出这样的结论呢？我们说：第一，从根本上看，他也否认了历史的客观性，同样一个女孩子，今天可以做这样的打扮，明天可以做那样的打扮，她仍然是同一个女孩子，没有改变，你可以这样或那样解释她，都不能改变她存在的客观性；第二，历史也并不是可以不遵循任何方法去随意解释的，在许许多多不同的解释中，必然有最接近真实的那种解释。人们的解释不同，有争论，争论的目的就是得到更大程度的认同，从而反映出历史的真相。所以胡适先生这话，是有很大缺陷的。近年来，国外有后现代思潮的流行，对史学产生了一定的影响。后现代思潮混淆了史学同文学的界限，实质上也不承认历史的客观性。对此，我们也应有一个基本的判断。

那么，历史究竟是什么呢？这里，我想引用李大钊的话来反映人们对历史的一种正确的认识。李大钊在 1924 年出版了一本书，叫作《史学要论》，他在书中讲道："历史这样东西，是人类生活的行程，是人类生活的联续，是人类生活的变迁，是人类生活的传演，是有生命的东西，是活的东西，是进步的东西，是发展的东西，是周流变动的东西；他不是些陈编，不是些故纸，不是僵石，不是枯骨，不是死的东西，不是印成呆板的东西。我们所研究的，应该是活的历史，不是死的历史；活的历史，只能在人的生活里去得，不能在故纸堆里去寻。"①总而言之，在李大钊看来，历史是人类发展的过程，这是客观的，不以任何人的意志为转移的一个客观过程。老一辈的历史学家白寿彝教授非常推崇李大钊对这个问题的解释，历史就是人类社会发展的过程。这是我们从一般意义上所说的历史。按照马克思主义的观点，历史包括人类史和自然史，自然界也有一部历史，但是这个历史是人类给它写的。此外，还有思想发展的历史，就是思维的历史，它也是人类社会史的一部分。我们为了研究思维的方便，把思维的发展过程也当作一个历史过程来看待。我们通常讲历史是什么？历史是人类社会发展的过程，这个论点，反映了历史的客观性，也反映了历史在不断地变动，它是一个发展的过程。

那么，人们能够超越历史吗？我们有时看到这样的说法：超越历史。我认为：任何人都是不能够超越历史的。任何人都生活在历

---

① 李大钊：《史学要论》，《李大钊全集》第四卷，石家庄：河北教育出版社，1999年，第 355 页。

史之中，历史是人类社会发展的过程，它至少应该包含这些因素：时间、空间、民族、国家、文化传统、心理、习俗等。这些东西，一般来说，人们是不能超越的，谁能超越时间和空间呢？谁能超越民族和国家呢？所以，从理性上说，历史是不能够被超越的。当人们在强调现实和未来的时候，常用一句话：超越历史。即使我们能够超越以往的历史，也不能超越当前的历史运动。我们说了，历史和现实是有联系的，当今的现实就是未来的历史，历史是已经逝去的现实，这是辩证关系。大家可能读过一本书，就是美国第一夫人希拉里所写的《亲历历史》，写的是她从中学时代到竞选州议员的经历。这个书名怎么理解呢？一是她个人的一段经历，这是最直观的理解；还有一种理解是什么呢？是她所经历的美国的这一段历史，因为她毕竟是美国的第一夫人。这个书名给我们一个启发，就是任何人都生活在历史当中，历史是不能够被超越的。我们经常接触到这样一个说法，就是一个人要同社会相协调，因为人是社会的人，不能够脱离社会。最近一些年我们更多地听到人要与自然相协调，人不能去损害自然，否则会得到自然的一种回报，这种回报可能是残酷的。那么讲到人不能超越历史，我想再补充一个重要的观念，就是人应当同历史相协调。这就是说，我们要正确看待历史，只有正确看待历史，才能正确看待现实，进而正确看待未来。当前，在我们的社会生活中，特别是艺术生活中，可以说有许许多多不能正确看待历史的作品存在，它们对我们的公众，甚至对我们的民族造成了很不好的影响。这一点，是我们当前的精神文明建设中一个极其严重的问题。历史是不可以随便乱说的，是不可以被庸俗化的，极而言之，是不可以曲解的、编造的。对于历史的不尊重，我认为，这不仅仅是知识修养的问题，应提高到社会责任上来认识，这不是我今天专门要讨论的，我只是说明一下。关于历史是什么，我就讲到这里。

二、历史学是什么，历史学有什么用处

历史学是什么呢？我们用一句最简单明了的话来说：历史学是认识和研究历史的学问或科学。稍微具体一些来说：历史学是认识和研究人类社会发展过程及其规律的学问。过程要说清楚，在说清楚过程的基础上，要说清这个过程有没有规律，这就是历史学的含义。那么，历史学有些什么主要内容呢？它包含哪些方面呢？

第一，历史理论。所谓历史理论就是在研究历史过程中所运用的观点和方法论。任何一个研究历史的人都有一种观点和方法。现在有一种流行的说法，认为研究历史就是恢复历史的真相，不要讨论什么理论，不要讨论什么指导思想。这种说法表面看来似乎很有道理，但实际上是不能成立的，因为任何一个人，都在自觉或不自觉地运用一种理论和方法来研究历史，不可能脱离任何历史思想和历史理论去讨论历史，只是人们在这个问题上有自觉和不自觉的区别，有高低的区别，有正确与否的区别。

第二，史料学。研究历史必须有材料，包括文献材料、考古材料、社会调查的材料、现在正在流行的口述材料等，这些都是属于史料学的范围。没有材料是不能够来谈论历史的。

第三，历史编纂学。通俗地说就是如何撰写历史著作。

第四，历史文学。就是人们在撰写历史书时，要尽量把历史事件及人物写得生动一些，要讲究遣词造句，讲究文辞，所以我们也可以称之为史文审美。

第五，史学方法论。研究历史必须有一定的方法，历史和逻辑的方法是最基本的方法，历史与逻辑的一致性，研究历史，不能够违背历史发展本身的规律，这个过程是同逻辑的演进相吻合的。比如，归纳与比较的方法，考古学方法，现在我们接触较多的是社会

学方法。人们用社会学的方法来研究历史，使历史研究的领域更加扩大了，研究对象可以深入社会的各个方面。还有人类学的方法，从风俗、心理等因素，可以看到人类社会是如何进步的，可以从更多的方面来反映这样一个历史进步的画卷。

第六，和相关学科的关系。历史学和许多学科都有关系：哲学，研究历史学的人不能不懂得一点哲学；考古学，同历史学关系十分密切，特别是远古的历史，没有考古学是说不清楚的，文明时期的历史，也有大量的考古资料来丰富、纠正历史文献记载上的错误，中国历史很丰富，其中相当一部分就是用考古材料来加以补充的。此外，历史学和社会学、人类学、地理学等也都有密切的关系。

以上这些总括起来就构成了历史学的基本内容，这些内容最终的目的，是要把人类社会发展的过程说清楚，把它存在什么规律说清楚，这是历史学的一个最基本的任务。

那么，历史学有什么功用，有什么社会价值？我前面讲到历史学不被人重视，甚至是被人冷落、嘲笑，这种现象是不正常的。同学们刚离开中学，我想你们都会知道历史课在你们那所学校占什么地位，在你们自己心目中，历史课究竟占什么地位。我想，可能有一小部分同学是十分重视的，极少部分中学校长是重视历史课的，但可以说，大部分是不重视的。这种现象对于一个民族的发展是非常不利的。在我的老师白寿彝先生九十岁生日时，北京师范大学为了祝贺《中国通史》全部出版、祝贺他九十大寿，开了一个十分隆重的大会。在这个会上，白先生讲了一句话："不重视史学，不是一个民族的光荣。"他说得很委婉，如果不是一个民族的光荣，那么是什么呢？这话要是让我来说，就是"不重视史学，是一个民族的耻辱"。所以我讲，历史学不被人们重视，是人们没有认识到历史学究竟有什么用。

现在我就讲一讲我对这个问题的认识。历史学有什么功用？做一个简要的归纳，历史学有以下几个重要用途。

第一，历史学是认识历史的主要途径。我们刚才讲到历史是人类社会发展的过程，我们如何去认识它，有许多学科都可以帮我们认识。但是最重要的途径是历史学。它可以帮我们认识这一过程，并揭示出其中的规律，这是历史学最重要的功能。人类不能够没有历史。人类如果忘记了昨天，就不成其为人类。过去有一句名言，说一个人忘记了历史就像失去记忆一样可怕。人失去了记忆是不可想象的。我们今天常说，中华民族有五千年历史，这句话经常挂在口头上，这说明，它是不能够被忘记的，但实际上，许许多多事情表明，我们是不够重视历史的，从而也不够重视史学。但是，史学是我们认识历史的重要途径，这一点是不容忽视的。

第二，历史学有彰往察来的作用。了解历史，是为了更好地认识现实，进而有助于观察未来，看清历史前途，这是一脉相承的，因为我们生活在现实当中，我们要为更美好的未来而奋斗，一个国家如此，一个民族如此，我们每一个人也如此，都是为了美好的未来而奋斗。为了达到这个目的，我们当然要很好地认识现在，而认识现在的一个重要前提就是要了解历史，看清历史前途。我谈一点切身的体会。同学们现在坐在这里听课，就很难想象你们的父辈或者更年长的人是在什么情况下学习的。我是经历过三年自然灾害时期的一个知识分子，当时连粮食都不够吃，更谈不上营养品。同学们买酸奶很正常，我们那时见都见不到。小卖部在我们那个年代卖火柴、针线，现在却不卖了，因为社会进步了。但是没有这个比较我可能不知道这个进步，这是生活方面。在政治方面，学术方面，各个方面都有很大的变化。我们了解了历史，了解了你们的父辈怎样跟随着共和国走过这段历史，而我们今天是生活在一个什么历史条件下，我们应该怎样做，这非常重要。过去我在家里说这些话，孩子们会说"现在都是什么年代了"，是的，现在都是什么年代了，可是我们不能忘记过去是什么年代，因此在现在这样一个好的年代，我们应该怎样去要求和发展自己，这是一个很自然的问题。我想对于个人、民族、国家都是如此，中国的历史曾经在世界历史发展上领先了十几个世纪，明末清初以来落后了。今天我们说中华民族的伟大复兴，所谓复兴，我的理解是要仍然争取走在世界民族之林的前头，而不是落在后头。我们这个民族是曾经为世界做出过伟大贡献的民族，这意味着我们要为世界文明的发展做出更大的贡献。这就是历史、现实、未来的关系。所以我讲历史学的第二个功用，了解历史，是为了更好地认识现实，有助于观察未来，看清历史前途，增强前进的信心。

第三，历史学是治国安邦的经验。历史上有许多时期，社会繁荣，生产力不断发展，文明程度很高，国家兴盛，等等。但在另一些时期，生产遭到破坏，社会混乱，文明进程迟滞，这里有许多经验教训，它们不能简单地被搬到今天，但会给人们一些启发，即人们在参与政治的过程中，哪些措施是符合历史发展潮流的，是符合人心的；哪些是违背历史潮流的，是违背人心的。中国有句古话"得人心者得天下"，这是从许多历史经验中总结出来的；还有"水能载舟，亦能覆舟"，也是深刻的经验之谈。因此我们要用丰富的历史知识来提炼出治国安邦的经验及智慧。有些东西过时了，有些东西是不会过时的。比如，魏徵对唐太宗说的"兼听则明，偏信则暗"，这恐怕是永远不会过时的。江泽民同志强调说，特别是高级干部，尤其要懂得历史，特别是中国历史。不懂得一些治国安邦的历史经验，从严格意义上讲是不称职的。由此也可以看出，历史学的重要性绝不低于任何一门其他学科。

第四，历史学是与自然相处的经验。今天我们讲要善待自然。我们所总结的这方面的经验太少了。我们所看到的只是历史上人们在不断地开发自然，从而在某种程度上是破坏自然。其实中国历史上有许多善待自然的经验值得我们借鉴。比如，绿化是中国古代官吏的一个重要任务，官道两旁应该植树。还有，对水资源的利用要合理，这在历史上有许多经验可以汲取。同时，由于我们国家幅员辽阔，各地区的文明发展有不一致的地方，它们在一定程度上毁坏了自然，也形成了教训。比如，黄土高原的过分开发和利用，造成了今天的严重后果，这已经有几百年甚至更长的历史。大家可以设想，如果在唐代黄河是这样的话，那么唐代也不一定在长安建都。汉代，在司马迁笔下，关中平原是非常富庶的地方。许多年来人们的过度开发导致了今天的后果。这些是很重要的历史教训。

第五，历史学是文化积累的主要载体。20世纪80年代，在中国学术界，文化史研究非常热，当时我有一种看法，研究文化史的学者不懂历史就不能全面地认识文化。离开历史谈文化就没有了基础，因为客观历史是文化发展的源头，是文化的生命力之所在，而历史学对历史的记载是文化积累的主要承担者。我们的各种专史，各学科的萌芽，都在历史学中保留了下来，离开历史学无从谈起。所以我们说历史学是文化积累的一个重要载体。当然，我们说文化的表现是多方面的，但我们认为历史学是主要的承担者。

第六，历史学是文明延续的纽带。对此我想多讲几句。大家知道，中华文明是世界几大文明中唯一没有中断的文明，为什么呢，这有很多原因。一个很重要的原因就是中国历史上存在的政权，从来没有被外力所中断。所以作为一个国家的存在，它的政治实体具有连续性，这就从根本上保证了我们中华文明发展的连续性，此其一。其二，很重要的一个方面是文字发展的连续性。从甲骨文、大篆、小篆、隶书、魏碑、楷书、宋体，到今天电脑中的各种书写形式，汉字始终没有中断，即用以表述思想的符号能够延续下来。其三，思想发展的连续性。儒家思想一直影响着中华民族的发展，所以中华民族的发展有一个思想的遵循。这些都是中华文明能够延续下来的重要原因。这里我想特别强调的是，历史学的连续性，使人们对于文明的认识能够连续地发展下来。中国的史书，从孔子作《春秋》到现在从未中断。历史著作一旦中断，文明的发展就很难说清了。所以我们现在保存下来的中国古代的正史"二十四史"就连续不断地记录了历代的历史，这一点非常重要。所以我们说中国是一个史学大国，这有两个含义，一是中国有久远的史学传统，二是中国有浩瀚的历史文献，这两条都是世界各国所不能比拟的。所以我们认为历史学的功用之一，是中华文明延续的纽带。

第七，历史学是启迪人生的永恒的教师。我们都和历史学有关系，历史学对我们来讲不仅是知识，而且是老师，一个永恒的老师。读史书，可以帮助我们确定志向，制订修身的要求，选择行为的标准，这些都可在历史学中得到启迪。中国唐代有个史学家叫刘知幾，他讲过一个道理，他说历史都过去了，历史上的人都已死去，后人是怎样知道这些已经过去的事情呢？这是因为"史官不绝，竹帛长存"，我们才能知道历史上曾经发生过什么事，出现过哪些人物，现在我们应当"见贤思齐焉，见不贤而内自省也"。这说明历史学对于人生修养是多么重要，人生修养接触到最多的可以说就是历史学。我相信我们知道文天祥、林则徐的人是很多的，是不是这个道理？为什么他们都被写在历史书上？我说的是什么意思呢，历史的积淀记载了许多方方面面的优秀人物，我们通过读史书知道他们，并从他们的思想中受到启迪和鼓舞，这一点非常重要。这些启迪对我们志向的确定、修身的目标、行为的选择，都会有好处。这里，我想再引司马迁的一句话，他是中国古代伟大的史学家，外国有学者把他称为"中华民族伟大的民族英雄"，司马迁是我们中国古代史学的奠基者，对中国古代史学发展的影响非常巨大。同学们也许还记得，《史记》有十二本纪、十表、八书、三十世家、七十列传。七十列传是用什么样的标准来选择人物的呢？司马迁说"扶义俶傥，不令己失时，立功名于天下，作七十列传"，司马迁写历史人物是有选择的，主要选择哪些人呢？"扶义倜傥"是道德标准，是讲主持正义，而且非常洒脱；"不令己失时"，是说明这个人是有见解的，他能够抓住历史机遇，不让自己失去时机；还有一个更高的要求，是"立功名于天下"。2000多年前司马迁是这样来书写他笔下的历史人物的，所以我说，历史学的功用对于我们做人和我们的事业非常重要，而这种修养是内在的，有深厚的底蕴。

现在我们回过头来再看一下，我们对历史学的功用做了这样的概括。一是认识历史的主要途径。二是可以更好地认识现实，进而有助于观察未来，看清历史前途。三是治国安邦的经验。四是与自然相处的经验。五是文化积累的主要载体。六是文明延续的重要纽带。七是启迪人生的永恒的教师。概括起来，历史学的功用就在于它能够帮助我们发扬民族精神、丰富历史智慧、有益人生修养这几个方面。我想这是历史学给予社会的宝贵财富，这是任何学科都不能替代的。它的这些功用，是历史学对社会进步的一个突出贡献。

三、历史学距离我们有多远，怎样提高史学修养

我想用一句很朴实的话说：历史学就在你身边，并且与你终身相伴。我想这不是过分夸大了历史学的存在，为什么呢？因为我们的学习、工作、前途，以至于我们国家和民族的前途都不能离开历史学，所以历史学就在我们身边。我们每个人都在"亲历历史"，都有自己所生活的年代的历史。我们将来要有所发展，不论做什么工作，是不能没有历史学的知识和修养的。有一年我给理科博士生讲课，我问他们读过李约瑟的《中国科学技术史》没有，他们说没有，我说，李约瑟花了几十年工夫，在全世界范围内聘请了几十位学者写成这样一部书，作为自然科学的博士生，连这个书都不关注，我

们怎么来发展，怎么来谈自身的修养呢？我们都知道，李政道、杨振宁到北京大学、清华大学做报告，大家都愿意听，听什么呢？不是听他们的专业知识，是听文化修养。他们的文化修养反映了深厚的中国历史文化传统，这是他们之所以在国内普遍受到敬仰的重要原因。所以我想同学们无论以后从事什么工作，历史学都会伴随着你，对你有所帮助。我的学生中有人当了领导干部，他们有时对我说，在大学期间学习中国历史对自己现在做好工作有很大帮助，常常想到历史上的一些事件和人物，想到前人的嘉言懿行，这对一些问题的处理都非常有用。我这里还想引王夫之对这个问题的看法。明末清初的王夫之写过《读通鉴论》，其叙文说《资治通鉴》一书："国是在焉，民情在焉，君道在焉，臣仪在焉。"国家、人民、君主及一个知识分子应该怎么要求自己都讲到了。他说读了《资治通鉴》，你事业发达时固然会充满自信，即使在逆境中，也会懂得如何善待自己、善待他人。王夫之是一个思想家，也是一个史学家，他是从各方面对《资治通鉴》进行评价的，这说明历史知识、经验、智慧，对我们都是有影响的，它就在我们身边，不会离我们很远。

这里我想引一段李大钊的《史学要论》里的一段话，来说明历史和我们究竟有什么关系，《史学要论》共六章，第六章的标题是"现代史学的研究及于人生态度的影响"，其中说道："过去一段的历史，恰如'时'在人生世界上建筑起来的一座高楼，里边一层一层的陈列着我们人类累代相传下来的家珍国宝。这一座高楼，只有生长成熟踏践实地的健足，才能拾级而升，把凡所经过的层级、所陈的珍宝，一览无遗；然后上临绝顶，登楼四望，无限的将来的远景，不尽的人生的大观，才能比较的眺望清楚。在这种光景中，可以认识出来人生前进的大路。我们登这过去的崇楼登的愈高，愈能把未来人生的光景及其道路，认识的愈清。无限的未来世界，只有在过去的崇楼顶上，才能看得清楚；无限的过去的崇楼，只有老成练达踏实奋进的健足，才能登得上去。"①可见历史对我们建立正确的人生观来讲是多么重要。我们知道李大钊是伟大的革命家，他同时还是杰出的史学理论家。

最后，我想讲讲我们怎样提高自身的史学修养，这里提出几条建议供同学们参考。

第一，要确立关于史学的正确观念。这就是说对历史学要有一个正确的认识。史学是严肃的、重要的、有益的。我想回顾一下历史，在20世纪80年代，全国有一个史学思潮叫"史学危机"，在那个思潮里，大学历史系的有些学生感到面有愧色，因为历史学被认为是无用的学问。有一个真实的故事，两个学生在火车上谈话，当说到专业时，学历史的同学就难以启齿了。历史学居然沦落到了这样的地步。我想这是因为我们没有把历史学放到适当的位置。这当然和社会有关系，社会对历史学的位置有不公正的处理，当今市场经济盛行，读历史可能会影响到将来的生活条件，这是客观存在，但历史学的价值并不应因此而被贬低。我们不应当用物质回报的多少来衡量一个学科的价值，这是我们在理性上应当明确的。在实际上，每位同学都有选择的余地，但在理性上，我们应该对这个问题有个正确的态度。如果我们认为历史学没有用处，我们就会轻视它，如果我们真正看到了它在社会中的重要位置，看到了它对我们民族、国家、个人发展的重要作用，那么我们就会重视它，所以我想，观念的改变是非常重要的。我们要确立一个对待历史学的正确观念，要看到它是一个严肃、重要、有益的学科。

第二，要从阅读史学名著做起。我们讲历史是什么，历史学是什么，它有什么价值等，都要从接触史学著作入手，这样才能有真正的感受。那么中国史学这么多，从何读起呢？老一辈史学家常常

---

① 李大钊：《史学要论》，《李大钊全集》第四卷，石家庄：河北教育出版社，1999年，第407～408页。

提到一句话：打开一部"二十四史"，从何处看起？我衷心地向大家推荐司马迁的《史记》，《史记》的七十列传写得非常深刻，各种代表人物都写到了，对我们有很多启迪。《史记》的本纪，是我们讲中华文明五千年的历史主要的根据之一，其中的《五帝本纪》从黄帝写起。读一读《史记》会对我们产生很大的影响。我们会看到司马迁笔下这些人物是如何"扶义俶傥，不令己失时，立功名于天下"的。同学们读完《史记》后，如果还有兴趣，可以读《汉书》和《资治通鉴》。《资治通鉴》不要一开始就读，因为它是编年体的，不是很好读。南宋朱熹跟他的学生说，先读《史记》，《史记》中同一件事情可以在不同的地方讲到，纪里也有，传里也有，读来读去印象就深刻了。而《资治通鉴》中，一件事情只能在一个地方讲到，讲过就不再讲了。我们要有一定的史学修养后再读《资治通鉴》，它也是一部伟大的史学著作，在两宋后产生了很大的影响。中国史学上讲"两司马"，他们代表了史学上的两座丰碑。所以我们要讲史学修养，就要更多地接触一下《史记》和《资治通鉴》。西方的史学名著也很多，同学们可以读一读希罗多德的《历史》、塔西佗的《编年史》，这些都是较早的史学名著。一个人，如果不知道《史记》等史学名著，就很难说他在历史学上是有一定修养的。如果还有同学想对史学理论有所了解，可以读一读唐代史学家刘知幾的《史通》和清代史学家章学诚的《文史通义》，这两本书都是关于历史学的理论著作。我想通过读这些书，可以培养我们的史学修养。同学们都很年轻，我想应该在这些方面多下一些功夫。

第三，要表现在实际的生活和工作中，要逐步培养起历史地观察、分析问题的方法。这一点非常重要，我们从事于各行各业的朋友，包括学术界的朋友，在讨论问题时，由于缺乏这样的方法，会产生这样那样的问题。我们对一个人物或事件都要用历史的眼光去看待，要把他们放在他们所处的历史环境中去认识，而不是把我们今天的价值标准强加给历史，只有这样才会接近于正确，可以避免片面性。这种历史地看待问题，历史地观察和分析问题的方法，存在于我们生活当中的各个角落、各个方面，这是每个人都应掌握的。

今天我们讲了历史学是什么，共讲了三个方面：第一，历史是什么，人们能不能超越历史；第二，历史学是什么，历史学有什么功用；第三，历史学距离我们有多远，怎样提高史学修养。

今天我要讲的就到这里结束，谢谢同学们！

中国史学上的五次反思[*]

一、为什么要提出"反思"的问题

提出中国史学上的"反思"问题，从我个人来说，是一个偶然因素；从史学发展来说，这也可以看作一个必然趋势。

20世纪80年代中期，在一次史学研讨会上，有些朋友提出这样的论点：中国史学长于记叙，是"记叙史学"，而缺乏理论，甚至没有理论。我认为，这是一个令人深思的问题。我自己在20世纪60年代读研究生时，是攻读中国史学史专业的，因此难以接受这样的观点。如此发达的中国史学，怎么会没有理论呢？但是，要说中国史学有自己的理论，那么这个理论的内容是什么，有什么特点？这些，我在当时还不能做出具体的回答。我只是模模糊糊地意识到，用"反思"

---

* 2007年4月15日，在中国国家图书馆的演讲。

这个思路来反映中国史学上的几次重要的进展，或许可以勾勒出中国史学发展的基本规律，尤其在史学理论方面的发展规律。基于这些想法，我提出了中国史学上五次反思的见解。这就是我说的偶然机会的大致情况。

为什么说中国史学上的反思又是史学发展的必然趋势呢？这可以从三个方面来说明。第一，中国史学史是一门年轻的学科，它在20世纪三四十年代活跃了一阵子，到了50年代就变得沉寂了，60年代初，出现了再次活跃的势头，但不久"文化大革命"开始，又沉寂下去了。"文化大革命"结束后，中国史学史才又开始出现生机。可以说，几十年中，断断续续，时起时伏，人们在这个领域里，还没有充分的研究和足够的积累来思考其中的理论问题。第二，20世纪80年代，随着改革开放的发展，大量的西方史学的理论著作被引进国门，如克罗齐的《历史学的理论和实际》、卡尔的《什么是历史？》、柯林武德的《历史的观念》等，它们受到中国史学界的热切关注。相比之下，中国史学尤其是中国古代史学在理论上似乎就显得"苍白"无力了。第三，人们在"熟读"西方史学的理论著作时，不由自主地以19世纪以来西方史学的理论模式来看待中国史学的发展，来衡量中国史学的理论元素。当然，这种非历史主义的方法，是在不自觉的情况下产生的，是可以理解的，但并不是正确的。正是这几个方面原因所形成的"合力"，推动着人们对这个问题的思考和探究，从而做出自己的说明。这些，就是史学发展趋势的必然要求。

二、中国史学上五次反思的背景和特点

中国史学上的反思，是在中国史学有了很大发展和很多积累的情况下才可能出现的。两汉时期，司马迁和班固奠定了中国古代史学发展的基础。魏晋南北朝时期，在当时复杂、动荡的政治形势和

门阀地主居于统治地位的历史条件下，史学出现了多途发展的局面，史书的内容更加丰富了，历史著作的数量和种类都大大增多了。到了唐初贞观年间，设馆修史又取得了重大成就，先后撰成《梁书》《陈书》《北齐书》《周书》《隋书》和《晋书》，以及《南史》《北史》，当朝实录、国史也在撰述中。在这种情况下，一方面史学发展积累了丰富的成果和经验，另一方面史学在发展中也出现了一些教训和问题。这种客观存在，激发了史学家的思考，加之现实的历史撰述中出现的种种矛盾，使史学家对于这种思考达到了必须做出总结和说明的程度。于是，这样一个历史性的课题，就落在了曾经在武则天、唐中宗时期担任史官的刘知幾身上。从中国史学发展的总的趋势来说，刘知幾是开中国史学反思之先河的史学家。

刘知幾对中国史学的反思，是中国史学上的第一次反思。这次反思的主要特点，是产生了中国史学上第一部系统的史学批评著作《史通》。《史通》这部书，对唐初以前的史学从历史编纂上做了全面的总结，涉及史学家历史撰述态度和历史撰述方法的许多问题，既概括了成功的经验，也指出了存在的问题，思路开阔、语言犀利是《史通》的鲜明的风格。

中国史学上的第二次反思出现于清代前期。其学术背景是，刘知幾之后史学经历了中晚唐、两宋、辽金、元明和清代前期的发展，成果积累和思想积累更加丰富，提出的问题更加深刻，又有《史通》作为反思的前驱，于是出现了章学诚对史学的反思。这次反思的主要特点，是产生了一部有系统、有深度的史学理论著作《文史通义》。《文史通义》讨论文史的理论问题，而以讨论史学的理论问题为主。这部著作继承了刘知幾的反思精神而又发展了这种精神，它主要是从史学家的历史撰述思想方面对以往史学做了总结，章学诚着重从理论上进行分析，提出了一些带有规律性见解的认识，从而把对于中国史学发展的认识提高到理论认识的层面。可以认为，《文史通义》一书标志着中国古代史学理论的终结。

中国史学上的第三次反思出现在清代末年，其历史背景和学术背景是，清代后期，从 1840 年开始，中国备受西方殖民主义、帝国主义的侵略，被迫签订了一系列不平等条约，到了 20 世纪初，更是出现了帝国主义企图瓜分中国的严重危机。与此同时，一方面，中国史学家们出于救亡图强的目的，加强了对边疆史地和外国史地的研究和撰述；另一方面，一批进步的思想家引进西方的进化论思想，作为改良政治的思想武器。这种历史背景和学术背景，激发了史学家对中国古代史学的审视和批判，于是出现了以梁启超为代表的"史学革命"的要求。这次反思的主要特点是，产生了梁启超所撰写的《新史学》为标志"史界革命"的"宣言"。《新史学》以历史进化理论为武器，对中国古代史学进行激烈的批评，提出革除"君史"、撰写"民史"的主张，强调历史撰述不写出人群进化的过程及其公理公例，即不是好的史学家。以《新史学》为代表的史学思潮，在 20 世纪前半期产生了很大的影响。

中国史学上的第四次反思出现于 20 世纪 20 年代，它同第三次反思有很大程度的交叉，但它们在性质上却有明显的区别。20 世纪初，中国社会变动剧烈，历史步伐也大大加快了。随着辛亥革命的爆发、清皇朝统治的结束，以及新文化运动的兴起和马克思主义的传入中国，史学家们进一步开阔了视野，理论思考进一步加深，一部分史学家、理论家、社会活动家的世界观、历史观发生了根本性的转变，他们接受马克思主义的历史观和方法论来思考历史问题和史学问题。在这种历史条件下，李守常（大钊）于 1924 年出版了《史学要论》一书，此书参考了当代人的一些研究成果，在唯物史观指导下，阐述了历史学的性质、在科学中的位置，以及历史学的社会功能等重大问题，从理论上和方法论上奠定了中国马克思主义史学发生、发展的基础，被称为中国史学走上科学发展道路的里程碑。

中国史学上的第五次反思出现于 20 世纪八九十年代，其历史背景和学术背景是，20 世纪 70 年代末，中国的政治形势从"以阶级斗争为纲"转向实行改革开放、以经济建设为中心；在意识形态领域则是以拨乱反正、正本清源、解放思想、实事求是为其时代特征。于是，在经历了"文化大革命"之后，中国的理论界、学术界从"万马齐喑"的状态一下子活跃起来，几乎每一个学科或学术领域都在思考自身的发展道路。一般来说，思考的核心问题有两个重点：一是"四人帮"对这个学科或学术领域的干扰和破坏，二是这个学科或学术领域在"文化大革命"前的 17 年中的经验、教训。这是两个性质不同的重点，前者是对政治上的大是大非问题的清算，后者主要是关于学术上的正确与偏颇的检讨。这样一个生动活泼的历史局面，是以 1978 年中国共产党十一届三中全会为其起点的，因为此次大会唤起了人们的自尊、真诚、信念和热情。中国史学上的第五次反思就是在这样的历史条件下发生和发展的。这次反思有几个特点，第一，它具有广泛的社会性，可以看作学术群体的反思；第二，它以重新学习和准确地、完整地理解和运用马克思列宁主义、毛泽东思想为目标；第三，它要回应中国马克思主义史学家，如尹达、刘大年、白寿彝、尚钺、胡绳、黎澍等老一辈学者。这次反思的重大意义，是使中国马克思主义史学在当今史学多元发展的形势下，继续居于史学的主流地位，并创造出新的成就。

三、中国史学上五次反思的理论意义

中国史学上的这五次反思，都以其突出的理论成就，在中国史学发展上占有极其重要的位置。

（一）关于《史通》的理论成就

刘知幾《史通》一书是我国古代史学中第一部以史学作为研究对

象的、系统的理论著作。这部史学理论著作贯穿着强烈的批判精神，从这个意义上说，它应当被看作一部史学批评著作。《史通》前 10 卷为"内篇"，是全书的主要部分，着重阐述了有关史书的体裁、体例、史料采辑、表述要求和撰史原则，以及史学功用等，其中以批评纪传体史书的各种体例居多。后 10 篇为"外篇"，论述史官制度，正史源流，杂评史家、史著得失，并略申作者对于历史的见解。刘知幾撰《史通》的旨趣，是"商榷史篇"①，"辨其指归"②，而且"多讥往哲，喜述前非"③。他在继承前人思想成果的基础上，提出了系统的史学批评的理论。其主要内容有以下几方面。

第一，关于史书内容的范围。《书事》篇引用荀悦"立典有五志"的论点，即达道义、彰法式、通古今、著功勋、表贤能为史书内容的范围。又引用干宝对于"五志"的阐释，即体国经野之言、用兵征伐之权、忠臣烈士孝子贞妇之节、文诰专对之辞、才力技艺殊异。刘知幾认为："采二家之所议，征五志之所取，盖记言之所网罗，书事之所总括，粗得于兹矣。"④同时，他又认为，要使书事没有"遗恨"，还必须增加"三科"，即叙沿革、明罪恶、旌怪异。"五志"加上"三科"，"则史氏所载，庶几无缺"。这里所说的史书内容范围的问题，实质上已触及史家主观意识如何更全面地反映客观历史的问题了。

第二，关于撰史原则。《采撰》篇一方面主张要慎于"史文有阙"

---

① 刘知幾：《史通》原序，浦起龙通释，上海：上海古籍出版社，2009 年，第 1 页。
② 刘知幾：《史通》卷十《自叙》，浦起龙通释，上海：上海古籍出版社，2009 年，第 271 页。
③ 刘知幾：《史通》卷十《自叙》，浦起龙通释，上海：上海古籍出版社，2009 年，第 271 页。
④ 刘知幾：《史通》卷八《书事》，浦起龙通释，上海：上海古籍出版社，2009 年，第 213 页。

的问题，另一方面强调"征求异说，采撷群言，然后能成一家"①。刘知幾认为魏晋南北朝以来史籍繁富，皆"寸有所长，实广见闻"，但其书籍也产生了"苟出异端，虚益新事"的弊病。他告诫人们："作者恶道听途说之违理，街谈巷议之损实"②；"异辞疑事，学者宜善思之"③。《杂述》篇还说："学者博闻，盖在择之而已。"慎于采撰，根本的问题是要辨别什么是历史事实，这是刘知幾论撰史原则的核心。

第三，关于史书的体裁、体例。《史通》以精辟地论述史书体裁、体例而享有盛誉。《序例》篇说："夫史之有例，犹国之有法。国无法，则上下靡定；史无例，则是非莫准。"这是指史书体例本是史家反映历史见解的一种形式。刘知幾推崇《春秋》《左传》、范晔《后汉书》、萧子显《南齐书》的体例思想；而他的新贡献是提出了"诸史之作，不恒厥体"的理论，并通过《六家》《二体》《杂述》等篇，对史书体裁做了总体上的把握，论述了纪传体史书的各种体例。

第四，关于史书的文字表述。《叙事》篇较早地从审美意识提出了这个问题："夫史之称美者，以叙事为工。"他认为"简要"是"美"与"工"的基本要求，同时主张"用晦"，他认为："夫能略小存大，举重明轻，一言而巨细咸该，片语而洪纤靡漏，此皆用晦之道也。"④他还提出史书文字表述应采用"当时口语"，"从史而书"，以不失"天然"。同时，他反对"虚加练饰，轻事雕彩""体兼赋颂，词类俳优"⑤

---

① 刘知幾：《史通》卷五《采撰》，浦起龙通释，上海：上海古籍出版社，2009 年，第 105 页。

② 刘知幾：《史通》卷五《采撰》，浦起龙通释，上海：上海古籍出版社，2009 年，第 109 页。

③ 刘知幾：《史通》卷五《采撰》，浦起龙通释，上海：上海古籍出版社，2009 年，第 109 页。

④ 刘知幾：《史通》卷六《叙事》，浦起龙通释，上海：上海古籍出版社，2009 年，第 161 页。

⑤ 刘知幾：《史通》卷六《叙事》，浦起龙通释，上海：上海古籍出版社，2009 年，第 167 页。

的文风，反对"文非文，史非史"的文字表述。

第五，关于史家作史态度。《直书》《曲笔》两篇提出了"直书""曲笔"两个范畴，并做了理论上的说明，刘知幾认为这是"君子之德"和"小人之道"在史学上的反映。刘知幾所揭示出来的"直书"与"曲笔"对立的种种情况，说明它们的出现不仅有撰史者个人德行的迥异，也有社会的原因，如皇朝更替、政权的对峙、等级的界限、民族的隔阂等。刘知幾认为，直书才有"实录"，曲笔导致"诬书"，它们的对立从根本上决定了史书的价值和命运。

第六，关于史学的功用。《史通》讲史学功用的地方很多，如《直书》《曲笔》《自叙》《史官建置》等。《辨职》篇尤为集中，提出了史学功用的三种情况："史之为务，厥途有三焉。何则？彰善贬恶，不避强御，若晋之董狐，齐之南史，此其上也。编次勒成，郁为不朽，若鲁之丘明，汉之子长，此其次也。高才博学，名重一时，若周之史佚，楚之倚相，此其下也。苟三者并阙，复何为者哉？"刘知幾对这三种情况的划分，明确地显示出他的史学价值观。

以上这几个方面，是从史学工作的内在逻辑联系分析了《史通》一书所提出来的史学批评理论体系；尽管《史通》本身不是按照这个体系来编次的，但这个体系却包含在全书当中。它标志着古代史学理论的形成，也是古代史学发展的新阶段。同这个理论体系相表里的，是刘知幾的"史才三长"说。他提出史才、史学、史识即"史才三长"这三个范畴，阐释了它们各自的内涵和相互间的联系①，是史学家自我意识的新发展、精神境界的新的升华。从整体来看，刘知幾在史学理论发展上所达到的高度，的确是前无古人的，《史通》写成于唐中宗景龙四年（710 年），这在世界史学史上，大概也是无与伦比的。

---

① 参见欧阳修、宋祁：《新唐书》卷一百三十二《刘子玄传》，北京：中华书局，1975年，第 4522 页。

(二)关于《文史通义》的理论成就

从理论上全面总结中国古代史学的史家，是章学诚。他的成就主要在理论方面，所著《文史通义》《校雠通义》在史学理论上有重大建树，其中也有论及历史理论的名篇①。章学诚在史学理论方面的新贡献主要有以下几点。第一，在继承、发展前任认识的基础上，他提出了"六经皆史"的论点，这是继《隋书·经籍志》确立史学从经学中分离出来的经史分途格局之后，以史学来说明经书的新认识，从而进一步扩大和丰富了史学的内涵。第二，他提出了"史法"和"史意"的区别，而重于"史意"的探索。他说："吾于史学，盖有天授，自信发凡起例，多为后世开山，而人乃拟吾于刘知幾。不知刘言史法，吾言史意，刘议馆局纂修，吾议一家著述。截然两途，不相入也。"②简要地说，"史法"是探讨历史撰述的形式和内容，"史意"是探讨历史撰述的思想。刘、章的联系和区别，继承和发展，即在于此。第三，他提出了"撰述"与"记注"的区别，以"圆神""方智"为史学的两大宗门。他说："记注欲往事之不忘，撰述欲来者之兴起，故记注藏往似智，而撰述知来拟神也。"③"记注"与"撰述"，亦可从"史法"与"史意"中得到说明。第四，他提出了历史编纂上"神奇"与"臭腐"相互转化、发展的辩证法则。他认为："事屡变而复初，文饰穷而反质，天下自然之理也。"④他从"《尚书》圆而神"一直讲到袁枢《通鉴纪事本末》的出现，并说："臭腐复化为神奇，神奇复化为臭腐，故曰通天下一气耳。"⑤第五，他总结了通史撰述的品类及其所具有

---

① 参见章学诚：《文史通义》中的《原道》三篇，叶瑛校注，北京：中华书局，1994 年。

② 章学诚：《章学诚遗书》卷九《家书二》，北京：文物出版社，1985 年，第 92 页。

③ 章学诚：《文史通义》卷一《书教下》，叶瑛校注，北京：中华书局，1994 年，第 49 页。

④ 章学诚：《文史通义》卷一《书教下》，叶瑛校注，北京：中华书局，1994 年，第 51 页。

⑤ 章学诚：《文史通义》卷一《书教下》，叶瑛校注，北京：中华书局，1994 年，第 57 页。

的六便、二长、三弊，建立了古代通史史学理论①。第六，他提出了"史德—心术"论，发展了刘知幾的"史才三长"说，把关于史家自身修养的理论提高到一个新的阶段②。第七，他提出了"临文必敬""论古必恕"的文史批评的方法论原则。他说："不知古人之世，不可妄论古人文辞也。知其世矣，不知古人之身处，亦不可以遽论其文也。"③这是关于知人论世的精辟见解。第八，他总结了史书表述在审美方面的理论，提出了"闳中肆外，言以声其心之所得""传人者文如其人，述事者文如其事"等文字表述的原则。④ 第九，他提倡"别识心裁""独断之学"的继承、创新精神，强调在认识前人"著述之源，而知作者之旨"的基础上进行新的创造，此谓之"心裁别识，家学具存"⑤。

章学诚的《校雠通义》是一部系统的历史文献学的理论著作，其中《原道》篇结合社会发展总结了历史文献发展的规律，《宗刘》以下诸篇从理论和历史两个方面总结了古代历史文献的成就。

(三)关于梁启超《新史学》的理论成就

1902 年，梁启超继上一年在《清议报》上发表《中国史叙论》之后，又在《新民丛报》发表了著名的长文《新史学》。前者着眼于撰写"中国史"的构想，后者着力于从理论上批判"旧史"。作者自称"新史氏"，常言"史界革命"，意在创立"新史学"。这两篇文章，是近代资产阶级史学家批判古代史学，为"新史学"开辟道路的标志。梁启超的《新

---

① 参见章学诚：《文史通义》卷四《释通》，叶瑛校注，北京：中华书局，1994 年，第 372～377 页。

② 参见章学诚：《文史通义》之《史德》及《言公》《质性》等篇，叶瑛校注，北京：中华书局，1994 年。

③ 章学诚：《文史通义》卷三《文德》，叶瑛校注，北京：中华书局，1994 年，第 278～279 页。

④ 参见章学诚：《文史通义》卷三《文理》，卷五《古文十弊》等篇，叶瑛校注，北京：中华书局，1994 年。

⑤ 参见章学诚：《文史通义》卷五《申郑》《答客问》上中下等篇，叶瑛校注，北京：中华书局，1994 年。

史学》，讨论了历史撰述的性质和范围，历史哲学和史学的社会功能，史学与"他学"的关系，对"中国之旧史"的批判等史学上的重要问题。其理论价值在于：以近代学术观念阐述了史学的基本问题，提出了中国史学走向近代的理论模式；提出了有关的新概念、新范畴，如广义之史、狭义之史、局部之史、全体之史、公理公例等；对古代史学提出了批判性的总体认识。这些新的理论，在 20 世纪初至五四运动前后产生了很大的影响。"新史学"事实上成为 20 世纪史学发展的第一个阶段。

这里，我要重点说明两个问题。第一个问题，是梁启超对"中国之旧史"的批评，在当时看来，具有突破"旧史学"樊篱的意义，但若做认真分析，他的批评却有言过其实的地方。比如，他认为"中国之旧史"有"四蔽""二病""三恶果"，所谓"四蔽"是："一曰知有朝廷而不知有国家"，"二曰知有个人而不知有群体"，"三曰知有陈迹而不知今务"，"四曰知有事实而不知有理想"。所谓"二病"是："能铺叙而不能别裁"，"能因袭而不能创作"。所谓"三恶果"是："一曰难读"，"二曰难别择"，"三曰无感触"。

他的这些概括，大多有过激之处，并不完全符合事实，我们应做具体分析，不应把它作为合理的结论而加以引用。同时，我们也应当看到，梁启超这种对"旧史学"过激的批评，本出于救国心切。他在讲了"四蔽""二病""三恶果"之后这样写道：

> 今日欲提倡民族主义，使我四万万同胞强立于此优胜劣败之世界乎？则本国史学一科，实为无老、无幼、无男、无女、无智、无愚、无贤、无不肖所皆当从事，视之如渴饮饥食，一刻不容缓者也。①

---

① 梁启超：《新史学》，《饮冰室合集》第 1 册文集之九，北京：中华书局，1989 年，第 7 页。

正是出于这种原因，所以不应对他的过激的言论采取全然否定的态度。

我要重点说明的第二个问题是，梁启超在"史学之界说"这一段文字中，提出了对"新史学"的设想。对此，他从三个方面提出自己的见解："第一，历史者，叙述进化之现象也。""第二，历史者，叙述人群进化之现象也。""第三，历史者，叙述人群进化之现象而求得其公理公例者也。"这三层意思是逐渐递进的，他先说一般的历史，继而说"人群"进化的现象，最后说到人群进化现象的"公理公例"。他把这个"公理公例"也称为"历史哲学"，认为这是历史研究中最重要的一个环节。他这样写道：

> 夫所以必求其公理公例者，非欲以为理论之美观而已，将以施诸实用焉，将以贻诸来者焉。历史者，以过去之进化，导未来之进化者也。吾辈食今日文明之福，是为对于古人已得之权利，而继续此文明，增长此文明，孳殖此文明，又对于后人而不可不尽之义务也。而史家所以尽此义务之道，即求得前此进化之公理公例，而使后人循其理、率其例以增幸福于无疆也。史乎！史乎！其责任至重，而其成就至难！①

这些话，足以反映出一个史学家的心声。

(四)关于李大钊《史学要论》的理论成就

《史学要论》是李大钊系统地阐述他的史学思想的一部精粹之作。全书凡六章，结构严谨，言简意赅，具有理论的深刻与实践的激情相结合的特点。

第一章论述"什么是历史"。其主要论点有两点。第一，历史撰

---

① 以上所引均见梁启超：《新史学》，《饮冰室合集》第1册文集之九，北京：中华书局，1989年，第11页。

述所反映的"历史",并不等同于"活的历史"即客观历史本身。这种区别和联系,在理论上使人们懂得"历史的本体"即"活的历史"比历史撰述所反映的内容更生动、更丰富,从而拓展了人们的历史视野;在实践上则使人们可以感受自己也生活在"活的历史"之中,增强人们对于历史的体察和责任。第二,历史就是社会的变革。这一点,使人们懂得历史是变化的、进步的、生动不已的。全人类的历史如此,一个国家、一个民族的历史也是如此。

第二章论述"什么是历史学"。本章的主要论点有两点。第一,关于"历史学"的对象。李大钊写道:"史学有一定的对象。对象为何?即是整个的人类生活,即是社会的变革,即是在不断的变革中的人类生活及为其产物的文化。换一句话说,历史学就是研究社会的变革的学问,即是研究在不断的变革中的人生及为其产物的文化的学问。"①李大钊对历史学所做的这一定义,对人们认识历史学的性质与作用,有深刻的启示。第二,历史学应着力于建立历史理论。李大钊认为,在整理、记述历史事实的基础上,"建立历史的一般理论"即历史理论,才能使"今日的历史学"成为历史科学。这表明他在历史学的发展上是一个高瞻远瞩的人。

第三章论述"历史学的系统"。从学科发展史来看,李大钊所构建的"历史学的系统",以恢宏的视野来观察历史学的内涵和外延,是一个创举。

第四章论述"史学在科学中的位置"。这里所论述的,是关于史学在科学史上之地位的问题。"历史发见一定的法则,遂把史学提到与自然科学同等的地位,历史学遂得在科学系统中占有相当的位置。"②

第五章论述"史学与其相关学问的关系"。李大钊把史学相关的

---

① 李大钊:《史学要论》,《李大钊全集》第四卷,石家庄:河北教育出版社,1999年,第365页。

② 李大钊:《史学要论》,《李大钊全集》第四卷,石家庄:河北教育出版社,1999年,第389页。

学问划分为六类，共二十多门学科。他认为，文学、哲学、社会学与史学的关系尤为密切，故择出分别论述，而又以论述"史学和哲学"最为详尽，足见作者的理论旨趣。

第六章论述"现代史学的研究及于人生态度的影响"。关于这个问题，李大钊做出了深刻而又精辟的论述，他的主要论断有两点。第一，史学对于人生有密切的关系。他开宗明义地写道："历史学是研究人类生活及其产物的文化的学问，自然与人生有密切的关系；史学既能成为一种学问，一种知识，自然亦要于人生有用才是。依我看来，现代史学的研究，及于人生态度的影响很大。"①第二，现代史学研究可以培养人们的科学态度和脚踏实地的人生观。李大钊指出："有生命的历史，实是一个亘过去、现在、未来的全人类的生活。过去、现在、未来是一线贯下来的。这一线贯下来的时间里的历史的人生，是一趟过的，是一直向前进的，不容我们徘徊审顾的。历史的进路，纵然有时一盛一衰、一衰一盛的作螺旋状的运动，但此亦是循环着前进的，上升的，不是循环着停滞的，亦不是循环着逆返的，退落的，这样子给我们以一个进步的世界观。我们既认定世界是进步的，历史是进步的，我们在此进步的世界中、历史中，即不应该悲观，不应该拜古，只应该欢天喜地的在这只容一趟过的大路上向前行走，前途有我们的光明，将来有我们的黄金世界。这是现代史学给我们的乐天努进的人生观。"②在李大钊看来，有什么样的历史观就会影响到有什么样的世界观，进而影响到有什么样的人生观。第三，历史教育的重要作用。李大钊深刻地阐述了这个道理，他写道："即吾人浏览史乘，读到英雄豪杰为国家为民族舍身效命以为牺牲的地方，亦能认识出来这一班所谓英雄所谓豪杰的人物，

---

① 李大钊：《史学要论》，《李大钊全集》第四卷，石家庄：河北教育出版社，1999年，第406页。

② 李大钊：《史学要论》，《李大钊全集》第四卷，石家庄：河北教育出版社，1999年，第408～409页。

并非有与常人有何殊异，只是他们感觉到这社会的要求敏锐些，想要满足这社会的要求的情绪热烈些，所以挺身而起为社会献身，在历史上留下可歌可哭的悲剧、壮剧。我们后世读史者不觉对之感奋兴起，自然而然的发生一种敬仰心，引起'有为者亦若是'的情绪，愿为社会先驱的决心亦于是乎油然而起了。"①史学的魅力就在于此，就在于它的潜移默化的巨大作用。历史教育实在是一桩伟大的事业。

综观《史学要论》一书，把它放在 20 世纪中国史学中加以考察，我们可以得到这样的认识。

首先，《史学要论》是 20 世纪中国史学上最早面世的史学理论著作之一。它科学地、系统地阐述了历史学的一些重大理论问题，比如，关于什么是历史？什么是历史学？这是最基本的也是必须弄清楚的问题。如关于历史观问题、历史理论问题、历史学的系统问题、史学与哲学的关系问题、史学对于人们树立积极进取的人生观的影响等，它都做了深刻的论述。这些，在中国史学上都是前所未有的。

其次，在中国马克思主义史学发展史上，《史学要论》是第一部从理论上开辟道路的著作，成为中国马克思主义史学在理论上的奠基石之一。书中反映出作者对于马克思主义唯物史观所持有的信念，对于史学的性质与任务所进行的分析，对于史学影响到社会、人生所投入的关注等，今天读来，仍使人感觉到它的巨大的理性力量和深沉的激情涌动。

白寿彝教授评价说："《史学要论》是一本不到四万字的小册子，但这是为马克思主义史学开辟道路的重要著作。这本小册子凝结着一个革命家、一个无产阶级理论家对人类前途的真挚的希望。对于在中国传播马克思主义史学理论来说，李大钊不愧是第一个开辟道

---

① 李大钊：《史学要论》，《李大钊全集》第四卷，石家庄：河北教育出版社，1999年，第 409~410 页。

路的人。"①

（五）第五次反思的主要问题及其重大意义

前面讲到，第五次反思具有广泛的社会性，表现为群体形式的反思。其中，马克思主义史学家尹达、刘大年、白寿彝、尚钺、胡绳、黎澍等具有一定的代表性。他们的共同特点，是结合中国马克思主义史学的历史和现实，从理论和实践上回答了史学界面临的一些重要问题，并且都有专门的论述，收在他们各自的论集之中。

第一个问题，是关于总结中国马克思主义史学的历史经验、教训。

白寿彝主编的《史学概论》，对1949年以前的中国马克思主义史学的成就给予高度评价，认为马克思主义史学对于指导革命具有深刻的意义。关于新中国成立后17年的史学，尤其是1961年全国文科教材会以后的史学所取得的成就，该书也给予充分的肯定，认为：

> 文科教材会议后，中国通史及参考资料、世界通史及参考资料、中国历史文选、中国史学名著选等一些历史学科方面的教材相继出版，显示了我国马克思主义史学在高校历史系教学领域的新进展。文科教材会议还推动了历史研究领域的不断扩大，许多新的史学课题越来越受到史学界的重视。例如，史学概论、中国史学史、中国近代革命史、断代史、国别史、经济史、文学史等，在六十年代中期以前，都取得了不同程度的进展。②

总的来看，新中国成立后17年间，我国马克思主义史学所取得

---

① 白寿彝：《六十年来中国史学的发展》，《白寿彝史学论集》下，北京：北京师范大学出版社，1994年，第640页。
② 白寿彝主编：《史学概论》，银川：宁夏人民出版社，1983年，第358页。

的进展和成就是巨大的。但是，当时我们还不善于全面地认识和处理政治与业务的相互关系，因而不免在工作上出现某些偏差。例如，1957年的"反右派"斗争，出现了一些脱离马克思主义的提法，也伤害了一些有成就的历史工作者，其中包括有独立见解的专家。翦伯赞同志在1957年发表的《关于打破王朝体系问题》和《目前历史教学中的几个问题》，1962年发表的《目前史学研究中存在的几个问题》，提出了一些正确的看法，批评了一些错误的东西。但是，当时不是历史家的几篇文章所能一下子扭转得了的。接着，在十年动乱中，林彪、"四人帮"反党集团给我国马克思主义史学发展史造成了前所未有的大破坏。马克思主义史学面临着严峻的历史考验。① 可见，马克思主义史学既有宏伟的成就，也曾走过一些弯路或遭受到严重破坏，并不一帆风顺。

关于怎样对待马克思主义史学发展中的历史教训问题，尹达指出："由于客观的、主观的种种因素，在运用中往往会出现片面性、主观性，以至于失误。在革命实践中，在学术研究中，这是难免的事。"②他认为，我们绝不能因为曾经片面运用或误用马克思主义，曾经有人破坏马克思主义而怀疑马克思主义的基本理论。

第二个问题，是关于坚持唯物史观。尹达指出："唯物史观，'是唯一的科学的历史观'，也是'唯一科学的说明历史的方法。'用唯物史观的观点观察历史，既包括唯物主义，又包括辩证法，还包含发展学说。但是，现在似乎有一种倾向，讲马克思主义的唯物史观，只讲社会发展的物质基础这一条，关于过去的全部历史是阶级斗争的历史，关于社会存在与社会意识的辩证关系等，仿佛都不是马克思主义唯物史观的基本内容了，于是，只谈生产力、物质生产是社

① 参见白寿彝主编：《史学概论》，银川：宁夏人民出版社，1983年，第358～359页。

② 尹达：《关于史学研究中的几个问题》，《尹达史学论著选集》，北京：人民出版社，1989年，第384页。

会前进的唯一动力；不谈农民起义、农民战争推动历史前进的作用，反而说起破坏作用，造成中国封建社会缓慢发展，乃至停滞不前等等。马克思主义的唯物史观是一个完整的科学体系，是统一的、有机的整体。某一个时期，或针对问题，强调其中的某些基本理论是可以的，但是要把这样一个完整的科学体系肢解开，各取所需，甚至不惜歪曲、阉割，那是绝对不允许的！否则，我们的研究工作必然迷失方向，走入歧途。完整地、准确地、系统地学习、掌握马克思主义的思想体系，对我们从事社会科学研究，从事历史研究，十分重要。我们不要为一时的现象所迷惑，一定要学会完整地掌握和运用马克思主义的唯物史观，在自己的实际工作中加以消化，变成自己的思想、方法。这样，才能避免左右摇摆，保证我们的史学研究坚持正确的方向，取得科学成果。"[1]对于坚持唯物史观的重要性，白寿彝从历史理论的角度做出概括。他指出："历史理论，首先是史学领域的哲学问题，主要是社会存在和社会意识的关系问题。"[2]他还着重阐述三个方面的理论问题：一是"社会存在决定社会意识"，二是"物质生产和物质生产者的历史"，三是"社会历史之辩证的发展及其规律性"[3]。刘大年就坚持唯物史观应持什么态度的问题，指出："事物的存在、运转是有条件的，不能什么都'放之四海而皆准'，我们要同一切不赞成马克思主义的研究者讨论问题。要排除宗派主义，反对门户之见。不要怕对立面的反驳，应该欢迎反驳。一反驳就垮了，这说明你的观点本来与真理相悖谬或是似是而非，应该垮掉；驳不倒，则说明你的观点似非而是或是部分地站得住脚，有益于自己继续追求下去。要承认人对事物的认识需要有一个过程，越是复杂的事物，认识需要的过程可能就越长。人的认识又是有矛

---

① 尹达：《关于史学研究中的几个问题》，《尹达史学论著选集》，北京：人民出版社，1989年，第383～384页。

② 白寿彝：《中国史学史》第一册，上海：上海人民出版社，1986年，第11页。

③ 白寿彝：《中国史学史》第一册，上海：上海人民出版社，1986年，第11～19页。

盾有反复的，正确的和错误的认识往往交织在一起，不可以看得太单一。"①尚钺更是充满激情地写道："坚持马克思主义，坚持理论联系实际，脚踏实地，认真研究。我希望史学园地百花盛开。我们留给子孙后世的，不应该是鏖战之后的残垣断壁。而应该是一座五彩缤纷的大花园。"②所有这些话，反映了中国马克思主义史学家们的真诚信念和学术热情，读来令人颇为敬佩。

第三个问题，是关于怎样进一步发展中国史学。对此，侯外庐始终认为，中国史学工作者应当有这样的自觉意识和奋斗目标，那就是：

> 注意马克思主义历史科学的民族化。所谓"民族化"，就是要把中国丰富的历史资料，和马克思主义历史科学关于人类社会发展的规律，做统一的研究，从中总结出中国社会发展的规律和历史特点。马克思主义历史科学的理论和方法，给我们研究中华民族的历史提供了金钥匙，应该拿它去打开古老中国的历史宝库。我曾试图把中国古代社会研究，看作是恩格斯关于家庭、私有制和国家起源问题的理论在中国引申和发展。而这项工作不是我个人所能做到的，但却心向往之。③

他联系历史上的教训，进一步指出：

> "五四"以来，史学界出现一种盲目效仿外国的形式主义学风，企图按照西方历史模式来改铸中国历史，搞所谓"全盘西

---

① 刘大年：《当前近代史研究的几个理论问题》，《刘大年集》，北京：中国社会科学院出版社，2000年，第28页。

② 尚钺：《坚持用马克思主义研究中国历史》，《尚钺史学论文选集》，北京：人民出版社，1984年，第17页。

③ 侯外庐：《侯外庐史学论文选集》自序，北京：人民出版社，1987年，第18页。

化"，往往因此跌入民族虚无主义的泥坑。我对这种学风深不以为然，在 40 年代我就说过：我们中国学人应当学会使用自己的语言来讲解自己的历史与思潮，学会使用新的方法来掘发自己民族的优良文化传统。①

从 20 世纪 40 年代到 80 年代，侯外庐始终坚持这一见解，可见他认为这个问题非常重要。白寿彝对建设具有中国特色的马克思主义史学，提出了具体的设想，这些设想包含这样几个方面的内容："第一，关于历史资料的重新估价问题；第二，史学遗产的重要性；第三，取鉴于外国历史的问题；第四，历史教育的重大问题；第五，历史理论和历史现实的问题；第六，史学队伍的智力结构。"这几个问题都是专业性很强的问题，只有把这些问题都弄清楚了，并做出成绩来，才谈得上马克思主义史学的中国化。白寿彝满怀史学家的高度社会责任感语重心长地说道："我们今天应该考虑这些问题了，提出来请同志们指教。要建设有中国民族特点的马克思主义史学，要站在世界前列，不能一般化、真要拿出东西来。我们国家的历史最长，史学一向是最发达的，现在不应该落后，应该大步往前走。为了往前走，好多个现实摆在面前，需要我们认识，没有认识就无法前进。"②这就是说，建设具有中国特点的马克思主义史学，我们不仅在思想上、理论上要有明确的认识，而且要体现在具体的研究过程中，这才能促进中国史学不断前进。

　　刘大年从历史渊源上阐述了中国传统文化同马克思主义的关系，他在晚年写成的一篇鸿文《评近代经学》中写道：

---

① 侯外庐：《侯外庐史学论文选集》自序，北京：人民出版社，1987 年，第 18 页。
② 白寿彝：《关于建设有中国民族特点的马克思主义史学的几个问题》，《白寿彝史学论集》上册，北京：北京师范大学出版社，1994 年，第 321 页。

马克思主义与中国传统文化中古典的朴素的唯物辩证法的思想是可以沟通的。也就是说，中国人接受马克思主义哲学思想有内在的根据。尽管中国古典哲学与马克思主义哲学产生于相隔遥远的历史时代，属于截然不同的社会意识形态、属于不同的世界观和思想体系，但中国古代典籍复杂多样，其中关于唯物辩证法的思想，一向是人们所熟知的。自然它的形式是中国传统的。①

刘大年所得到的这一结论，可以帮助我们增强对于建设有中国特点的马克思主义史学的信心。

中国史学上的第五次反思，从本质上看，是中国马克思主义史学的自我反省。这次反思在更大的程度上影响着中国史学的未来。1988 年，刘大年为纪念侯外庐而写下的一段话，可以视为他以深邃的历史眼光，对这次反思做了总结。他这样写道：

50 年代末、60 年代初，历史教学、研究者中，有把郭沫若、范文澜、吕振羽、翦伯赞或侯外庐叫做"四大家族"的；有称郭、范、侯、翦、吕为"五老"的，如今五老都不在世了。我想可以说，这大概宣告了中国最早一代马克思主义历史研究者活动的终结。他们那一代人为推动时代前进，付出了辛勤劳动。他们做完了时代交给的答卷。他们是应当受到我们尊敬的。世界历史潮流不断发展前进。马克思主义历史学必须跟上时代步伐，不断发展前进。这要求我们做好许多工作。了解先驱者们的成就，吸收他们留下的遗产，是那些工作中的一个部分。只要以往事实证明马克思主义历史学与中国革命实践相结合，是

① 刘大年：《评近代经学》，《刘大年集》，北京：中国社会科学出版社，2000 年，第 427 页。

表现出了巨大生命力的，那么，现在和今后，按照新的条件，坚持这种结合，马克思主义历史学就是长青的。先驱者们的工作不会一旦遭到白眼而速朽。①

历史就是这样。我们在上面提到的尹达等几位史学家也都已经辞世。我们是不是也可以说，先驱们的这些反思，是不会白费的。他们的反思作为中国马克思主义史学的遗产，同样会产生积极的效果，推动中国史学前进。

四、简短的小结

最后，我还要说明几点。

第一，中国史学上的五次反思，都不能视为史学家个人的思想和行为，因为每一次反思，一方面都有时代的原因所促成，换言之，史学家的反思都不能脱离他们所处的时代及面临的问题；另一方面又都是史学发展上的积累和要求，尤其是思想上、理论上的积累和要求。总之，每一次反思，都是时代和史学共同促成的。

第二，中国史学上的五次反思所产生的影响，表现得有点快、有点明显，如以梁启超的《新史学》为代表的第三次反思；而大多反思都要经过一段时间，才会被人们充分理解并予以接受，成为史学发展的新的内在动力。这或许是一个规律。

第三，史学上的反思之所以能够推动史学的发展，是因为每一次反思都有代表性的理论成果面世。从刘知幾的《史通》、章学诚的《文史通义》、梁启超的《新史学》、李大钊的《史学要论》，一直到尹达、刘大年、白寿彝等马克思主义史学家对中国马克思主义史学所

---

① 刘大年：《侯外庐与马克思主义历史学》，《刘大年集》，北京：中国社会科学出版社，2000年，第302页。

做的论述，都在他们所各自所处时代之史学的理论成就上，具有不可替代的作用。

　　总之，中国史学有自我反思的优良传统，这是中国史学之树能够常青不衰的重要原因之一。

中国古代史学的奠基者：司马迁[*]

《华夏人物》系列讲座，现在是第十三讲了。我今天讲的题目是《中国古代史学的奠基者：司马迁》。

司马迁是我国古代伟大的史学家，是我国古代史学的真正奠基者。他写的《史记》，是我国史学上的一座划时代的丰碑。这里，我想借用两位前辈著名学者的话，对司马迁和《史记》做一个概括性的评价。

——著名的马克思主义史学家翦伯赞在《中国史纲》第二卷中写道：

> 中国的历史学之成为一种独立的学问，是从两汉时起，这种学问之开山的祖师，是大史学家司马迁。①

---

* 1988 年 9 月 2 日，在北京图书馆的演讲。
① 翦伯赞：《中国史纲》第二卷《秦汉史》，北京：商务印书馆，2010 年，第 599～600 页。

这是说明司马迁在中国史学上的地位。

——另一位著名学者、作家、文学史家、考古学家郑振铎在《插图本中国文学史》中说：

> 他（按：指司马迁）的空前的大著《太史公书》（按：《史记》，原名为《太史公书》）不仅仅是一部整理古代文化的学术的要籍，历史的巨作，而且成了文学的名著。中国古代的史书（按：指司马迁以前的史书）都是未成形的原始的作品，《太史公书》才是第一部正式的史书，且竟是这样惊人的伟作。司马迁于史著上的雄心大略，真是不亚于刘彻（按：即汉武帝）之在政治上。……自此书出，所谓中国的"正史"的体裁以立。作史者受其影响者至二千年。①

这是说明《史记》在中国学术史、史学史、文学史上的成就，尤其是在史学史上的成就。

我们知道，历史同现实之间有着密切的联系。这种联系至少在两个方面表现出来：一是物质的联系，即任何时代的人们所遇到的现实环境和条件，都是历史的产物；二是精神的联系，这种联系是通过以往的思想家、政治家、史学家的精神产品作为中介，把现今的人们同历史联系起来的。前一种联系，是一种自然过程；后一种联系，从人类对社会和历史的认识来说，是一个自觉的、能动的过程。而这后一种联系的不断发展，又可以不断推动人们对于前一种联系的正确认识，从而表现为对于自身历史的反省活动，以有利于当前的社会实践活动。我们常说的从历史中得到启示，得到借鉴，就是这个道理。我想，这就是我们有必要了解和研究历史上的一些

---

① 郑振铎：《插图本中国文学史》，北京：人民文学出版社，1957年，第119～121页。

伟大的史学家及其著作的根本所在。

下面，我就司马迁和《史记》讲几个问题。

司马迁是生活在汉武帝时代的人，这是指具体的历史环境。如果从发展的观点和纵深的视野来看，司马迁所处的时代有两个明显的特点。

第一，是西周末年至春秋战国大约 700 多年的历史大变动结束的时代。这就是由奴隶制向封建制的过渡，这个过渡以秦的统一为结束的标志。对此，《史记》是有反映的，如《十二诸侯年表》序说：

> （自周厉王出逃死后）乱自京师始，而共和行政焉。是后或力政，疆乘弱，兴师不请天子。然挟王室之义，以讨伐为会盟主，政由五伯，诸侯恣行，淫侈不轨，贼臣篡子滋起矣。①

这里讲的是春秋时期大国争霸的政治局面。

在《史记·六国年表》序中，司马迁又写道：

> （在晋国）是后陪臣执政，大夫世禄，六卿擅晋权，征伐会盟，威重于诸侯。及田常杀简公而相齐国，诸侯晏然弗讨，海内争于战功矣。三国终之卒分晋，田和亦灭齐而有之，六国之盛自此始。务在疆兵并敌，谋诈用而从（纵）横短长之说起。矫称蜂出，誓盟不信，虽置质剖符犹不能约束也。秦始小国僻远，诸夏宾之，比于戎翟，至献公之后常雄诸侯。论秦之德义不如鲁卫之暴戾者，量秦之兵不如三晋之疆也，然卒并天下，非必险固便形势利也，盖若天所助焉。②

---

① 司马迁：《史记》卷十四《十二诸侯年表》，北京：中华书局，1959 年，第 509 页。
② 司马迁：《史记》卷十五《六国年表》，北京：中华书局，1959 年，第 685 页。

这里讲的是七雄纷争直至秦的"卒并天下"、统一六国的政治局面。

像这样长久的、巨大的社会历史变动，在司马迁以前，还没有别的史学家做过这样明确的概括。这也说明，这个巨大的历史变动对司马迁的认识活动和撰述活动有深刻影响。

第二，是秦亡汉兴，由汉初贫弱到武帝富强的变化时期以及这种变化所带来的新的危机时期。这个时期统一的秦汉封建王朝建立后产生新的问题，这是一种性质的变化。应当说，这一个时代特点，给予司马迁思想上和历史撰述上的影响更大、更深刻；他的《史记》在反映这一时代特点上的成就，也更为突出。

对于这个时代特点，《史记》里的《秦始皇本纪》《陈涉世家》《项羽本纪》《高祖本纪》直至许多汉初人物的列传，都有不同程度的反映。举例如下。

——《高祖本纪》后论：

……周秦之间，可谓文（按：文，指尊卑之差）敝矣。秦政不改，反酷刑法，岂不缪乎！故汉兴，承敝易变，使人不倦，得天统矣。

——《项羽本纪》后说：

……夫秦失其政，陈涉首难，豪杰蜂起，相与并争，不可胜数。

——《陈涉世家》说：

当此时，诸郡县苦秦吏者，皆刑其长吏，杀之以应陈涉。

……

陈胜虽已死，其所置遣侯王将相竟亡秦，由涉首事也。

——《太史公自序》说：

……秦失其政，而陈涉发迹，诸侯作难，风起云蒸，卒亡秦族。天下之端，自涉发难。

等等。

这些话，反映出这个时代特点的一些具体的表现：一是"秦失其政"（"反酷刑法""诸郡县苦秦吏者"）；二是"天下之端，自涉发难"；三是"汉兴，承敝易变，使人不倦"。这讲了秦所以亡、汉所以兴以及陈涉在这一历史变化中的作用。此外，司马迁还在《吕太后本纪》《孝文本纪》《孝景本纪》《今上本纪》里讲了汉政治统治的得失。这些，构成了他所处时代的第二个大的历史特点。如前所说，这个特点，在更大的程度上影响到司马迁的思想和撰述。

以上，就是司马迁所处的时代。这是一个大变动结束的时代，也是一个新的变动开始的时代。这个时代特点，加上史学传统，造就了伟大的史学家司马迁。

下面，我讲一下司马迁的生平。

司马迁在《史记·太史公自序》里讲到了他的身世和生平；后来，班固写《汉书·司马迁传》，对司马迁的一生做了比较全面的记述。这是我们今天了解司马迁生平的主要根据。

首先说他的身世。《自序》和《汉书》本传都说司马迁的先祖"司马氏世典周史"，即为周代的史官，而且是世袭之职。大约在周惠王、周襄王之间（公元前 676—前 619 年），司马氏"去周适晋"，从周王室到了晋国，此后，司马氏就分散了，有的在卫，有的在赵，有的到了秦国。在秦国的一支名错，曾"与张仪争论"。错之孙名靳，是大将白起的部属。靳之孙昌，为秦朝铁官。昌之子无泽，入汉，为汉市长。无泽之子喜，为五大夫。喜生谈，谈为太史公（令），即司马迁之父。司马谈任太史令，大约在汉武帝建元、元封之间（公元前140—前110年）。司马谈留存下来的著作只有一篇《论六家要旨》，是对阴阳、儒、墨、法、名、道等六个学派做概括性的评价。历代学者认为，他的这个评价大致是可取的。元封元年（公元前110年），汉武帝举行大规模的封禅活动，司马谈未能参与其事，"故发愤且卒"，在这一年死去。临死之前，他对于撰写汉代历史的事情，对其子司马迁作了交代。

司马迁字子长，出生于龙门，一般说是汉左冯翊夏阳（今陕西韩城市）人。关于司马迁的生年，一说是公元前 145 年，一说是公元前 135 年，自 20 世纪初王国维著《太史公行年考》以来，一直存在争论，至今没有一致的看法，现多数人取公元前 145 年生之说。司马迁少年时代"耕牧河山之阳"（龙门山之南），从事过一般的生产活动，10 岁开始读古文。后来史记注家认为"古文"者，即《尚书》《左传》《国语》等古代典籍。父亲司马谈是其启蒙老师。在中国古代，许多历史学家都有这种家学渊源，如班彪、班固、班昭、李德林、李百药、李大师、李延寿、姚察、姚思廉等，他们都是"正史"的作者。司马迁后来师从著名学者董仲舒（公元前 197—前 104 年）学习经学。可见，司马迁在少年和青年时代，就有良好的文化素养，这是他后来能成为一代著名史学家的一个基本条件。20 岁起，他开始了极有意义的广泛的漫游，"南游江、淮"，"浮于沅、湘"，"北涉汶、泗"（黄河支流），"讲业齐、鲁之都，观孔子之遗风"，足迹所至，历今湖北、湖南、江西、浙江、江苏、山东、河南等省，进行了广泛的学术考察，考察历史遗迹，访问汉初人物逸事，调查社会历史情况，这些游历极大地丰富了他的社会历史知识，增长了见识，陶冶了感情。司马迁后来能写出《史记》这样的把形象思维和抽象思维结合起来的巨制，成为"史家之绝唱，无韵之离骚"，与他的这次漫游中所做的社会历史考察有极大的关系。

这次漫游之后，司马迁被任为郎中，内充侍卫，外从作战，并随汉武帝出巡西北诸边郡。元鼎六年（公元前 111 年），司马迁又奉命出使西南（今四川、云南）。次年，即元封元年（公元前 110 年）父司马谈死。司马迁受父亲遗命，立志著史。司马谈在同儿子诀别时讲的一段话，在中国史学史上脍炙人口，这反映了一个史学家的良心和责任。司马迁是这样记载的：

> 太史公执迁手而泣曰："余先周室之太史也。自上世尝显功名于虞夏，典天官事。后世中衰，绝于予乎？汝复为太史，则续吾祖矣。今天子接千岁之统，封泰山，而余不得从行，是命也夫，命也夫！余死，汝必为太史；为太史，无忘吾所欲论著矣。……夫天下称诵周公，言其能论歌文武之德，宣周邵之风，达太王王季之思虑，爰及公刘，以尊后稷也。幽厉之后，王道缺，礼乐衰，孔子修旧起废，论《诗》《书》，作《春秋》，则学者至今则之。自获麟以来四百有余岁，而诸侯相兼，史记放绝。今汉兴，海内一统，明主贤君忠臣死义之士，余为太史而弗论载，废天下之史文，余甚惧焉，汝其念哉！"迁俯首流涕曰："小子不敏，请悉论先人所次旧闻，弗敢阙。"①

中国古代的史学家历来对自己的工作有一种神圣的责任感，与司马迁父子这种态度有很大的关系，也跟司马迁的这一生动、感人的记载有很大的关系。这种责任感，经过长期的积累和发扬，成为中国史学上的一个优良的传统。中国的历史记载不绝如线，在很大程度上有赖于这一优良传统的继承和发扬。

司马谈死后三年，司马迁果然任太史令，从而有可能接触到皇家藏书，开始了撰述《史记》的工作。又过了五年即汉武帝太初元年（公元前 104 年），司马迁参与制定的"太初历"开始施行。这一年，据有的学者研究，司马迁是 42 岁。七年后，即汉武帝天汉三年（公元前 98 年），李陵兵败投降匈奴，司马迁为之申辩，武帝怒，下蚕室，受宫刑。按西汉法律，可以钱赎罪、减刑，然司马迁家贫，亲

---

① 司马迁：《史记》卷一百三十《太史公自序》，北京：中华书局，1959 年，第 3295 页。

友不为之相助，乃使司马迁受此奇耻大辱，这对他是一个严重的打击。他在《史记·太史公自序》里有这样一段自白，表白了他受刑后的矛盾心情和宏伟抱负，他说：

乃喟然而叹曰："是余之罪也夫，是余之罪也夫！身毁不用矣。"退而深惟曰："夫《诗》《书》隐约者（谓意境而言的），欲遂其志之思也。昔西伯（按：文王）拘羑（音有）里（在今河南汤阴），演《周易》；孔子厄陈蔡，作《春秋》；屈原放逐，著《离骚》；左丘失明，厥有《国语》；孙子膑脚，而论兵法；不韦迁蜀，世传《吕览》；韩非囚秦，《说难》、《孤愤》；《诗》三百篇，大抵贤圣发愤之所为作也。此人皆意有所郁结，不得通其道也，故述往事，思来者。"于是卒述陶唐以来，至于麟止，自黄帝始。①

这一段话，可以说字字拌和着司马迁的心血和泪水，我们从中也可以看到司马迁性格上的坦率和真诚。他顽强的毅力和坚定的信念，终于使他完成不朽的业绩，撰成《太史公书》一百三十篇（合十二本纪、十表、八书、三十世家、七十列传），五十二万余字，这是我国历史上第一部纪传体通史著作。司马迁大约在公元前 86 年（汉昭帝始元元年），一说公元前 90 年（汉武帝征和三年）去世。

司马迁在世时，其书未传。汉宣帝时（公元前 73—前 49 年），其外孙杨恽"祖述其书"，《史记》（当时称《太史公书》）才慢慢流传开来。

---

① 司马迁：《史记》卷一百三十《太史公自序》，北京：中华书局，1959 年，第 3300 页。

关于影响 21 世纪中国史学发展的几个问题[*]

关于 21 世纪中国史学发展的趋势，史学界同行们已经发表了不少有价值的见解，有的已见诸报刊。总的来看，21 世纪的中国史学将更加密切同外国史学的对话，并将进一步加快融入世界史学潮流的步伐。同时，中国史学在马克思主义史学建设方面，将会拿出新的成果，并保持其主导作用与主流地位；中国史学在总结古代史学遗产方面，也将拿出新的成果，以突出自身的民族风格和民族特色。这个基本趋势，在历史学的理论、方法论上，在研究对象、课题确定和价值取向上，在研究手段和成果表现形式上，都会有所反映。

这里，我想讲讲关于影响 21 世纪中国史学发展面貌的几个问题。这些问题，有的也是老生

---

　*　2001 年 12 月，在《史学月刊》举办的研讨会上。刊于《史学月刊》2001 年第 6 期。

常谈了，但因其十分重要，还是有不断加以强调的必要。

一、百年总结与 21 世纪中国史学

这里说的"百年"，是指刚刚过去的 20 世纪。我们对 20 世纪中国史学的正确认识和正确总结，无疑是我们面向 21 世纪中国史学的基础和出发点。否则，我们就无法避免盲目性。当然，20 世纪过去还不到一年，我们要对 20 世纪中国史学做全面的、深刻的总结，目前还不可能做到。但是，对其做粗线条式的总结，或者在重大问题上做初步的判断，还是可能做到的。近五六年来，关于 20 世纪中国史学的研究已经发表了许多文章，有的是从整体上予以概括的，有的是以专题进行回顾和综述的，都有重要的参考价值。

20 世纪中国史学，是中国史学史上极为壮丽的一段历程，也经受了前所未有的考验，但终究取得了辉煌的成就。怎样看待这段历程？怎样从史学思想上估量 20 世纪中国史学给我们的启示？这无疑是值得进一步思考和探讨的。我认为，认识 20 世纪的中国史学，重在把握大势和提出问题。把握大势，以明了其脉络；提出问题，以权衡其得失。关于 20 世纪中国史学发展大势问题，论者已多，不再重复。这里，就我认为是比较重要的几个问题，讲一点初步的思考。

(一)20 世纪中国史学最显著的进步是什么

从中国史学发展总的进程来看，从史学的性质来看，是否可以认为，历史观的进步是 20 世纪中国史学最显著的进步。明乎此，才能把握 20 世纪中国史学的关键。

20 世纪的中国史学在历史观上的进步有两个发展阶段：第一个阶段是从古代历史思想的积极成果，即朴素的唯物观点和朴素的进化观点到近代进化论；第二个阶段是从近代进化论到马克思主义唯物史观。前者完成于 20 世纪初；后者完成于 20 世纪三四十年代，

并在 50 年代广泛传播，八九十年代进一步深化。20 世纪中国史学上出现的历史观，林林总总，各骋其说，观其大势，即在于此。

为什么说 20 世纪中国史学最显著的进步是历史观的进步呢？第一，在悠久的中国史学发展史上，尽管历史观也在不断进步，但如同 20 世纪这样，百年左右，历史观出现两次根本性变革，是前所未有的。第二，20 世纪的中国史家论史学的进步，十分强调历史观的重要。如"新史学"的倡导者梁启超是强调"历史哲学"的。他认为："苟无哲学之理想者，必不能为良史。"[①]马克思主义史学奠基者之一李大钊，在 1919—1920 年先后发表了《我的马克思主义观》《史观》《唯物史观在现代史学上的价值》等论文，突出地表明了他对唯物史观的重视。郭沫若、翦伯赞等对此也多有论述。如翦伯赞在《历史哲学教程》一书的序文中指出：我所以特别提出历史哲学的问题，因为无论何种研究，除去必须从实践的基础上，还必须依从于正确的方法论，然后才能开始把握和理解其正确性。历史哲学的任务，便是在从一切错综复杂的历史事变中去认识人类社会之各个历史阶段的发生发展与转化的规律性，没有正确的哲学做研究的工具，便无从下手。[②] 这就是说，人们对于历史的研究并使其达到对于历史的科学认识，必须"依从于正确的方法论"，以"正确的哲学"为其指导。换言之，哲学的进步，历史观的进步，必然会推动历史研究的进步和发展。再者，新历史考证学的代表人物之一顾颉刚，在 1945 年论到"民国成立以来"中国史学的进步时写道："过去人认为历史是退步的，愈古的愈好，愈到后世愈不行；到了新史观输入以后，人们才知道历史是进化的，后世的文明远过于古代，这整个改变了国人对于历史的观念。"[③]这是他对"西洋的新史观的输入"的评价。由此可

---

① 梁启超：《饮冰室合集》第 1 册文集之九，北京：中华书局，1989 年，第 10 页。
② 参见翦伯赞：《历史哲学教程》，北京：北京大学出版社，1990 年，第 2～3 页。
③ 顾颉刚：《当代中国史学·引论》，沈阳：辽宁教育出版社，1998 年，第 3 页。

见，这些属于不同的史学思潮和历史观念的史家，都强调历史观的重要，绝非偶然。第三，这是最重要的，即历史观的进步和变革，反映了史学发展中自身性质的变化。诚如李大钊所说："实在的事实是一成不变的，而历史事实的知识则是随时变动的；纪录里的历史是印板的，解喻中的历史是生动的。历史观是史实的知识，是史实的解喻。所以历史观是随时变化的，是生动无已的，是含有进步性的。"①这些论述，一则说明历史观是不断发展的，二则说明历史观决定着史学的"实质"。倘若我们以"新史学"的历史理论及其撰述同19世纪和19世纪以前的历史理论及其撰述相比较，不难发现史学所发生的重大变化；同样，我们以马克思主义史学的历史理论及其撰述同"新史学"的历史理论及其撰述相比较，也会发现史学所发生的重大变化。

综上，故谓历史观的进步是20世纪中国史学最显著的进步。这是一个最基本的认识。

(二)20世纪中国史学最突出的成就是什么

20世纪中国史学在许多领域都取得了突出的成就。关于这方面的基本面貌，从中国社会科学院历史研究所编辑的《1900—1980八十年史学书目》和1980年以来历年的《中国历史学年鉴》所提供的史学书目中，可略见其眉目。近年来出版的有关著作和杂志上发表的专题文章，对此有概括的综述和具体的评论，都足以说明20世纪中国史学成就是巨大的，不论是整体面貌还是局部领域都发生了令人鼓舞的深刻变化。那么，其中是否也有需要加以强调的最突出的成就呢？依我的浅见，20世纪中国史学最突出的成就是关于中国通史的研究、认识和撰述。从1901年梁启超发表《中国史叙论》一文，提出撰写中国通史的设想，到1999年白寿彝总主编的《中国通史》(12卷、

---

① 李大钊：《史观》，《李大钊全集》第四卷，石家庄：河北教育出版社，1999年，第310页。

22 册、约 1400 万字)全部出版,百年当中,中国史学家为此付出了巨大的努力。其间,章太炎、夏曾佑、陈黻宸、王桐龄、吕思勉、邓之诚、缪凤林、钱穆、周谷城、范文澜、吕振羽、翦伯赞、郭沫若、尚钺、张舜徽、蔡美彪等以及其他许多史家,都为此做出了贡献。他们的著作,在历史观、方法论和表现形式上,不尽相同,甚至多有歧义,因此在学术价值和社会价值上亦自有差别。但是,这些著作在探索中国历史的发展脉络、揭示中华文明的世界意义方面,都深刻地反映了 20 世纪中国史家所走过的艰难而光荣的历程。梁启超认为:"专门史多数成立,则普遍史较易致力,斯固然矣。虽然,普遍史并非由专门史丛集而成。作普遍史者须别具一种通识,超出各专门事项之外,而贯穴乎其间。"①范文澜更深感撰写通史的艰难,他指出:"局部性的研究愈益深入,综合性的通史也就愈有完好的可能。以局部性的深入来帮助综合性的提高,以综合性的提高来催促局部性的再深入,如此反复多次,庶几写出好的中国通史来。"②这些话,既说明了专史、断代史同通史的关系,也说明了通史所具有的特殊重要性。这一特殊重要性,无疑是其性质所决定的;但更重要的是,它是所有专史、断代史、通史和考古研究者的心血共同铸造的。

1999 年 4 月 25 日,江泽民致信白寿彝,祝贺《中国通史》出版。他在信中指出:

> 中华民族的历史,是全民族的共同财富。全党全社会都应该重视对中国历史的学习,特别是要在青少年中普及中国历史的基本知识,以使他们学习掌握中华民族的优秀传统,牢固树

---

① 梁启超:《中国历史研究法》,《饮冰室合集》专集之七十三,北京:中华书局,1989 年,第 35 页。

② 范文澜:《范文澜历史论文选集》,北京:中国社会科学出版社,1979 年,第 77 页。

立爱国主义精神和正确的人生观、价值观，激励他们为中华民族的伟大复兴而奉献力量。我一直强调，党和国家的各级领导干部要注重学习中国历史，高级干部尤其要带头这样做。领导干部应该读一读中国通史。这对于大家弄清楚我国历史的基本脉络和中华民族的发展历程，增强民族自尊心、自信心和奋发图强的精神，增强唯物史观，丰富治国经验，都是很有好处的。①

这是从马克思主义的观点和当前中国历史发展的背景，阐说了中国通史的重要性。要之，从总的估量来看，20世纪中国史学在其分支学科的许多领域都取得了可喜的成绩，都有很高的学术价值和社会价值。然而，我们还是应该看到，中国通史的研究和撰述，更能全面地阐明中国历史的进程、特点和规律，更能揭示中华文明的丰富内涵及世界意义，更能增强中国各族人民的民族自豪感、凝聚力和对创造美好的历史前途的信心。因此，对于这一成就，我们应有充分的估计。

(三)20世纪中国史学发展中最重要的经验是什么

对于这个问题，可能会有一些不同的见解，这是很自然的。这里我所要强调的一个基本事实是不应被忽略的，即史学是文明时代的产物，而关注社会历史的发展乃是史学的基本属性之一。20世纪中国史学，不论何种思潮，在关注社会历史发展方面，都有相通之处。新中国成立前，反侵略、反压迫、爱国自强，是中国史学的时代精神的突出反映。翦伯赞在写于抗日战争初期的《历史哲学教程》一书中说道：

---

① 江泽民：《中共中央总书记江泽民给白寿彝同志的贺信》，载《史学史研究》1999年第8期。

我深切地希望我们新兴的历史家，大家用集体的力量，承继着我们先驱者努力的成果，依据正确的方法论，依据中国历史资料的总和，来完成中国史的建设，并从而以正确的历史原理，来指导这一伟大的民族解放的历史斗争，争取这一伟大的历史斗争的胜利。①

一般说来，翦伯赞的这段话所反映出来的时代精神，大致显示了 20 世纪前期中国史学的历史任务。关于中国史学在中国革命中的重要作用，毛泽东有过许多论述，是人们所熟知的，这里不一一引证。新中国成立后，研究和撰写统一的多民族国家的历史，维护国家统一，增强民族团结，继承优秀历史文化遗产，推动中华复兴，是史学家们的共同目标；同时，不断开拓世界史研究领域，为中国认识世界、走向世界、加强中外联系提供参考和帮助，也是史学家们的共同目标，并都为此做出了重要的贡献。这是一个基本事实，也是一条宝贵经验。邓小平指出："要懂得些中国历史，这是中国发展的一个精神动力。"②这和上引江泽民所讲的那些话，可以看作 20 世纪后期中国史学的历史任务。一位美国历史学家说过："和社会生活毫无关系的学问，简直和任何其他形式的自我享乐一样，无权要求得到社会的支持。"③史学应关注社会生活、社会公众、历史前途，只是在不同的时代、不同的国家有不同的表现形式罢了。对此，我们似不应有什么误解和迟疑，而是增强史学关注社会的自信。

(四)20 世纪中国史学在发展中最深刻的教训是什么

史学是一种事业，一种崇高而神圣的事业。同任何事业一样，它也会经受挫折，会有教训。20 世纪中国史学所走过的道路，经验

---

① 翦伯赞：《历史哲学教程》，北京：北京大学出版社，1990 年，第 4 页。
② 邓小平：《邓小平文选》第 3 卷，北京：人民出版社，1993 年，第 358 页。
③ 《美国历史协会主席演说集》，何新等译，北京：商务印书馆，1963 年，第 9 页。

固然很多，教训也不少。回首百年，最需要我们记取的教训是：史学的最高品格是实事求是，忠于历史事实。维护史学的这个品格，就是维护史学的生命和权威。为此，一是不迎合、不随风、不超然、不媚俗，恪守求真的宗旨和信史的原则。实用主义、形式主义、简单化、绝对化等，曾经给20世纪的中国史学造成损失和危害，是应该引以为戒的。二是要善于识别打着"历史科学"的旗帜，借用"史学"的术语而篡改历史真相、践踏史学尊严的政治骗术，如"文化大革命"期间泛滥横流的"儒法斗争史"。这种以"史学"名义登场的政治，不仅对史学工作者有严重的欺骗性，而且极大地败坏了史学的名声和威信，使社会公众一度对史学失去了敬意和信心。这是20世纪中国史学上最为严重的历史性的沉痛教训。"前事不忘，后事之师"，中国史学工作者应当永远记住这个教训，并彻底清除它在社会公众中所造成的关于史学的误解和阴影，恢复史学应有的尊严。这是一个长期的任务，我们大家还要努力。

二、史学批评与 21 世纪中国史学

史学批评是史学理论发展的动因之一，许多理论问题是在史学批评中提出来的，又是在史学批评中得到深入阐说和系统发挥以至于形成体系的。史学批评又是史学发展的内在动力之一，批评的展开是活跃史学、繁荣史学的重要手段。史学工作者在批评中不断得到提高，又帮助别人得到提高。史学批评还是架设在史学家、史学成果和社会公众之间的一座桥梁。有了这座桥梁，史学同社会得以沟通：史学从社会中得到了养料和动力，社会从史学那里得到了经验和智慧。史学批评是不可缺少的，史学批评应当有更多的史学工作者参与，从而更广泛、更深入地开展起来。

这里，我就史学批评问题讲几点认识，和同行一道探讨。

首先是关于史学批评的对象。史学批评所考察的对象，广义说来，凡一切史学活动及其成果，都在史学批评考察的范围之内。具体说来，凡史家、史书、史学现象、史学思潮、史学发展趋势、史学与社会的关系等，都是史学批评考察的对象。这方面的工作有广阔的天地，有许多事情要做。比如，当前在人们的史学观念中关于史学与社会的关系，就有种种不同的说法，一是史学要关注社会，二是史学要超越社会，三是史学同社会要保持一定的距离等。这些说法，在深层次上是否有某种共同点？它们之间有什么不同？为什么会产生这种不同？其中，哪种观念更能反映出史学与社会之关系的本质？又如，对过去的史学如何看？对当今的史学如何看？也是有种种不同看法的。有人认为，"文化大革命"中史学受到空前的践踏，是史学的劫难；有人说，"那时的史学着实风光一时"。有人认为改革开放以来，史学取得了很大的成就；有人认为，"史学几乎成了文科中最冷的学科"，仍处在"危机"之中。再如，对史学家和史学家的工作如何看待？一种看法，认为中国史学有丰富的遗产，其中有许多优秀的东西，需要我们继承和发扬，至于司马迁、刘知幾、司马光、王夫之、章学诚、龚自珍、梁启超、李大钊、郭沫若等这些先贤的名著名篇、真知灼见，也都是大家所熟知的。但是近来我们也见到一种说法，认为"历史学家所做的一切除了被历史证明空无一物外，只是给历史增添了如许之多的不必要的废物"。甚至提出这样的问题：在魏收《魏书》被人称为"秽史"以后，"中国历史上还曾有一部干净的史书？而在此之前，中国历史上又有几部干净的史书"等。我们究竟应当怎样来看待史学家和他们"所做的一切"呢？像这样一些问题以及还有其他许多类似或相近的问题，是不是都值得展开批评和讨论呢？我以为是很必要的，很值得的。

其次是关于怎样开展健康的史学批评。我想以下几点是值得重视的。一是要有正确的指导思想。这里说的正确的指导思想，主要是指对史学批评的目的和意义的正确把握。史学批评的最终目的是推动史学发展，为了这个总的宗旨而开展史学批评是我们的出发点，是致力于史学批评者的"心术"所在；而在史学批评过程中出现的一切消极因素，都应在这个总的宗旨之下得以化解。二是对史学批评的功能或作用应有全面的认识。大致说来，它有传播信息的作用、评价成果的作用，切磋学术的作用、揭露不良学风的作用和活跃学术气氛的作用等。这些作用可以共存，而不必也不应互相排斥，因为它们都是史学发展所需要的，也都是社会所需要的，因而都有存在的价值和发展的必要。三是要有一个平和的、健康的心态，坚持实事求是的原则。就拿书评来说，如白寿彝教授所指出的，既不捧场，也不挑眼，说这书的好处，要确切指出它的优点，而不是一般的捧场。说它的缺点，要确切指出它的不足之处，最好能提出补充和修改意见，而不是挑眼。① 不捧场，也不挑眼，严谨而不失宽容，宽容而不失原则，这样的书评可能会走向平实、中肯。四是坚持知人论世的方法论。我们常常讲的历史主义原则，用以评论一个史家、一部著作，拿中国的传统语言来说，就叫作"知人论世"。关于这一点，章学诚说得好："不知古人之世，不可妄论古人文辞也；知其世矣，不知古人之身处，亦不可以遽论其文也。"评论前人真正做到了知其之世和知其之身处，那么评论这个史家和他的著作，一般说来可以得其大体。近年来，史学界以至整个学术界，很时兴重评学术史上的一些人物及其著作，其中有些是注重知其之世和知其之身处的，有些就脱离了知人论世的原则而强调所谓"纯学术"精神，这后一种做法所得到的结论，恐怕就大有商榷的余地了。史学批评的健康开展，是不应当离开历史主义原则的。当然，史学批评的发展，主要还是要有更多的同行的参与，要有这种自觉意识和积极行动，

---

① 参见瞿林东：《白寿彝史学的理论风格》，开封：河南大学出版社，2001年，第26～27页。

真正认识到这是促进和推动史学发展的一个重要方面。希望 21 世纪的中国史学，在这一方面会有更大的作为。

最后是关于史学批评的遗产及其批判继承问题。中国古代史学有丰富的史学批评遗产。在中国史学发展过程中，从很早的时候起，史学批评就同史学发展结伴而行，并成为史学整体中一个充满活力的组成部分。关于这一点，我们只要联系到孔子对董狐的评论，《左传》和孟子对《春秋》的评论，以及这些评论对后世史学发展所产生的影响，就不难理解了。自两汉以下，有刘向《别录》、刘勰《文心雕龙·史传》篇、《隋书·经籍志》史部诸序、刘知幾《史通》、吴缜《新唐书纠谬》、叶适《习学记言序目》《朱子语类》、晁公武《郡斋读书志》、陈振孙《直斋书录解题》、马端临《文献通考·经籍考》、卜大有《史学要义》等，直到清乾嘉时期的章学诚、邵晋涵、纪昀、钱大昕、赵翼、王鸣盛，史学批评的遗产极为丰富。今天，我们对于这些遗产的认识、总结、继承是很不够的，这也影响到当前史学批评的发展。我希望 21 世纪的中国史学，能够在运用古代史学批评的果实来滋养当今史学批评的成长方面，有更显著的成就。

三、学风建设与 21 世纪中国史学

近年来，学术界普遍感到学风建设的重要性。我们历史学界的一些杂志在推进学术规范、批评不良学风的方面，做了许多努力，产生了很好的影响。同时，我们也要看到，不良学风的产生，有多方面的社会原因；只要这些社会原因还存在，不良学风就会滋生出来。因此，学风建设问题，是一个长期的任务。从现在的发展趋势来看，我们甚至可以认为，21 世纪中国史学的进步，将始终伴随着学风建设所提出的种种任务。

学风建设，首先，是指导思想方面的问题。20 世纪七八十年代

以来，中国历史学在理论上的一个重要的突破，是反省了对马克思主义唯物史观的教条主义式的搬用，因而造成了历史研究中的简单化、公式化的倾向。这种反省是必要的和有益的。由此而产生的积极作用是巨大的，可以看作 21 世纪中国史学在科学化道路上的又一次升华，这是问题的一个方面。问题的另一个方面是，中国史学在迈进 21 世纪之后，能不能坚持正确地运用唯物史观作为研究历史的指南，能不能在唯物史观指导下不断地进行理论上的创新，从而不仅在思想认识上而且在科学研究的实践中纠正以往简单化、公式化的倾向，把对唯物史观的运用推进到更高的、更科学的新阶段，这是中国史学能不能在 21 世纪创造新的辉煌的关键。这里，有两个认识上和实践上的症结。第一，纠正对唯物史观的简单化、公式化的搬用，并不是由此证明唯物史观的根本原则不可以用来指导研究历史，更不是证明研究历史必须脱离唯物史观的指导。所谓"拨乱反正""正本清源"，最终还是要明确什么是"正"、什么是"源"，并把这个"正"、这个"源"坚持下去。第二，纠正对于唯物史观的简单化、公式化的搬用，使历史研究者的思想得到解放，从而能够在唯物史观的总的原则的指导下进行创造性的研究，并善于吸收当代国内外各个学科在理论、方法论上的新的发展，以丰富唯物史观的内涵。处在 21 世纪开端的中国史学工作者，在对过去的反思进行反思的时候，有必要进一步明确这些问题。

其次，是讲求史德。讲求史德，一是要尊重历史事实，恪守信史原则；一是要尊重他人研究所得。这里着重讲讲后者。尊重学术史上的积极成果，尊重当代人的论著所提出的积极成果，这是后人对前人所做的探索应取的态度，是个人对他人、对社会应取的态度。现在有的研究者，不考虑具体的历史条件而对前人、他人的成果横加指责，甚至全盘否定，这种非历史主义的治学态度和批评方法，有时还受到赞扬和吹捧；现在也有的研究者，明明是参考了、借鉴了前人或今人的研究成果，而在自己的论著中不做说明、不注出处，以至故意向读者加以隐瞒，从而把自己装扮成某个观点、某种见解的提出者、首倡者。这两种情况，都严重地干扰了学术研究的正常秩序，都在助长着不良学风的泛滥。纠正这种不良学风的倾向是非常必要的。

最后，是讲求创新，提倡进行开拓性、创造性研究。在历史学界，这些年来，出版了不少著作，发表了许多文章，其中有一些是很出色的、很优秀的成果；也有一些是重复地做着前人做过的文章，甚至也重复地做着当代人做过的文章，而又没有新的创意，这即使对于通俗读物来说也应取慎重态度，而对于学术研究来说则是应当努力避免的。这里，是不是有一种平庸的学风在滋长呢？这种情况不改变，中国的历史学要创造 21 世纪的辉煌也是很困难的。

学风建设还表现在其他一些方面，如对于文风的重平实不尚浮华，对于克服治学上的浮躁情绪等。所有学风上的问题，都直接同提高史学工作者队伍的素质有关，都同 21 世纪中国史学的发展方向、发展水平有关，应当引起各方面的关注。

总之，只有加强学风建设，我们才能走出目前存在着的一些认识上和实践上的误区，使当代史学得以更加健康的发展，得以迈出更大的步伐。

21 世纪的中国史学，在研究方向上，一方面要有利于学科建设的发展；另一方面要努力使之有利于促进改革开放的发展，有利于促进社会主义现代化建设的发展，有利于促进社会主义精神文明建设的发展，有利于促进中华民族整体素质的提高。

21 世纪的中国史学，要努力探索和改进历史研究的模式，使之更加科学化和多样化，更加富于社会启示意义。

我们应当相信，只要史学工作者兢兢业业，团结奋斗，勇于进取，努力创新，21 世纪的中国史学必将是中国史学史上的又一个辉煌的世纪。

史学与审美及其他[*]

我这次到东南大学来，是为了对东南大学校庆一百周年表达我的一份心意。我非常荣幸，有机会来和大家做学术交流。今天我要讲的题目是《史学与艺术》，说得具体一点，是关于史学与审美的问题，因为这里还会涉及与此相关的一些问题，所以就把题目定为《史学与审美及其他》。这样，我讲起来或许会感到轻松一些。我知道东南大学有艺术系，就难免班门弄斧了。

引言　从史学与艺术谈起

一个多世纪前，就有人曾经提出过史学究竟是科学还是艺术的问题，历史学作为科学，怎么实证啊？历史已经过去了，对于过去的东西我们怎么来实证呢？我们凭着材料、文献材料、考古材料和其他各种材料，来"复原"历史，这就可以

＊　2002 年 5 月，在东南大学的演讲。

看作实证。可是有人问，你这个复原能够和已经逝去的历史完全吻合吗？谁也不敢这么肯定，因为它不像自然科学做实验一样，可以重复地再现，你怎么能够说历史学是科学呢？与此相联系，有的人就说历史学不过是一门艺术而已。为什么是艺术呢？因为历史书不过是史学家撰写出来的历史，甚至可以认为，它是历史学家的一个创作，所以它是艺术。这两种意见争论不休，僵持不下，于是出现了第三种意见，即史学既是科学又是艺术。它的实证部分，它的文献、考古材料经过鉴别后，那是真的，根据真实可信的材料写出来的东西，它应当大致上符合已经过去的历史，从这个意义上讲它是科学；但是历史学家所写的内容，他们所撰述的历史著作，有一些内容是难以确定的，它不一定是同当时社会面貌一模一样的。有位同学问我，司马迁《史记·陈涉世家》里面记载，陈胜、吴广两个商量，要发动起义。他们两个人商量，没有其他人在场，司马迁怎么会知道的呢？像这样的情况非常多，不只是陈胜、吴广商量起义的事。《史记·淮阴侯列传》写陈豨去见淮阴侯韩信，韩信"辟左右与之步于庭"，商量谋反之事，二人窃窃私语，没有第三个人在场，司马迁怎么知道的？等等。同样的问题在书中并不少见。这说明了在这样一些细节问题上，历史学家是根据基本的历史事实，来进行描述的。从这个意义上讲，历史著作中包含着历史学家某些想象的成分，这个想象的成分是建立在不违背基本历史事实的基础上。这样看来，史学还是科学，是一门社会科学。从我个人来讲，我不赞成史学是艺术，也不赞成史学既是科学又是艺术，史学是一门社会科学，它具有自身的特点。

我今天讲的重点是史学与审美，即历史学本身有审美要求，以及这种要求在现实生活中的意义。因此，我今天讲的题目可以叫作《史学与审美及其他》。我刚才讲的这些，就是我对这个问题认识的一个背景。我想从我自身的研究和认识，先说明这个问题：第一，我希望史学工作者能够认识到这一点，能够认识到历史学里面包含着审美要求，这对我们史学工作者提高自身的素质非常重要，史学工作者不应总是在干巴巴地描述历史现象，要讲究审美；第二，我希望史学爱好者，或者说广大的社会公众，在阅读历史著作的过程中，能够受到审美的熏陶，从历史著作中得到一种美的享受，进而提高我们对历史学的认识；第三，我也希望文学艺术工作者能够发现历史学的这种审美要求，对文学艺术工作者有一种期待，对他们文学上和艺术上的追求，是否有某种启示；第四，我希望通过这种研究和沟通，能够密切史学和文学艺术互相之间的关系，把我们的工作做得更好。这些就是我今天要讲的学术背景和我的期待。

大家知道，艺术和科学（包括自然科学和社会科学）是人类文明和社会进步的集中反映，艺术和科学之间的关系是一个宏大的主题。2001 年，清华大学校庆九十周年的学术讨论会是一个很重要的讨论会，它的主题就是艺术与科学。我们可能也见到一些这样的文章，物理学和美学，数学和美学等。这是艺术和科学之间的关系，我们还可以从各个学科和美学之间的关系进行研究。从人类历史进程来说，我认为这也是一个永恒的课题，我们可以不断地去探索它。

我从事历史学的研究，不能从广义的科学范畴去讨论它和艺术之间的关系，我只能限于从历史学这个领域来探讨它和艺术之间的关系，而且限于从历史学中去认识它的审美要求。

艺术同史学是不是有某种联系，我的回答是肯定的。中国唐代有一个史学家叫刘知幾，他写了《史通》一书，这是一部史学批评之作，产生于唐中宗景龙四年（710 年），也就是 8 世纪初。据我们现在所知，这是全世界最早的、有系统的史学批评著作。在这部书里，刘知幾多次讲到"史之为美"如何如何。我们可以认为，对史学提出明确的审美要求，最晚在 8 世纪初年，就已经提出来了，萌芽时期的思想应该比这早得多，如《左传》评论《春秋》"婉而成章"，那就包含一种审美要求。

今天我准备讲五个问题，因限于时间，我讲得可能都比较概括。

一、史学要求真实之美

中国史学讲究一个传统，追求真实的历史。20 世纪初年，梁启超曾经对传统史学进行无情的批判，说中国史学主要是"二十四史"，而"二十四史"不过是二十四姓的家谱，所记载的都是帝王将相之间的矛盾、斗争，所以是全世界最大的相斫书。这个观点影响非常深远，直到 20 世纪三四十年代，甚至于今天还有一些朋友在重复梁启超的话。梁启超当年要建立一个"新史学"，这个新史学是建立在西方近代进化论这个历史观的基础上。我们应该肯定梁启超在 1902 年发表的《新史学》，对于推动中国史学发展起了重大的作用，但是他有些结论并不都是正确的，包括说"二十四史"是二十四之家谱。"二十四史"是记载我国连续不断的文明史的记录，说它是最大的相斫书，这个结论是不对的。其实，从主流来看，中国史学是讲求信史的，是强调史学的真实之美的。中国史学讲求信史，坚持真实之美，认为真实的东西才具有美感。从历史学的属性来讲，如果写出来的历史书不是真实的，那还有什么美可言呢。关于信史原则在中国史学上有多种提法，如秉笔直书，信者传信，实事求是，实录等。其中，实事求是，求是是核心；实录，是说写出来的历史具有真实的价值，所谓实录就是把真实的东西记录下来。有的学者提出来，说中国历朝实录曾经不断地修改过，连实录都可以修改，可见中国历史之不可信，这是缺乏对史学深入的了解。我仔细地研究过唐朝的实录，唐朝的实录现在流传下来的只有一部，就是《顺宗实录》，它因为收在韩愈的集子里面而被保存下来了。我在研究过程中发现，确实有些实录是经过修改的，但是我们不能因此就说明中国没有信史。实录的修改有多种原因，一种情况是把错误的改成正确的，一种情况是把不该删的删去了。把不该删的删去了，为什么呢？因为有关的记载可能对某个集团不利。中国历史上有宦官集团、官僚集团，这些记载可能对宦官集团不利，宦官天天就在皇帝面前说，某人写的实录有问题，皇帝就让修改了，把它删去了。还有一种情况，包括正史，有的也做过修改，比如，《魏书》。《魏书》里面所写的一些人物传记涉及门阀，门阀世世代代都有政治地位和经济地位，家族的传统非常深。《魏书》写出来以后，有些门阀子弟就说我祖上没有写到这个事，也没写到那个什么事，皇帝就叫史官改一改，改了两三次。像这种情况都是有复杂的原因的，我们不能简单地看待实录和正史的修改。我研究过中国史学上"直笔"和"曲笔"的斗争，"曲笔"不断被揭露，正好从另一个方面说明了中国史学坚持"直笔"的传统，否则这个"曲笔"怎么会被揭露出来，这就证明了历史上有一个坚持"信史"原则的传统，这个传统是追求历史的真实之美。我们对于中国传统史学的认识要建立在这样的一个基础上。我这些年来接触到种种说法，对传统史学有很多误解。我们应当看到，因为中国历史上史官也好，史学家也好，像黑格尔讲的那样，其数量之多是全世界各个民族所不能比拟的。这样多的史官和史学家写的史书难免有这样那样的缺陷，但是不能因此就怀疑我们历朝历代传下来的历史著作的真实性。我这里想举一个例子：顾颉刚先生是疑古派代表人物，他从疑古走向了考信。他在1935年为《二十五史补编》这部书写了一个前言，这样讲：二十五史记载了我们中华民族历史之事实。二十五史的价值在什么地方？它记载了我们中华民族历史之事实，这句话就已经有足够的分量了。

这里我要讲的，对于历史的真相的追求，是我们史学上的一个传统，其中包含两层意思，一层就是史学家写历史，心术要纯正，一个学者要出于对历史负责的心态，古人把它叫作"心术"，心术要正。清代有一位史学家章学诚，说写历史应当做到"尽其天不益以人"。尽其天，就是要充分地把客观表达出来，叫尽其天；不益以人，人是主观，不要把主观的东西加上去。这涉及主客观的关系问题，一个历史学家写历史要完全从客观的角度去看，不能带有任何主观的色彩。章学诚很了不起，他说这个要求，怎么能做得到呢，任何一个人都是有思想的。比如，今天的演讲结束后，你们当中几位同学记瞿林东教授在这里演讲，每个人用几百字来表达，表达得肯定不一样，因为你们都是从自己的角度来表达的，怎么可能一样呢？但是基本事实不会改变。所以我们讲"尽其天不益以人"是不能够真正做到的，因为任何一个人都有主观的作用，这就是主体、客体关系的问题。18世纪，章学诚就提出来了，他说尽管做不到，但是有这种追求，有这种自觉的要求，我们就可以说他已经具备了纯正的心术了。这个话梁启超也说过，写历史应该是"鉴空衡平"，不偏不倚，非常公正，不能带有任何主观色彩，梁启超分析了为什么必须这样，最后他说，我自己也做不到。梁启超怎么能做得到呢，他把"二十四史"说成是相斫书，二十四姓家谱，他怎么能够做到"鉴空衡平"呢？可见，这里有一个道理，就是如何来对待主体、客体的关系。我们要尽量地尊重客观的历史，不要让主观的一些情感色彩或者是某种偏见影响我们对客观历史的评价，这就是所谓"心术"问题。另一层，这表明史学家要尽力反映出历史的真相，而历史是丰富多彩、生动不已的，它的主导方面显示出来无穷无尽的美的源泉，我们要尽量把它表现出来。昨天我讲到司马迁《七十列传》，"扶义俶傥，不令己失时，立功名于天下"，这是他写七十列传的标准，他就是要把历史中的一种主流，一种他认为美的东西表现出来。因此，信史追求真实之美，这不仅仅要求史学家个人的心术要纯正，而且要求史学家把客体当中的主导方面充分地反映出来，这也是史学家追求的一个境界。关于这种理性和审美的交融，人们能够从对历史的再现当中，领略到审美的情趣，并得到理性的启示。当我们写一个历史人物或者一个历史事件的时候，这个历史人物的行为言论，是可信的，这个历史事件的过程、原因、结果，是可信的，史学家的评论是使人受启发的，在这种情况下，我们不仅增长了知识，丰富了智慧，而且有美的享受。因此归根结底来说，历史学之所以重要，首先在于历史学家所写的著作应该建立在信史的基础上，这一点非常重要，做到这一点也非常困难。我们今天也有许多困惑，历史怎样才能写成一部信史，写成一部信史非常困难。由于世界观、价值观的不同，我们对同一件事情的评价常常不一样。我在到南京来之前不久看到一条消息，说是有的人提出来建议把南京大屠杀纪念馆改为和平纪念馆，不知是媒体还是市政府，征求市民的意见，80％的市民表示反对。在北京读了这条消息以后，我说真不愧为南京人：南京大屠杀纪念馆是反映了侵华日军在南京大屠杀的一个历史事实，怎么能改成和平纪念馆呢？它不是和平的产物，它是战争的产物，它是侵略暴行的产物。我不知道大家是否看到这条消息。这个事例也表明，还原历史的真实是非常地不容易做到的，正是因为很难做到，所以世世代代的历史学家们都在不懈地追求。

历史就是这样的无情，日本的教科书一再的修改，究竟这个教科书要传给日本的后人什么样的历史事实？在第二次世界大战中，在侵华战争当中，日本军国主义要不要负历史的责任？可见，离开了信史原则，谈不上心术纯正，更谈不上什么审美。中国史学家多少年来为此而奋斗。这里我想引用宋朝一个史学家的话。宋朝有一个史学家吴缜，他在《新唐书纠谬》序中讲了这么一段话：一个史学家写历史有三个要点，第一是事实，第二是评价，第三是文采。有了这三条才可以说这是一部像样的史书。如果一部书写出了历史事实，又给予恰当的评价，表述的文采又好，这就是一部很像样的史书。这一段话非常了不起，从今天来看仍然站得住脚，"一曰事实，二曰褒贬，三曰文采"。事实放在第一位，价值判断放在第二位，文采放在第三位，从它的重要性和它的逻辑层次来看，这句话到今天都是可以成立的。他这几句话在中国史学批评史上具有很高的价值。

我们讲中国史学中的信史原则这个优良传统，一是表现在史家的心术上；二是表现在史家对历史的真相不懈的追求上，如此这样的历史著作便是美的。中国史学家为了达到这个目的，提出一些要求。比如，《春秋穀梁传》桓公五年记载，"《春秋》之意，信以传信，疑以传疑"。真实的事情要把它传下去，不能够说清楚的事情，你就老老实实地说"不清楚"。"信以传信，疑以传疑"，这是一个很重要的原则，也是一个古老的传统。大家知道，清代乾嘉时期有考据学，出现了一批考史学家，考史学家的旗帜上写了四个字："实事求是。"从先秦一直到清代，这样一个信史传统是占主流地位的。我们可以说，在历史著作所记史事真实之美的背后，蕴含着史学家心术纯正之美。

二、史书要求结构之美

中国史书讲求体裁和体例，体裁是史书的外部形式，体例是史书的内部结构。大家知道，历代史书，有编年体史书、纪传体史书、纪事本末体史书，还有一种典制体史书。这都是史书外部形式上的差异。中国史书体裁上的丰富是全世界独一无二的，这些不同体裁的史书，都显示出它自身的秩序之美。编年体史书表现出一种时间上的秩序之美，某年某月某日发生什么事情，按年月日记载，年和月之间还有时，就是春夏秋冬。编年体史书是按年代顺序记载历史，显示了以时间为中心的秩序之美。《春秋》《左传》《资治通鉴》，都是这样的著作，它的最大的优点，就是什么时间发生什么事情，一清二楚，秩序井然。纪传体史书以《史记》《汉书》为代表。纪传体史书的这种秩序，一是按人物，从王侯将相到一般的人，按照人的身份不同这种秩序，同时，它又是按照事件、制度、人物这样一种秩序进行的，所以它这里面存在两种秩序，这是它的内部结构。它的外部形态，简单地说是以人物为中心，其实纪传体史书是综合体。纪事本末体是记事件的原因、发展过程和结果的始末原委，显示出事物的动态之美。这个秩序也是很清楚的，比如，《通鉴纪事本末》，它的材料都来自《资治通鉴》，但是《资治通鉴》是编年体，《通鉴纪事本末》利用这些材料把它归纳成239件大事，每一件事情从开始写到结尾，各件事情又大致按照时代顺序排下来，成为《通鉴纪事本末》四十二卷。这样，我们要看历史上的事件，就很清楚了。这是一个事情的始末原委，从这个意义上我们去看它描述事物发展过程的美。典制体史书是写制度，讲制度文明，具体说来是记述制度的源流、沿革、演变过程，表现出源流变革之美。还有几种史书表现形式，学案、史表、图、评论等，我就不多讲了。总之，体裁显示出史书的外部形态的特点和差别，反映出它们各自的审美要求。内部结构称为体例，显示出一种结构上的美。

以上几种主要体裁，分别反映出史书内容在事件序列上、人物阶层上、事件原委上、制度沿革上各自的秩序。从中国史学的整体来看，可以认为，它们从很高层次上反映出中国历史进程中有关时间、空间、人物、事件、制度诸多方面的实际情况，这体现了历史与逻辑的和谐之美。

三、史文要求表述之美

唐代史学家刘知幾这样说过："史之称美者，以叙事为先。"史文的表述之美，在中国史学上多次被人们反复谈到。前面我引用宋人吴缜的话说，撰写史书，有三个原则："一曰事实，二曰褒贬，三曰文采。"梁启超讲过，人们读《资治通鉴》津津有味，读《续资治通鉴》昏昏欲睡，都是编年体，就是文采不一样。他说司马光，能够把一般的历史事实写得飞动起来。所谓写得飞动起来，就是能够把历史描述成一个动态的发展过程。比如，淝水之战、赤壁之战等，写得确实精彩。史文表述的审美要求，不仅能够使历史著作让人喜欢读，而且能够让人在审美的过程中，受到非常深刻的教育。赤壁之战、淝水之战，看看那个过程司马光是如何写的。在这样一个审美的过程中，人们就会受到深刻的启发。它的价值不是仅仅从审美的要求出发的。因此吴缜讲的这个话非常有道理，"一曰事实，二曰褒贬，三曰文采"。有了"事实"和"褒贬"，"必资文采以行之"，历史著作才能够推广。在这个过程中有几个重要的原则：一个原则是史学家在丰富的历史事实中，究竟选择什么东西来写，这个很重要。这么多历史事件，写什么？史学上有一个术语叫采撰。史学家选择什么事情，选择哪些人，能够反映历史的本质，反映历史的真相，这是一个很费气力的事情。《史通》里面有一篇叫作《采撰》，《采撰》实际上要看历史学家的见识，看他的眼光。材料选好了以后，有一个编辑的过程，史学上的术语叫作编次。编次解决了，最后才是表述，遣词造句，怎么样把这些有用的历史事实按照一定的顺序编次起来，然后用优美的语言，在不违背历史真实的基础上把它表述出来，这是一个很有逻辑层次的过程。只有在这每一个环节上都做得比较好，才能够达到文采所应当承担的任务，选择的材料不合适，编次的顺序不合适，文采再好也不行，也不能写出好的历史著作。

中国史学在史文的表述上，有哪些审美方面的特点呢？我看有这么几个特点。

第一，质朴之美。写历史书要讲究文采，但是不能够写成一些华丽辞藻的堆砌，不仅历史著作如此，其他的著作也是这样。用华丽辞藻装饰起来的不一定就是好作品，历史著作尤其是这样。生动并不等于华丽，它应该是很质朴的，称为质朴之美，这跟我们前面讲信史，讲真实之美，是有联系的。刘知幾在批评前人的史书的时候就讲过，用很古老的语言来写较晚时期的历史，这是不合适的，这就失去了质朴的本色。刘知幾还认为，应该把一些民间的语言写到历史书中去，这样就能够更真实地反映那个时代的语言环境，那个时代人们的思想，那个时代的社会风貌。

第二，简洁之美。刘知幾很推崇史书的简洁，他认为："国史之美者，以叙事为工，而叙事之工者，以简要为主。"①他主张要逐句逐字地修改史文，用他的话说就是从省句省字做起，这一句话是多余的，删去，这一个字是多余的，删去。我们现在写文章也应该是这样，写成以后自己多读几遍，把多余的句子、多余的字删去，让它变得简洁一些。

第三，含蓄之美。不要写得太直白，用刘知幾的话说叫用晦，所谓用晦就是要写得含蓄，要把撰者的思想、撰者的评价，在描述的过程中能够包含进去，如同《左传》评价《春秋》那样：微而显，婉而成章。

第四，动态之美。历史本来是运动的，因此不能把历史写成刻板的。读一读《左传》《史记》《汉书》《资治通鉴》等名著，我们都会感受到这种动态之美的魅力。进行动态的研究，现在成了时髦的说法，但是，真正做到这一点是很不容易的。历史本身是运动的，历史人物也是运动的，历史事件也是在运动中发展的，要尽量把这个运动过程，把它的阶段性写出来，所谓动态就能表达出来一些。

第五，形象之美。这里说的形象之美，是以种种直观语言来说的，是指历史图片、历史画卷，或者各种各样以历史为题材的艺术

---

① 刘知幾：《史通》卷六《叙事》，浦起龙通释，上海：上海古籍出版社，2009年，第156页。

样式对于表现历史面貌的意义。形象之美是史学审美领域中一个非常重要的方面。

中国古代史书在文字表述上的成就，许多人都很关注。尤其是《史记》，研究古典文学的朋友把它看作传记文学的楷模。这里面就很有深意。这说明什么问题？说明史学里面确实包含了艺术，包含了很强的审美意识，所以鲁迅评价《史记》是"史家之绝唱，无韵之离骚"，他概括了这样一种联系。这里面也涉及一个很深层的问题，即中国史学发展过程中，曾经有过一个文史不分的过程。司马迁说的"成一家之言"，就包含了要突出史学的个性。更明显的文史分途大概是在魏晋南北朝时期，隋唐以后人们逐渐地认识到要加重史书的实录部分，要淡化它的文学部分。但是这样一来又出现了一个问题：后面写的史书就没有前面写的史书有文采，使人们爱读。所以我们今天再次提出，史学工作者要多一点文学修养。有些青年朋友常常问我，怎样才能把文章写得好？这叫我从哪说起呢，我自己也还在摸索当中。文章如何写得好，写得有思想有文采，这不容易。就历史学来讲，要有史学上的功底，也要有理论上和文学上的素养，要有历史感和时代感，有一种历史和现实有所沟通的境界，使理性和激情结合起来，才能写出好文章来。一般说来，这些东西要靠自己去领悟出来。翦伯赞先生的《内蒙访古》是史学文章，收入《中国散文选》，可见他写得精彩。范文澜先生的《中国通史简编》，写得通俗易懂，让人爱读。像这些著作，我们拿过来读，并不断领悟，怎么从这里面学到东西，要有这种自觉意识。否则的话，仅仅依靠老师或书本说的几条原则、方法，是不行的，至少是很不够的。

四、史学的审美要求与史学的学术规范

在座的学生没有读历史系的，因为东南大学现在还没有设历史

系。那么，为什么要讲史学的审美要求与史学的学术规范呢，因为这个问题本身虽然是从具体问题讲起，但它有普遍意义。今天我们学术界在学术规范上确实产生了许多问题，大家读报纸了解一些情况。当然有些事情是个别的，可是一般性的不规范的现象是带有普遍性的。我想，只要我们写论文、写实验报告、写各种文体的文章，都会碰到一个规范问题。史学的审美要求，是严格的、规范的。比如，编年体，按年月日记事，这很规范。纪事本末体同样如此，写事情的始末原委，它本身是有一定的要求的。

中国史书有一种体例叫作史注，我想在这里说几句。这些年来，我们历史学界大大忽略了史注方面，有的上万字的文章，没有注，注什么呢？注你所引用他人成果的出处，等等。在这些方面我们遇到了问题，这应当说是反映了学风上的问题。我在1996年写文章指出来，我们今天有些文章故意隐瞒了学术史上的一些成果，借鉴了别人的成果而不加注释，通篇文字好像都是自己的发现。这样的做法，我们说是不规范的，进一步说是学风不良的表现，再进一步说，有剽窃的嫌疑。这个问题一步一步发展得很严重了。我们讲史学上的审美要求时，注释的规范性，也是使史学具有真实之美的一个可靠的支柱。我们今天要写一篇报告，写一篇论文，在这一方面要特别注意，这对我们端正学风，培养一种优良的学风、严谨的学风，非常重要。

这里我想举一个例子，顾炎武写《日知录》，写了好多年。在写的过程中，他不断地发现所写的一些问题，前人已经写过了，他事先并不知道，事后著书发现前人已经写过了，于是删掉，过一两年，又发现前人写过了的一些问题，又删掉。这样，他的《日知录》写了好多年，也删掉了好多，保留下来的那些见解和论断基本上是他自己提出来的，只有很少量的内容舍不得删，因为毕竟还包含新见解，于是他注明出处，说这个问题前人在什么地方已经谈过，现在我要做进一步的阐述。前几年，我就一直想写一篇文章，叫作《史注的衰落》，但至今没有写，我不知道今后会不会有时间来写。史注的衰落就是我们学风不好的表现之一。在座的诸位是学工学理的，或者也有学文的，希望我们在这方面要严谨严谨再严谨，参考别人的成果要如实地注明出处，引用别人的见解或论断也要详细地注明出处。这样，我们的论著才更有美感，我们的内心世界也能进一步走向美的境地。

五、关于历史题材艺术作品的几点思考

这个问题，在座的艺术系的同学，可能会有兴趣。历史题材的艺术作品注意的几个问题，是从一个史学工作者的角度提出的问题。史学和艺术是有联系的，那么这种联系从史学工作者来看，应当怎么认识，怎样处理，如何提高这方面的自觉性？从文学艺术工作者来说，怎么看待这个问题，同样要不断地提高工作者的认识。此外，史学与文学艺术的工作者需要进行沟通，把我们的工作做得更好。我想现在我们的确面临着一些问题。从文本上看，从历史著作到历史小说，这里面就有很大的差别。如果再把历史小说改编成电视剧本，这些文本又有很大的差别。这就给我们提出了问题：怎样传播可信的历史？历史小说和历史有关系。当然，历史题材的电视剧，也和历史有关系。在这种情况之下，遇到的问题就很多了。有人评价有的历史小说"以史入文，以文证史"。我到现在还没有理解，以史入文，是根据历史著作写成历史小说，当然可以了，但是这个历史小说能够反过来"证明"历史吗？我觉得这个关系有点颠倒了。小说怎么证明历史啊？当然不是说绝对不可以，要看小说的作者是谁，要看作者用的是什么时代的文学作品。比如，陈寅恪先生以诗文证史。他的以诗文证史，是用唐朝人的诗、唐朝人的文来说明唐

朝的历史，这叫作"以诗文证史"，这是陈寅恪先生在历史研究方法上的一个很重要的贡献。但是今人写的历史小说，如关于清朝的历史小说，能不能用来证明清朝的历史？那就很难说了。出自作家之手的历史小说有没有这样的功能，我到现在还没有弄明白。我觉得有的媒体有点过分夸张了，把这种历史和历史小说的关系颠倒了，对于公众来说这是不是一种误导？

我们现在再说影视作品。关于历史题材的影视作品，首先，我们要问一个问题：历史题材的影视作品，近几年来它向公众传递了或者说传播了什么样的历史观？这个问题很值得讨论。一个不容置疑的事实是，有些历史题材的影视片，不少人很爱看，在爱看的过程中，人们得到了什么信息？这种信息对人们树立正确的历史观，起了什么作用？这是很值得研究的。我现在不是针对哪一部影视作品来说的，我认为这些年来，英雄史观非常突出。作为一种负责任的影视作品，考虑到对社会公众的影响以至于进行教育的效果，是要考虑这个问题的。当然我们也有休闲的作品，那是另外一回事。作为比较严肃的文艺创作来讲，尤其是历史题材的文艺创作，它传播一种什么样的历史观，这个问题就很值得探讨。

其次，影视作品是不是有不尊重历史真实的地方？现在历史学界有些同行，为这些事情感到很忧虑，但是好像又无能为力。讲求历史真相，人家不买你的账，能创造票房价值吗？所以这是史学工作者感到忧虑、感到困惑的一个问题。在这个问题上，我的建议是这样的：首先，作为一个文学工作者，一个艺术工作者，在涉及历史题材的问题时，应该在题材的选择和确定上，要慎之又慎。我可以举几个例子，今天还是有参考价值的。比如，郭沫若写的话剧《蔡文姬》《文成公主》《武则天》《屈原》等，都是非常宏大的历史题材，从史学的角度和艺术的角度去看，都还有可以借鉴的地方。比如，吴晗写的《海瑞罢官》，这样的一个作品，是有深刻的意义的。当然他多少还带有英雄史观的痕迹，但他反映了大众的要求。还有一位剧作家曹禺，他写的《胆剑篇》，写越王勾践卧薪尝胆，看了之后很鼓舞人。环顾现在的历史题材影视作品，许多都涉及清朝的事情。我想，历史题材的东西很多，就举帝王之例来说，如光武帝是东汉中兴之主，他有一系列的措施，释放奴婢，改善民族关系等，有很多重大的事情值得写。如唐太宗这样一个君主，可写的事情更多。如辽朝有一个皇帝辽道宗，尽管和北宋打仗，但是他对于吸收中原文化，总结历史经验教训，做了许多事情。如金朝的皇帝金世宗，这个人在接受汉文化方面做得非常出色。金朝一方面和南宋打得不可开交，一方面大量吸收汉文化，把《贞观政要》《新唐书》等重要史书，都翻译过去，把五经翻译成女真文。金世宗说把五经翻译过来，是要让女真人都懂得仁义道德。金朝实行科举制，是学习唐宋科举制，考试从哪里出题目？从五经、十七史出题目。这个皇帝不值得写吗！在我们中华民族历史上，在推进历史认同、文化认同的过程当中有贡献的人物不值得写吗！不能总是康熙、雍正、乾隆，没完没了的。我觉得在这方面还得多思考一些。当然，趣味性和真实性的关系，要处理恰当，不能单纯地追求趣味，只考虑它的可视性，作为历史题材的影视作品不能在大问题上违背历史的真实性，这是一个原则，因为我们要传播正确的历史知识和历史观点。

最后，史学和文学艺术要进一步沟通。关于历史和历史剧的讨论在 20 世纪 60 年代曾经有过一次高潮，讨论的核心问题是历史的真实和艺术的真实之间的关系问题。按照我个人的看法，这个问题应该继续讨论。只有继续讨论，才能在艺术的真实性方面深入一步，艺术理论方面也往前发展一步。在这个问题上，历史学家要宽容，不应在一些枝节问题上吹毛求疵，在不违背历史真实的基础上允许艺术家们去虚构，但这个虚构只能是枝节问题，不能在历史的根本问题上违背了真实。我想，这样的要求是可以理解的。大家想一想，史学家们经过多少年的研究，才揭示出某个事物的历史的真相，不能一部电视剧风一吹就把你们吹倒了。史学工作者经常苦恼的是什么呢？是历史教育的重要性，史学工作者把许多问题讲得口干舌燥，几部电视剧就把你吹倒了。这个问题是很严重的。我们这个民族怎样获得比较丰富的真实的历史知识，史学工作者是有责任的，文学工作者、艺术工作者也是有责任的。在互相沟通的过程中，历史学家要宽容一点，文学艺术家也要多听听历史学家的意见和建议，真正通过文学的手段、艺术的手段，把我们中华民族的历史教育推进一步，把我们的文化教育事业往前推进一步，把我们这方面的理论思考再提高一步，这是我们共同的目标。

以上这些，就是我说的从历史学的角度来讲历史学和艺术的关系。应该说，这主要还是从自己作为一个史学工作者的自身反省，自己对史学理论的研究，自己认识到其中包含着审美的要求来讲的。认识到这一点，我们史学工作者对于提高自己的修养，能够更加理性。当然，我也就顺便说到了对于艺术工作者、文学工作者的一些认识和期待，这些认识不一定都是对的，我只是提出了我个人的一些想法，不对的地方，请老师们和同学们批评指正。今天我讲的内容就此结束。

谢谢大家！大家有什么问题，我们可以交流。

尾声 提问和回答

学生一：撰写历史，是否一定要有一种历史观作为指导？艺术史应当如何写？

瞿：对于撰写历史，是不是要有一个历史观的指导问题，我想还是应当有的。刚才我已讲了主体和客体的问题，就是说，任何一个史学家都有一个主观的因素，不管你承认不承认，都有一种观念在支配着你的研究。因此，任何一个史学家都不能够摆脱主观的意念，正因为如此，这个主观的意念就应当建立在科学的历史观的指导之下。2001 年 11 月，我们开了一个全国性的研讨会，讨论唯物史观和 21 世纪中国史学，深层次上就是讨论这个问题。现在我们看到有一些文章认为研究历史就是要搞清历史的真相，无需什么指导思想，把历史真相搞清楚就可以了。这个观念看起来好像可以成立，其实是不能成立的。因为任何人都不能排除他的主观意念，因此，我们要努力使自己具有一种科学的历史观来研究历史、撰写历史，这是第一。第二，关于艺术史的写法，它应当建立在历史发展过程的基础上，一是我们要把艺术的历史搞清楚，二是我们要总结其中的理论成果。在这个问题上，我们有很多经验教训。比如，研究史学史，我们在很长的时间里讲史学的发展过程，而对于史学发展过程中人们提出来的一些范畴、概念、理论，我们总结得不够，所以到今天我们对于史学史的研究还没有进入一个高层次的理论研究水平上。我认为艺术史的研究应该充分地注意到这一点。

学生二：请问您对艺术史学史怎么看？

瞿：这个比较复杂，我不懂艺术史，只能从史学史的角度，说一点粗浅的认识。艺术史学史，前提是艺术史学，然后才是艺术史学的历史，是这个意思吧？那么这里就有一个什么是艺术史学的问题。在我看来，这个问题主要还不是"史"，主要是这个"学"，这个"学"的发展历史。首先要考虑的是中国的艺术史学史，即在中国的艺术史上什么时候显示出艺术史学已经形成了，这个问题是首先要考虑的。弄清楚艺术史学是在什么时候建立的，然后考察艺术史学有几个发展阶段，我们要把发展阶段搞清楚，这是一个很重要的环节。概括说来，中国的艺术史学是什么时候建立起来的，然后依次阐述传统的艺术史学、近代的艺术史学、当代的艺术史学，大的框架就是这样子的。需要特别注意的是，在各个发展阶段上，曾经提出了哪些理论问题。否则，这个"学"字就落实不了，就可能写成一般的艺术史。不知我的这个看法是否有道理，供你参考。

学生三：在我们的印象中，历史研究好像大多是研究政治史，研究一个国家一个民族的政治发展，这是为什么？

瞿：有不少文章批评中国的传统史学是政治史，所以我们现在要研究社会史，或者是专门史，经济史、军事史，等等。外国人也这样评价中国的古代史学，说中国古代的史学主要是政治史。我看不能够做这样简单的结论。中国传统史学，包含的内容是多方面的，就拿"二十四史"这种朝代史来说，它确实包含大量的政治史内容，但是制度史、民族史、中外关系史，也都包含在内，还有难以历数的人物传记，不应简单地说中国传统史学就是政治史，这是第一。第二，现在有不少朋友提倡研究社会下层的历史，认为以往的历史研究，是研究社会上层的历史，研究社会精英的历史，那么我们现在要研究社会下层的历史。这个说法对不对呢，确也有一定的道理，但是中国以往的史学也不是没有涉及社会下层，特别是野史、笔记，涉及许多社会下层的内容。就是"二十四史"，也有不少内容是和下层有关系的。关于下层社会的面貌，在传统史学里还是有反映的，对这个问题我们还是要全面地对待，中国政治史比较突出，但是不能把中国古代史学看作反映的政治史。

学生四：中国的历史不应该只写帝王将相，应该写文化和社会进步，历史包罗万象，如何写一部全人类的历史？

瞿：关于这个问题，我首先想表明一个想法，这就是：我们过去曾经拥有什么，我们今后将要创造什么，我们不能用今后将要创造什么来否定过去曾经拥有什么。我可以说"二十四史"是全世界在史学领域的宝库，不单单是中华文明的宝库。至于说写全人类的历史，这只能是一个很概括的历史，绝不可能写成一部很生动的历史，因为历史离不开人的活动，一旦人的活动进入了历史领域，那就不可能把全人类所有的方面都囊括进来。英国人威尔斯在 20 世纪初撰写的《世界史纲》，就是写的人类和动物的进化史，就是人类演进过程的历史。我们很难设想囊括整个人类进化的历史，那只能从文化意义上去考察，不能从历史学本身的意义上去阐述。这个问题，就构建一个体系来说，主观愿望是非常好的，但是在撰述上是非常困难的。现在有人不断提出这样的主张，但这个主张目前来讲还难以成为现实。

今天我们的讨论就到这里，再次谢谢大家！

从司马迁到章学诚

——说说中国古代史学的理论成就[*]

引言　从历史理论与史学理论说起

在学术研究中，把握研究对象的内涵的规定性和学术用语的准确性，是十分重要的。

20世纪80年代中期，史学界讨论理论问题时，对于"史学理论"这一用语的模糊认识，给学术讨论和理论研究带来诸多不便。

这里我首先要说到尹达先生提出的问题。在20世纪80年代，尹达是较早提出对历史理论和史学理论加强研究的史学家。他在阐述加强马克思主义历史理论研究的同时，还提出要重视史学理论研究的问题。他指出：

＊　2006年12月11日，在清华大学历史系的演讲。

在加强马克思主义历史理论研究的同时，我们还应当对历史学这门学科的理论探讨给予充分的重视。我国历史学发展的历史告诉我们，重视史学理论是我国史学的优良传统。刘知几、章学诚、梁启超在对历史学这门学科的理论总结方面都做出过有重要影响的贡献。我们今天，在马克思主义理论指导下，应该写出超越《史通》、《文史通义》、《新史学》和《中国历史研究法》等的史学理论论著，在这方面做出更大的贡献。[①]

显然，这提出了一个理论问题，它对我们有两点启示：一是历史理论与史学理论的区别，二是中国史学有重视史学理论的传统。

陈启能研究员写过一篇文章《历史理论与史学理论》[②]，这篇文章指出："近年来我国史学界对于理论问题的研讨虽然相当活跃，但却有一个很大的不足，那就是所讨论的问题大都属于历史理论的范围，而很少涉及史学理论。"这里，同样提出了应把历史理论与史学理论加以区分的论点，即强调把握研究对象之内涵的规定性问题。我很赞成这篇文章，于是写了一篇短文作为呼应。

我写的文章是《史学理论与历史理论》，发表在《史学理论》1987年第1期"史学沙龙"栏目中。

——本文以司马迁和刘知幾为例，说明研究历史同研究史学的区别，并由此得到两点结论。

——本文在强调历史理论与史学理论的区别的同时，也指出了它们之间的联系，并在一定条件下可以互相包容。

1992年，何兆武先生在《历史理论与史学理论》一书的"编者序言"中写道："三年前商务印书馆委托我编纂一部近现代西方有关历

[①] 尹达：《马克思主义与中国历史学的发展》，《尹达史学论著选集》，北京：人民出版社，1989年，第408页。

[②] 参见陈启能：《历史理论与史学理论》，载《光明日报》，1986年12月3日。

史理论和史学理论的选集。这里的历史理论和史学理论，其含义大致相当于西方通常所谓的'思辨的历史哲学'和'分析的历史哲学'以及我国传统意义上的'史论'。经过和几位同志磋商之后，我们都认为这对我国历史学界是一项有意义的工作，遂决定承担下来。"当此书在1999年出版时，我感到很兴奋，其中原因是不言而喻的，因为像何先生这样的史学大家，也认同了把历史理论与史学理论加以区分的观点，作为晚辈和后学，自然受到很大的鼓舞。

今天我讲"从司马迁到章学诚"这个题目，同上述学术背景有极大的关系。

一、司马迁和章学诚的理论贡献

司马迁在中国古代史学的历史理论方面起到了奠基者的作用，而章学诚则是中国古代史学在史学理论方面的总结者，他们在中国古代史学的理论发展上都有重大的贡献。

（一）司马迁在中国古代历史理论上的主要贡献

第一，提出了"究天人之际，通古今之变"的命题。天人关系、古今关系，是中国古代历史理论中的根本问题。前者探讨历史运动的主体，后者探讨历史运动的轨迹。

第二，全面论述了人在历史运动中的中心地位，评价了各阶层代表人物的作用，奠定了中国古代史学的人本主义基础。

第三，回答了历史运动的动力所在和客观法则，认为历史变化是"事势之流，相激使然"，是"自然之验"。

第四，提出了"稽其成败兴坏之理"的命题，把史学家总结历史经验的意识提到了更加自觉的阶段。

此外，司马迁的经济思想、地理思想、民族思想等，都包含了丰富的理论成分。

（二）章学诚在中国古代史学理论上的贡献

司马迁和章学诚在理论上都是继往开来的史学家，如果说司马迁的主要贡献在于"开来"，那么章学诚的主要贡献则在于"继往"。当然，继往开来本是不可以截然分开的。我之所以这样说，是因为要突出他们各自的特点。

章学诚重在"继往"，这可以从他的"六经皆史"说看出来，他的一系列的史学理论见解也就由此而展开。

第一，继承、发展前人的认识，提出"六经皆史"的论点，以史学论经书，扩大了历史研究和史学研究的范围。

第二，提出"史法""史意"的区别，而尤重于对"史意"的阐发，即强调思想的重要。

第三，提出"撰述"与"记注"的区别，以"圆神""方智"概括史学两大"宗门"，意在划分编和著的界限。

第四，提出历史编纂方面"神奇"与"臭腐"相互转化的法则，阐述了史学体裁之辩证发展的历程及规律。

第五，总结了通史撰述的理论：六便、二长、三弊。

第六，提出"史德""心术"说，发展了刘知幾的"史才三长"论。

第七，提出了知人论世的文史批评方法论原则。

第八，总结了历史撰述中的历史文学理论，主张"闳中肆外，言以声其心之所得""传人者文为其人，述事者文为其事"。

第九，提倡"别识心裁""独断之学"的学术创新精神。

章学诚对古代史学理论的总结和阐发，表明了他对以往史学的深刻理解，其真知灼见，值得我们认真研究，使其为当今史学理论发展所用。

可以认为，司马迁和章学诚在中国史学上的理论贡献，是任何古代史学家所无法替代的。

二、中国古代历史理论的几个特点

司马迁是中国古代历史理论的奠基者，那么谁又是中国古代历史理论的总结者呢？我认为，这个总结者就是明末清初的王夫之。

从司马迁（公元前 145 或公元前 135—约前 90 年）到王夫之（1619—1690 年），前后相距约 1800 年。其间，自司马迁以下，东汉班固、荀悦的史论，两晋陈寿、袁宏的史论，南朝范晔、刘勰的史论，盛唐虞世南、魏徵、朱敬则、唐太宗的史论，中唐杜佑、柳宗元的史论，两宋司马光、范祖禹、孙甫、欧阳修、宋祁、郑樵的史论，元明马端临、李贽的史论，明清之际顾炎武、黄宗羲、王夫之的史论等，都各领风骚，形成了丰富的积累。

从宏观视野来看，中国古代历史理论在其长久的发展过程中，显示出这样几个方面的特点。

（一）多种存在形式

第一种形式：历史叙述中的历史评论，如"君子曰""太史公曰""史臣曰"等。

第二种形式：独立的历史评论专篇，如贾谊《过秦论》、柳宗元《封建论》、欧阳修《正统论》、顾炎武《郡县论》等，都是这方面的名篇。这种独立的历史评论专文，存在于各种文集、总集、文选、奏议、书信、传记中，数量很多，可以发掘的思想、理论空间很大。

第三种形式：历史评论专书，它们更集中地反映了历史理论的面貌。如《盐铁论》《人物志》《帝王略论》《贞观政要》《唐鉴》《唐史论断》《通鉴直解》《读通鉴论》《宋论》《明夷待访录》等。王夫之的《读通鉴论》是这类著作中成就最高的。

（二）深入探索的连续性

这反映在一些基本理论问题上，如天人、古今、兴亡、君主、民族、封建与郡县、正统、地理环境等。同时也反映在一些基本概念上，如时、势、理、道、圣人之意、生民之意等。

（三）"未尝离事而言理"

不空谈理论，这是在叙述史事过程中阐述一定之"理"。其特点是：言简意赅、平实易懂，实践性突出，反映了中国古代史家的思维方式及其特点。

（四）名篇名著的魅力

从《过秦论》《人物志》《读通鉴论》等专文和专书中，看中国古代历史理论的内涵和风采，有的深刻，有的典雅，有的思辨，有的会通，给人们多方面的启迪。

三、中国古代史学理论发展的几个阶段

在丰富的中国古代史学遗产中，史学理论是一个重要的方面。如前所说，这里说的史学理论，是指史家对于史学自身的认识，它不同于历史理论，即史家对于历史的认识。简言之，前者是关于史学的理论，后者是关于历史的理论。史家对于历史的认识，是他们对于史学认识的前提之一；而史家对于史学认识的发展，又反转过来促进他们对于历史认识的深入。这两个方面的理论本有密切的联系，为了研究上的方便，尤其是为了总结古代史家对于自身认识的丰富的理论遗产，推动当前史学理论的建设和历史探究的发展，有必要加强对古代史学理论的研究。

中国古代史学理论的发展，大致经历了四个阶段。第一阶段，是先秦、秦汉时期，这是它的产生阶段；第二阶段，是魏晋南北朝隋唐时期，这是它的形成阶段；第三阶段和第四阶段，分别是宋元时期和明清（1840 年以前）时期，这是它的发展阶段和终结阶段。这四个阶段如下。

(一)中国古代史学理论的产生：从史学意识到自觉的史学发展意识

先秦时期，从《春秋》和孔子言论，以及《左传》和孟子言论中，可以看到人们的史学意识具有鲜明的特点和丰富的内涵。我们可以把它归结为以下几个方面：一是重视史书的结构和文辞；二是重视史家对于史事的评价；三是推崇"书法不隐"的秉笔直书精神；四是提出史学发展同历史发展之间关系的认识；五是关于历史撰述的社会条件、社会目的和社会作用的认识；六是提出了"事""文""义"，史学上的三个范畴，等等。这对于中国古代史学理论的发展，都具有重要的意义。

西汉时期，古代史家的历史意识更进一步增强了。司马谈临终前同其子司马迁那一番激动人心的谈话，正是这种强烈的史学意识的鲜明写照。不仅如此，《史记》一书还洋溢着司马迁的一种自觉的史学发展意识，这是先秦时期的史家、史著中所不曾有的、更高层次的史学意识。所谓史学发展意识，它不只是涉及有关史学的某些方面的认识，而且极为看重史学是史学家们不应为之中断的、具有连续性的神圣事业。

从孔子到司马迁，古代史家的史学意识的滋生、发展，提出了许多史学理论上的重要问题，直至提出"成一家之言"的宏伟目标。

(二)中国古代史学理论的形成：系统的史学批评理论的提出

魏晋南北朝隋唐时期，在马、班所奠定的基础上，中国古代史学有了更大的发展。这时期的史学理论，不仅提出来一些重要问题进行新的探讨，而且提出了系统的史学批评理论。这是古代史学理论的形成时期。南朝梁人刘勰《文心雕龙·史传》篇、唐初政治家关于史学的言论、《晋书》卷八十二所载两晋史家的传记、《隋书·经籍志》史部诸序等，都是反映这个时期史学理论发展的重要文献。尤其是刘知幾的《史通》，提出了系统的史学批评的理论和方法论，标志着古代史学理论的形成，成为中国古代史学发展的里程碑。

刘知幾在史学理论上的主要贡献是，他提出了系统的史学批评的标准，即：关于史书内容，关于撰述方法，关于体裁体例，关于文字表述，关于撰述原则，关于史学功用，关于史才三长等。

值得注意的是，刘知幾提出史才、史学、史识即"史才三长"这三个范畴，阐释了他们各自的内涵和相互间的关系，这是史学家自我意识、自我修养的新发展，是史学家精神境界的新的升华。从整体来看，刘知幾在史学理论发展上所达到的高度，是前无古人的，《史通》写成于唐中宗景龙四年(710年)，这在当时世界史学史上也是无与伦比的。

(三)中国古代史学理论的发展：史学批评的繁荣和理论形式的丰富

五代辽宋夏金元时期，尤其是两宋时期，中国古代史学有了更大的发展。通史、本朝史、民族史、历史文献学等方面，在这时期都取得了许多新成果。史学批评在相当广泛的范围里进一步发展，史学理论在不少问题的认识上更加深入，在表现形式上也更加丰富。这表明，中国古代史学理论进入了它的发展阶段。

没有批评就没有发展。史学理论的发展，在很大程度上是通过史学批评来实现的。这个时期的史学批评范围扩大了，不少问题的讨论更加深入了。在北宋，如吴缜、曾巩；在南宋，如郑樵、朱熹、洪迈、叶适、陈振孙、晁公武；在元初，如马端临等，在史学批评方面都各有成就。

这里，我要特别提到吴缜在史学批评领域的贡献。在史学批评理论方面，吴缜提出了两个问题。第一，什么是"信史"？他给"信史"做了这样的理论概括："必也编次、事实、详略、取舍、褒贬、文采，莫不适当，稽诸前人而不谬，传之后世而无疑，粲然如日星之明，符节之合，使后学观之而莫敢轻议，然后可以号信史。反是，则篇秩愈多，而讥谯愈众，奈天下后世何!"①给"信史"做这样的规范、下这样的定义，在史学上以前还没有过。第二，史学批评的标准是什么？他说："夫为史之要有三：一曰事实，二曰褒贬，三曰文采。有是事而如是书，斯谓事实；因事实而寓惩劝，斯谓褒贬；事实、褒贬既得矣，必资文采以行之，夫然后成史。至于事得其实矣，而褒贬、文采则阙焉，虽未能成书，犹不失为史之意。若乃事实未明，而徒以褒贬、文采为事，则是既不成书，而又失为史之意矣。"②把事实、褒贬、文采，尤其是事实作为史学批评的标准，在以前也是不曾有过的。《新唐书纠谬》在史学批评的理论和方法上，都有不可忽视的价值。

此外，郑樵的"会通"之论，叶适的"史法"之议，朱熹的读史之评，在史学批评上也都占有重要的地位。

而且，马端临关于历史著述的"相因""不相因"之论，显示出史学家在史学批评方面的求实精神和辩证方法。

(四)中国古代史学理论的终结：批判、总结、嬗变

中国古代史学发展到明清时期，有两个极明显的特点，一是越来越具有广泛的社会性；二是出现了批判、总结的趋势，同时也萌生着嬗变的迹象。大致说来，史学理论的发展，也不能脱离这两个特点，而在后一个特点上表现得更突出一些。因此，这可以看作中国古代史学理论的终结阶段，其特征便是批判、总结和嬗变。明后期的王世贞、王圻、李贽，明清之际的顾炎武、黄宗羲、王夫之，清中期的王鸣盛、赵翼、钱大昕、崔述、章学诚、阮元、龚自珍等，在史学理论、方法论方面，都各有不同的成就和贡献。

在批判、总结方面：王世贞对国史、野史、家史是非得失的辨析，有重要的理论价值。

---

① 吴缜：《新唐书纠谬·序》，丛书集成初编本，北京：中华书局，1985年，第1页。
② 吴缜：《新唐书纠谬·序》，丛书集成初编本，北京：中华书局，1985年，第3页。

在强调史学经世致用的社会功能方面：顾炎武、王夫之都有重要的阐述。

在重视历史文献学的理论、方法方面：钱大昕、赵翼、王鸣盛、崔述有精辟的论述。

在重视考据与义理结合方面：有阮元的"汇汉、宋之全""持汉学、宋学之平"的思想。

在强调学史与认识社会发展法则方面：有龚自珍提出"欲知大道，必先为史"的命题，影响所及，直至于今。龚自珍的时代，正是中国历史从古代走向近代的分水岭。

总起来看，这时期的史学理论，具有非常鲜明的批判色彩，显著出史学理论开始嬗变的征兆。

如果说，研究司马迁的历史理论成就，可以观察中国古代历史理论发展的趋势；那么，研究章学诚的史学理论成就，则可以反观中国古代史学理论过往的历程。这是我今天要跟大家讨论这个题目的初衷。谢谢各位！

史学与社会

与青年朋友谈治学 *

　　　　　　　　今天演讲的题目是《与青年朋友谈治学》。
从我自己的认识来说，21 世纪开始了，中国历
史学的发展、历史教育的发展，都寄托在青年人
的身上。那么，我们青年人在 21 世纪里，在这
样一个难得的历史时代，应该如何提高自己的素
质，更好地来发展自己，更好地为社会服务？当
我们做这些思考的时候，治学就是一个很重要的
问题。这是我讲这个问题的一个基本出发点。从
我自己来说，这几十年也多少积累了一点经验教
训。这些经验教训，可以供青年朋友们参考。如
果说有做得对的地方，你们可以作为借鉴；如果
说有失误的地方，你们也可以避免。学术工作也
好，教育工作也好，都是在前人积累的基础上继

　　* 2001 年 12 月 24 日，在安徽宿州师专历史系的演讲，载《宿州师专学报》2002 年第
1 期。

　　本文是我于 2001 年 12 月 24 日在宿州师专的演讲。承历史系青年教师蔡若愚据录音
整理成文，并经我审阅、订正。应《宿州师专学报》编辑部的要求，予以发表。在此，我向
编辑部和蔡若愚同志表示谢意！

续往前走，我们自己和社会才能够不断得到发展。这一点，大家都会有共识。同学们现在还在学习，一些青年教师刚刚走上工作岗位，怎么把读书、治学和未来这三件事情联系在一起，即如何读书，如何治学，如何去创造有意义的未来？把它们做一个整体的思考，做一个有计划地发展自己、自觉地为社会做贡献的人，这就离不开治学。

今天的演讲分为十个问题。

一、治学与立志

我们讲治学问题，首先就要考虑立志问题。作为一个社会的人，有没有为社会做贡献的志向，这是我们讲治学的一个根本出发点。如果一个无所作为、不想对社会做什么事情的人，也就谈不上治学，谈不上立志。我们现在常讲：要塑造自我。这个塑造自我的前提，首先要认识到你是一个社会的人，不能离开社会；讲塑造自我，就要有对社会做贡献的责任感。当然，社会也在为你提供条件，这是辩证的关系。这不是什么大道理，因为我们每一个人时时都会感受到自己生活在社会之中，我们不能离开社会。如果我们每一个人都考虑到要为社会去服务，那么社会的进步就会更快一些；在社会的进步当中，我们自己也会发展得更好一些。我想，这是一个很容易理解的道理。中国知识分子历来有这样一个思想传统，就是要投身到社会当中去。大家知道，儒家思想一个很重要的核心，就是"修身、齐家、治国、平天下"，就是要参与社会，为社会服务。"修身、齐家、治国、平天下"，这当然是过去的传统，在今天这个时代，应该赋予它新的内容。这就是要参与到当前的历史运动当中去，为当前的历史运动服务并且努力做出贡献，从而实现自己的人生价值。这就是思想传统和现代意识相结合。我们要从这样一个高度上来塑造自我，来建立志向。社会工作有种种区别，但是在这一点上应当是一致的。司马迁在《史记》里写七十列传的时候，面对这样一个情况：在他之前的两三千年的历史中，有许许多多人物出现，他用什么标准来写七十列传呢？这是司马迁要思考的一个很严肃的问题。我建议大家读一读《史记·太史公自序》，从中可以看到司马迁写七十列传，有一个标准，这就是"扶义倜傥，不令己失时，立功名于天下"。扶义，就是主持正义；倜傥，就是风流倜傥，豪放潇洒；不令己失时，是说不要让自己错过历史的机遇；立功名于天下，是说要建功立业，对社会进步有好处。他写七十列传所选择的人物，绝大部分都是这样的人物。我们也可以做这样的理解："扶义倜傥"，这是讲道德标准；"不令己失时"，是讲人的见识，不错过历史机遇；"立功名于天下"，这是事功的标准。有道德标准、有见识、有事功的标准，他就是这样来做七十列传的。我们从这里可以得到启发：一个人在历史运动中怎么样被历史所承认，怎么样被历史学家所承认。在这个问题上，我们还可以读一读李大钊的《史学要论》。他在书中这样讲：人生在历史的长河中只能走过一次，不能走第二次，是一趟走过的。那么，在这个活泼的历史运动当中，人生怎么样才能够具有意义呢？那就是你在这一次走过的历史过程当中，发挥了自己的积极作用。这是一个很深刻的人生哲理。从这个意义上说，我们每一个人都在不断地反省自己：我这一段走过的路程，究竟怎么样？我是否对得起自己，是否对得起社会，是否对得起国家？如果经常做这样的思考，我们在这一趟走过的人生道路中就会很有意义。我讲这些，是要说明一个问题：就是一个愿意为社会做贡献的人，应当建立一个志向。从我们接受高等教育来讲，要立志就离不开治学。因为我们为社会服务的基础和依托是知识，是社会科学知识、自然科学知识。讲到知识，当然就和治学联系在一起。如果我们已经确立起正确的志向的话，那么我希望青年朋友要认真地来对待治学问题，这样可以使我们对人生的认识变得更加自觉，更加自信，使我们的人生更富有朝气，更有意义。

二、要有明确的研究领域

这个问题，可能就要涉及比较深层的思考。对受过高等教育的人来讲，应当有治学的目标。换句话说，就是要有一个明确的、相对稳定的研究领域。明确的而不是含糊的、相对稳定的而不是经常变动的研究领域，这个问题非常重要。有些人读了许多书，也有许多知识，但是在研究上少有成就。我想其中有很多原因，一个重要的原因，就是没有一个明确的目标，也就是说没有一个明确的、相对稳定的研究领域。说得通俗一点，就是"游击战术"，打一枪换一个地方。今天对这个问题感兴趣，明天对那个问题感兴趣。也写了一些东西，但是要问这个人是研究什么的，说不清楚。这对个人的发展不利，对整个社会的学术发展也不利。如果我们一个民族有许多人都是这种状况的话，那么整个民族的学术水平就会受到影响，就会停滞不前。因此，不论是从个人来看，还是从社会来看，人们都应当有一个明确的治学目标，也就是说要有一个明确的、相对稳定的研究领域。对我们师专的同学来讲，应不应该提这个要求呢？我觉得也应当提这样的要求，我认为受到高等教育的人，都应该有这样一个认识。关于这个问题，在现实生活当中有许多经验教训。作为一个教师，有责任向同学们讲明这个道理，要在我们的学习当中、教学当中，逐渐地培养起对某一个领域的兴趣，逐渐地明确我们对什么领域有研究兴趣，并且有一种要突破、要创新的意识。如果我们多一些这样的青年朋友，那么我们的社会科学也好，自然科学也好，会发展得更快一些。

三、确定研究领域的几条原则

治学要有明确的、相对稳定的研究领域。那么，这个研究领域是根据什么来确定的呢？这是非常实际的问题，也是十分关键的问题。根据我个人的体会和认识，在确定这个研究领域的时候，应当采取十分慎重的态度。第一，不要轻易地确定；第二，确定之后不要轻易地更改。如果今天确定了一个目标，过了一个月之后，说这个目标不行，又换了，第三个月说还有一个目标更好，这样换来换去是不行的，这说明在确定目标的时候比较轻率。因此，确定目标一定要慎重，确定了之后不要轻易更改。当然，也不是说绝对不能更改，我是说不要轻易地更改。这对青年教师来讲尤其重要，对青年学生来讲，也是要认真思考的问题，因为这对我们未来的发展至关重要。从我接触到的本科生、硕士生、博士生、青年教师，都在不同程度上存在这个问题。为什么受过高等教育的人，在科学研究上会有不同的成就，甚至会有很大的差别？其中有许许多多原因，一个重要的原因，就是有人有明确的目标，有人没有明确的目标。

现在，我来讲确定研究领域的几条原则。根据我个人的认识，第一个原则，你所选择的这个研究领域或者说这个目标，要有可研究性。什么叫作可研究性？按我肤浅的理解，就是通过努力是可以出成果的，是可以产生比较明确的结论的。那么，是不是有一些问题不容易得出结论，是很难有科学上的成果的呢？这样的问题是有的。我在安徽大学演讲的时候，有人提问说"史学是不是科学"，这使我想起了多年以来，人们在讨论史学是科学还是艺术？我不是说这个问题没有意义，只是考虑到在目前的认识水平上，难有新的进展。我个人认为：历史学是科学，是社会科学当中的一门科学。有人说历史学不是科学，是艺术，因为历史已成为过去，不可能重演，人们现在写出来的历史不完全符合当时的真实情况，不能断然这样说。既然不能断然这样说，那么就是历史学家自己编造的一种叙述，所以它不是科学。这些话听起来似乎有一定的道理，其实是一种片面的认识。历史成为过去，历史学家根据许多材料来写已经过去的那一段历史，他很可能要加上自己的一些主观上的认识，这是任何人都不能避免的。但是，我们不能因此就说历史学是不可靠的，历史学不是科学。我想举一个例子来说明这个问题。秦始皇在公元前221年统一了中国，实行了一系列改革措施，统一文字、统一度量衡、修驰道、废分封、立郡县等，是不是历史？当然是历史。是不是事实？当然是事实。至于这里涉及有些人，他们之间说了什么话，这些话有可能是历史学家根据当时他所接触到的一些材料表述出来的。你说这些话是不是当时就是这么说的，甚至是一个字不差这么说的，这就不一定了。这里有两点是应当明确的：一是这些话不论是出于什么情况写出来的，都不能改变上述历史事实；而且这些话即使经过史学家的修饰，也不会从根本上改变历史事实的真相。因此，历史学作为人们对历史认识的不断发展的过程，作为一门科学，是毋庸置疑的。我举这个例子，是想说明在目前我们还不能有更大的认识上的突破的情况下，就不要去讨论类似的问题。我再举个例子：中国封建社会从什么时候开始的？有人说从西周开始的，有人说从春秋战国开始的，有人说从秦统一开始的，有人说从西汉开始的，从东汉开始的，从魏晋南北朝开始的等。我们有必要关心这个讨论，有必要去了解它，知道有许许多多种看法，但自己不一定再去做这样的研究。这是因为，在我看来，这个讨论在短时期内是不可能得到明显的进展的。当然，所谓"可研究性"，也只是从相对意义上来理解的；对于不同的人来说，前提和结果都是会有差别的。我所强调的是，当我们确定研究领域的时候，一定要从实际出发，要实事求是地看待这个领域的"可研究性"，即可以期望它出成果的，这是第一个原则。第二个原则，要有持续发展的空间。我们所选择的研究的领域，不是研究一两年就全部完成了，而是可以持续五年、八年，一二十年，是一个可持续发展的研究领域，是一个"可供开采的富矿"，能够长期研究下去。否则，又会变成打一枪换一个地方。大家知道，打一枪换一个地方，付出的代价是很大的。比如说，用一年的工夫研究了这个领域，此后没有什么再研究的了，要重新开始去研究另一个领域，从收集资料做起，又要花费很长的时间才能入门，研究一二年之后又没有可研究的了。人生几十年，经不起这样的来回变更。因此，一定要选择一个"富矿"，能够供自己研究多年，至少能够研究五年以上，出一系列的成果。这里有一个很浅显的道理：越是在熟悉的材料、领域里反复地思考，思考得会越来越深，发现的问题也会越来越多，研究的结论可能更具有学术价值和社会价值。第三个原则，这个研究领域在学术上有开创性。举例说，如果你看到别人研究唐太宗，你也去研究唐太宗，研究了几年都没有超出别人的水平，这就没有什么价值。像《唐太宗传》，现在有四五本了。如果你要研究唐太宗，你就要在某一个方面超出这四五本唐太宗传记以及关于唐太宗的研究论文，你才有可能下这个决心，否则你就换一个别的领域。总之，开拓性、创造性，是确立研究领域的又一个原则。这个开拓性和创造性，要考虑两个因素，一是学术价值，一是社会意义。如果既具有学术价值，又具有社会价值，具有社会意义，那是非常好的。否则，在一个方面的价值很突出也很好。当然，一般说来，学术价值和社会价值是统一的。比如说，史学界曾经讨论过，说学术价值和社会价值是有区别的，不要硬把它们扯在一起。如甲骨文的研究有学术价值。那么它的社会价值表现在哪里呢？好像很难说它有什么社会价值。其实，它的社会价值也是很明显的。为什么呢？人们对甲骨文能够识别了，能够解读了，那么对商朝的历史能够解释得更加确切、更明白了，这当然是学术上的进步。我们要知道，学术是社会的一部分。学术进步了，也是社会进步的一个方面。在学术上有价值的东西，这本身就是社会价值的一部分。我们不应该把学术和社会分开，学术应当是社会的一部分。从这个意义上讲，任何有学术价值的成果都具有社会价值，所不同的是，有的表现得直接一些，有些表现得间接一些罢了。第四个原则，要有兴趣。这就是说你选择的某个研究领域，或者别人建议你选择的某个领域，最好是你有兴趣的。为什么呢？有兴趣就更加执着，更加投入，更加自觉，更有激情，而不是很勉强。我们知道，对什么事物有兴趣，是非常重要的。我们看到一些优秀的运动员，他们获得了奥运金牌，有些就是从小对某种运动项目有兴趣，后来经过家长的培养，教练的培养，国家所创造的条件，使这种兴趣得到了很好的发挥，从而创造出好的成绩。个人的兴趣，在这里起了很大的作用。我是在"文化大革命"前读研究生的，"文化大革命"结束以后，我重新回到自己读研究生时的那个领域——中国史学史。中国史学史从先秦一直到现代，史书那么多，从哪里开始去研究它呢？自己很茫然。我曾经想从《史记》开始研究，当时中华书局出版了一本《史记》研究论文目录索引，十六开本的。我要把这个目录索引上著录的那些著作找来读一读，就要花很多时间。我觉得从这里研究起来有很大的困难，不是说不可以去做，但要同上面所讲的几条原则结合起来去做的话，是有相当大的困难。后来，我重新思考。我当时讲授中国古代史，对隋唐史很有兴趣，我想能不能从隋唐时期的史学开始研究。因为对隋唐史有兴趣，当然就产生一种愿望，想研究这个时期的史学。经过调查，在这之前研究隋唐史学的成果很少。唐代将近三百年，关于它的史学的研究文章所涉及的史学家，只有三四个人。后来经过反复的考虑，我确定从唐代史学开始研究。这些年来，我研究中国史学史、研究史学理论、历史理论，就是从研究唐代史学起步的。如果我不确定从唐代史学研究开始，东写一篇，西写一篇，上面可以写《左传》方面的文章，下面可以写李大钊、梁启超方面的文章，这样肯定不行。当然，这些都是史学史的内容，但你这个人以什么为专长，总是说不清楚，也难得有深入的研究。我最早的一本书《唐代史学论稿》，收了二十多篇论文。都是关于唐代史学的，这就是一个明确的、相对稳定的研究领域，是最先给我带来的一个成果。

四、如何确定研究领域

原则明确了，那么在操作上，如何来确定研究领域呢？这里有一个学习和运用知识的方法。如果我们能够懂得很多知识，但不懂得治学的方法，那就有很大的缺陷。我们讲如何确定研究领域，就涉及方法了。按照上述几个原则，怎样来操作呢？第一，是做学术调查。我这里讲的学术调查，其实很简单，主要的就是查阅图书目录，查阅论文索引，找国内最权威的图书目录、最全面的论文索引。比如，中国社会科学院历史研究所编的《八十年史学书目》，这是20世纪80年代出版的。现在已过去了20年了，还有利用它来查阅的必要。当然，还要利用新的工具书来补充。这是图书目录。论文索引，最全面的应该是上海出版的《全国报刊论文目录索引》，每个月一本。此外，中国史学会编辑的《中国历史学年鉴》，1979年创办的，至今每年一本，那上面既有图书目录，又有论文索引。通过这些我们可以调查什么呢？调查你所关心的那个领域，谁出版了什么书，谁写过了什么论文？经过调查，你们可发现你所选择的那个领域是一个空白呢？是一个大家研究得很热烈的领域呢？还是已经有人提出来了，但还有待开拓的一个领域呢？你就逐渐有所了解。说得具体一点，如果你选择的那个领域，通过查阅这些书目、这些论文索引，很少有研究成果，说明你选择的这个领域是一个新领域，说明这个领域有"开采"的余地，这就帮助你下决心去从事研究。如果你查阅这些书目、这些论文索引，已有很多人都在研究这个领域，从你目前的认识来看，很难突破这些成果，那你有必要另外再去思考。还有一种情况，就是有人把问题提出来了，但是研究得很不够，那么你完全可以投入里面去进行新的研究。所有这些，都是最起码的、最一般的学术调查。如果不做这个工作，治学就无从谈起，就会带有很大的盲目性。可见，学术调查对我们来讲是非常重要的。我想，作为大学，每所学校藏书情况很不相同，但是工具书一般都是受到重视的，应当是能够满足大家的要求的。第二，要请教有关的专家、学者。现在是信息时代，许多信息可以从网上查找。与此同时，还要请教有关的专家、学者。因为年轻人在治学上毕竟还刚刚起步，对许多问题还没有把握。在没有把握的情况下，应当勇于向专家、学者求教。比如，你选择的研究领域是先秦的某个方面，那么你向研究先秦史的专家写信去请教；你选择的研究领域是明代的某个方面，那么你向研究明史的专家写信去请教等。请教什么呢？就问我这个选择可以不可以？要注意些什么问题？这一步是必须要做的。我们自己去进行学术调查，那只是一个基础。我们的选择，最好能得到专家的指点。我们应该有这样的意识和学风。我在确定唐代史学作为起步的研究领域时，曾经得到一位学者的赞同，这就是宋史学者漆侠先生。在 1977 年和 1978 年两次学术会议上，我诚恳地向他请教。他听了我的想法之后，他说"我看可以，你按照这个计划去做，每年发表三四篇文章，几年积累下来，你就能有十几篇文章，渐渐地你就对唐代史学有比较深入的认识了"。我得到他的鼓励，就更坚定了自己的信心。在我研究唐代史学的过程中，我还得到唐史研究学者韩国磐先生、胡如雷先生、陈光崇先生的帮助，我向他们都请教过问题。在请教问题的过程中，增强了我的信心。对这几位先生，我永远不会忘记。我们的青年朋友，是不是也可以按照这样的方法去做，来确定自己的研究领域。这里面没有多少深奥的道理，只是我们要有决心这样去做。

五、如何着手进行研究

通过自己的调查，通过专家的指点。研究领域确定下来了，那么怎样去进行研究呢？这对于每个人来讲可能是不一样的，但有些共同的地方是可以遵循的，有些普遍性的做法是可以参考的。我想讲几种做法。第一，要学会做编年。历史系的学生都应该知道，中国有一种编年体史书，某年某月某日发生什么大事，按时间顺序记载下来。如果你选择的研究领域是一个历史时段，是一个历史过程的话，最好就先从做编年开始。我举个例子，比如，研究王安石变法，那么王安石什么时候写了《上仁宗皇帝言事书》，也就是万言书，可仁宗皇帝没有采纳；在神宗皇帝的时候，王安石再一次提出变法，神宗皇帝如何采纳了王安石变法，然后王安石如何逐年推行新法。在这过程当中，反对派是怎么样提出来反对变法，在变法与反变法的过程当中，变法取得了什么成绩，有哪些弊病，最后到元丰年间变法产生了一定的效果，但到哲宗元祐年间全面复辟，完全废除新法，王安石变法宣告失败。把这个过程先用年代顺序排列下来。在做这个编年的过程当中，谁做了什么，谁说了什么？要掌握很多材料。编年的价值，就在于你对事情的过程搞清楚了，你不会在事情的过程上有重大失误，我们要判断一件事情的结果，就要把它的过程先弄明白，然后才能去考察这个结果。我在研究唐代史学的时候，大约读了八九十种书，做了十几万字的《唐代史学编年》。我当时的出发点很简单，因为对唐代史学没有太多的认识，为了将来少犯错误，不致我明天写文章否定我今天的文章，后天写文章又否定我这两天写的文章。如果对整个过程了解清楚了，在基本的问题上就不致失误，至少可以避免许多失误，我当时是这样想的。在我把编年做出来以后，让我感到惊喜的是，收获远远超出了预期的范围。第二，做资料长编。如果你要着手研究的问题主要不是一个历史过程，而是一个综合性的事件，这个事件又涉及许多人，那么建议你先作资料长编。比如，唐初历史上有个"玄武门之变"。秦王李世民把他的哥哥、弟弟杀了，迫使他的父亲退位，这件事情涉及许多人，涉及许多文献，你就要把有关"玄武门之变"前前后后有关的资料，按时间顺序编次起来做成资料长编。资料长编所起的作用，首先也反映出一个时间过程；其次，这些资料放在一起加以排比，互相参照，可以从中发现它们之间的联系，发现它们的异同，甚至发现它们之间有矛盾，这样对问题的考察就比较全面了。关于资料，我们要尽可能的收集。要靠比较全面的资料来思考问题。如果掌握的资料是片面的、不全面的，那么我们就很难得出正确的结论。第三，做有关人物的著作与交游考。假如你选择的研究对象是一个历史人物，这个人物或者是一个著作很丰富的人，是一个交游很广泛的人，就要做这方面的考察。所谓交游，就是他和一些人的往来，相互的应酬，书信的往返，他们的聚会等，这都属于交游。同时，还要做关于他的著作的考察，这个人哪一年、多少岁时写了什么书，写出了什么文章；他和谁有所交往，他给谁写了信，谁给他回了信；他给谁的书写了序，或者他的书请谁写了序等，诸如此类都在考察范围之内。如果我们研究这样一个历史人物，那么对于他著作的发展情况，对于他交游的范围和其中的恩恩怨怨各种情况都掌握了，那么对这个人的认识就会比较全面了。在这种情况之下，你会就其中感兴趣的一个问题、两个问题进行研究，你就有可能在比较全面的基础上来认识这个人物，评价这个人物，这也是一种进行研究的方法。第四，不论是人物也好、事件也好，或者是理论问题也好，可以做各种观点的排比。人们对同一个问题有不同的看法，这是常有的现象。作为研究者，对这些看法怎么去判断，就要把有关的看法、材料收集起来，加以排比。在排比当中，可以看到它们的分歧所在；在各种分歧当中，还可能发现它们有共同的地方。就分歧来说，哪些分歧是带有根本性的，哪些分歧是枝节的，做出轻重主次的判断，这样就找到了要研究这个问题的一个突破口。第五，一定要做笔记。在做上述任何一种研究的过程当中，都要有笔记。现在是信息时代，我们要充分地运用电脑、网络，是毫无疑问的，因为电脑、网络确实有很多优点，信息量大，也提高了工作效率。但是我们绝不能完全依靠电脑，甚至把一些行之有效的治学方法都抛弃了，比如说，做札记、做读书笔记还是很有必要的。现在有些青年朋友，就没有这种做笔记的习惯。清代史家章学诚给他的子侄辈写信说，你们读书一定要做札记，如果不做札记，你每天读书所得就像水珠落进大海里面一样。水珠掉到大海里面，你还能找回来吗？都找不到。如果你把读书所得都记下来，日积月累，三年五载，你的笔记本上有许多心得、许多问题，那就是无价之宝，对你的人生来讲是无价之宝。20 世纪 80 年代我带硕士生的时候，我要求他们写札记，两个星期写一篇，字数不一定多，2000 字左右，一个学期写出十篇札记。札记，文字不要长，但要有见解。为此，当时的硕士生叫苦不迭。但在他们毕业以后，都说非常感谢导师那样严格的要求。现在博士生赶上普及电脑了，疏于这种做札记的习惯了。我建议同学们、青年教师们还是要做札记的。作为起步阶段，至少在做以上研究的时候都要有笔记。笔记主要记什么呢？记你发现的问题，记你感到困惑的地方，特别要记你在读书过程中感到得意之处，几十字、几百字都可以，每则记载都有标目；放一段时间，浏览标目，也大致可知所记内容。这是一种积累。我愿意告诉大家，我在做《唐代史学编年》的过程中，积累了 30 多个问题。由于后来工作比较多，这 30 多个问题至今没有全部写出来。我所说的一个可持续发展的研究领域，就是这个含义。我在 20 世纪 70 年代末 80 年代初开始研究唐代史学，现在 20 年过去了，唐代史学对我来讲还可以继续研究，还有一些我没有认识到的地方。

六、制订切实可行的研究与撰述计划

我们的治学最终是要出成果的，不是把它仅仅作为一种兴趣，仅仅作为一种个人的爱好；我们的研究成果是要为学术发展和社会进步服务的，这就需要有一个切实的研究计划和撰述计划。关于这个问题，我考虑要做以下几个方面的工作。第一，从最有把握的问题做起。你不是积累了很多问题了吗？那么你从哪里做起呢？不要眼花缭乱，也不要犹豫不决，要断然地从那个你最有把握的问题开始研究，撰写文章。这个道理很简单。所谓最有把握，就是在资料的收集、观点的锤炼等方面都感到比较成熟，而且自信多少有点新意，如果这些方面都看准了，千万不要迟疑，就从这个地方开始入手。我现在指导博士生，在他们的开题报告和论文提纲通过后，要他们不一定按章节顺序写，在哪一章里哪一个问题你觉得是最有兴趣、最有把握，就先写出来。从最有把握的地方开始，这里有一定道理。为什么有一定的道理呢？有把握，可以比较顺利，这是第一个好处。第二个好处，是你在写这个问题的过程中，势必还要看资料，从而又进一步积累了资料。同时，在一个领域之内问题是相通的，你在写这个问题的时候，可能就涉及另外一个问题，就促使你对另外一个问题的思考逐渐地成熟起来：本来只有百分之五十的把握，可是在你写这个最有把握的问题的时候，使那个原先只有百分之五十的把握的问题变成了有百分之七十的把握了；而当你写完这个最有把握的问题的时候，就可以着手写那个已有百分之七十把握的问题了，依此类推，不断扩大研究，不断进行撰述。当然，这样做的前提是，要有若干问题的积累。有些人读了许多书，或者教了多年的书，而没有问题，我想就是没有经过调查研究、没有经过思考的缘故。假如我们经过学术调查，经过思考，怎么会没有问题呢？孔子早就批评了，"学而不思则罔，思而不学则殆"。试想没有问题，那是一个什么样的空间和时间，这是不可思议的。因此，我们在读书的过程中、在教书的过程中，一定要积累问题。积累问题的一个很重要的方法，就是要做笔记。这里，我讲的是从最有把握的问题开始研究。开始撰述，然后依次类推，第一个有把握的问题写完了，写第二个相对有把握的问题，然后再接着往下写；用这种方法逐渐扩大我们的知识领域，逐渐提高我们的撰述水平和学术水平。第二，不要见异思迁，要执着、要持之以恒。往往有这种情况，一个研究领域确定下来了，经不起外界的干扰和吸引，看到有些问题挺时髦，就想追赶时兴。举例说，现在有人在评论《康熙王朝》，觉得这个问题挺有意思，写一篇；明天《雍正王朝》重播了，觉得有必要跟《康熙王朝》做个比较，再来写一篇，而把自己那个明确的、稳定的研究领域抛到一边去了。这不好。我举这个例子未必恰当，无非是想说明，一定要执着，不要见异思迁，自己定下的这个目标，要努力地去实现，只有这样才能真正有所成就。我在《唐代史学论稿》自序中讲，在40岁的时候学术上毫无成就，自己感到很羞愧。我确定了研究唐代史学，立下这个志向，"背水一战"，成功是它，失败也是它，绝不后悔。40岁了，没有机会再让你来回犹豫了，所以我就用了"背水一战"这个词。我想，凡做一件事情，要有这种决心，要执着，不要见异思迁，不要动摇。第三，要有近期成果和长远的预期成果的计划，就是近期的目标和远期的目标要逐步地明确起来。比如说，最近一两年在这个领域里我要做什么事，要写出二三篇、三四篇文章；在四五年或者更长一点时间范围内，在这个领域里面，在现有的基础上，要达到一个什么目标，这要明确。比如，我在着手研究唐代史学时是这样想的：用 10 年的时间出版一本唐代史学研究的论文集，然后再用 10 年的时间出版一本系统的唐代史学史。那么短期的目标是什么呢？要求自己一年发表四篇文章，也就是一个季度发表一篇文章，不能够有任何的松懈。我现在这样想，如果当年不抓紧研究唐代史学，未能出版《唐代史学论稿》这本书，那么此后的一些著作是否能写出来，就很难说了。我为什么从治学和立志说起？这就是说，如果说你要有志向的话，你就必须严格要求自己。第四，在进行撰述的同时，还要关注学术前沿的情况。所谓前沿，就是最新成果，要关心在这个领域里的最新成果，随时掌握这方面的信息，以保证自己的研究不落后。

七、要重视理论和方法

我们从事任何研究，都是有理论指导的，也都要讲究方法。这些年来，我们在方法上是很注意的，比如，运用比较的方法、计量的方法、心理学的方法、社会学的方法、人类学的方法等，都是很必要的。这里，我想强调一下理论问题。我们现在从事的社会科学研究特别是历史学的研究，从国外引进来许多理论，有许多翻译过来的西方著作，讲了各种各样的理论，都可以作为参考。我认为，唯物史观仍然是在许许多多理论当中最有权威的、最科学的理论。在这个问题上，我们不妨多去思考。思考什么呢？思考人们以往在运用唯物史观方面有什么缺陷，思考我们如何创造性地运用唯物史观来研究问题。现在，由于西方的理论大量地涌进中国，不可能要求每一个人都按照唯物史观来研究历史。但是作为科学发展方向来说，我们应当看到，唯物史观这个科学的体系，仍然是指导 21 世纪中国史学发展的最有力的理论武器。这里，我想讲几条理由。从唯物史观和 20 世纪中国史学发展来看，有四个方面是别的历史观所不能代替的。第一，唯物史观要求人们研究整体的历史。整体的历史，包括经济、政治、文化、军事、民族等，要求对历史做全方位的整体的解释。第二，唯物史观告诉人们要辩证地看待社会历史中的各个因素。比如，经济、政治、文化，经济基础、上层建筑、意识形态的关系：经济基础决定上层建筑，经济基础和上层建筑决定意识形态；同时上层建筑对经济基础有反作用，意识形态对上层建筑和经济基础也有反作用，它们是辩证的关系。第三，唯物史观告诉人们：人类社会历史是一个自然发展过程。所谓自然发展过程，就说明它是有规律的，人们不能随心所欲地改变历史，正因为历史是一个自然发展过程，我们可以认识它的规律，至于对这个规律怎样解释、怎样说明，可能有各种各样的说法。比如，中国社会经历了几种社会形态，五种社会形态，四种社会形态，还是三种社会形态，大家可以探讨，但它是有规律的，这一点是不可否认的。第四，唯物史观强调人民群众在历史上的作用。唯物史观承认杰出历史人物的作用，同时强调人民群众在历史上的伟大作用。这四条结合起来，是一个完整的科学体系。到目前为止，没有哪一种理论能够代替唯物史观。我们可以借鉴其他理论，但是我们在唯物史观指导下去进行新的创造，在这一点上，应当有充分的信心。

八、撰写文章、专著要讲究体例

现在，有一个很常见的词汇，叫作"学术规范"。中国的学者历来都讲究体例，从一定的意义上说，也就是讲究规范。当然，现在讲学术规范，还有和国际接轨的问题。因此，写文章也好，写专著也好，都要注重体例。我们在讲究体例上，往往太缺乏这种意识了。所谓体例，一方面，表现在形式上，如文章或者专著内部的结构、标目的原则、行文的格式、注释的要求等；另一方面，体例也同内容有关系，如关于一篇文章或一本专著的缘起、主旨的说明，也是体例所要求的。现在讲学术规范，非常重要的一条，是要说明这篇文章、这本专著是在什么起点上来展开的。也就是说，在此之前，哪些人已经研究过并且达到了什么水平，本文在这个基础上还要如何前进一步。这是学术规范中最重要的。我想强调一下，在当前，讲究体例同学风建设有密切的关系，希望大家能够高度重视这个问题。

九、要锤炼语言

文章也好，专著也好，写出来之后自己多读几遍，把不通顺的句子、不准确的词汇、误用的字一一加以改正。这个过程是省略不掉的。锤炼语言文字，这是中国史学的优良传统。《左传》《史记》《三国志》《资治通鉴》等，为什么千百年来人们都非常爱读？原因之一，是它们的文字表述非常优美。这一点非常重要。怎么才能把文章写得好？这是要自己反复地去感悟，去读有关的范文，在潜移默化过程中提高自己的语言修养。这里说的锤炼语言，还要看文章写出来以后能不能朗朗上口，是不是很通顺、很流畅，能不能有几句震动人心的话，能不能有几句发人深省的句子？这就要反复地读一读、改一改才行。

十、要积极主动同外界交流

现在是信息时代，关起门来治学是不行的，一个群体要经常和外界交流，这是一个群体的学术形象。一个人，首先在自己所在的范围内和大家相互交流，同时要突破这个范围同外界交流，要创造条件，开阔视野。现在到网上可以查一些有意义的信息；同时通过书信、其他各种传媒进行交流。这是保持我们在学术上有活力的一个非常重要的条件，取他人之长，补自己之短。在这个问题上，一定要突破自满自足的状态。比如说，从这里到合肥很近，在合肥能不能有交流；这里离芜湖也不是很远，在芜湖有没有交流，还有其他地方能不能有交流？

此外，天津、上海、北京这些地方，也可能有些同学、有些老师，可以做这样的交流。再一种交流，是可以通过文本来实现的。什么文本呢？要经常读报纸、阅读最新出版的学术期刊的习惯。长期不读报、不读专业杂志，怎么能知道现在发展的情况呢？因此，我们必须积极主动同外界交流，不断丰富自己、充实自己。

总起来说，治学是一个非常重要的问题，对于每一个青年人来讲，怎样度过今后几十年人生，都直接、间接同治学有关系。特别是受过高等教育的人，将来大家从事的职业可能是多种多样的。但高等教育的基础，是我们立于社会的一个基本的条件，也是别人来认识我们的一个依据。我们怎样符合这个要求，怎样在现有基础上不断提高自己？这是我们经常要考虑到的问题。如果大家掌握了正确的治学方法，又有一种在治学上自强不息的精神，你去从事研究，从事教学，去做公务员，去参与企业的活动，你都会用你的长处为你所在的那个群体创造出业绩，同时也为自己开辟广阔的前途。我想，这都和治学有关系。

中国史学传统中的人文精神[*]

我很高兴能有这个机会来东南大学做学术交流。我之所以高兴，有三个原因。第一，南京曾经是我读小学和中学的地方。在这里生活了9年，我的小学是游府西街小学，中学是南京市第一中学。这次回到南京，感到很亲切。第二，这是我第一次向著名的工科大学做学术交流，我感到很荣幸。第三，大家是不是注意到，今天我系了一条红色的领带，因为我是来参加东南大学百年校庆的学术活动的，这更增添了高兴的成分。

今天，我讲的题目是"史学传统与人文精神"，说具体一点，就是"中国史学传统中的人文精神"。我讲这个题目，不是想夸大历史学的作用，而是要把历史学本来应该有的作用，尽我所知，向大家做一个概括的介绍。大家都注意到了，最近几年，我国理论界、学术界都很重视关于人文精神的提倡和讨论。在提倡科学精神的同

---

* 2002 年 5 月，在东南大学的演讲。

时，提倡人文精神，提倡科学精神和人文精神的结合，我认为这是非常重要的一件事情，这不仅仅涉及我们对人文精神的理解，更重要的是涉及我们民族素质的提高。对于这个问题的认识，不仅具有重要的学术价值，而且具有实践意义。这个实践意义就在于：我们每一个人，作为一个整体的民族的一员，如何提高自己的素质；这种素质如何反映在我们的工作当中，以符合时代的要求。因此，我讲这个题目是很重要的。至于我是否能讲得好，那就是另外一回事了。

一、史学与人文有什么关系

在中国史学上，人文这个概念出现非常早，见于《易经》："观乎天文，以察时变；观乎人文，以化成天下。"①后来，人们对这个话有很多解释。综合起来，就是要重视制度和教育。制度是文明的积累，制度所积淀的文明要通过教育传承下去，所以"化成天下"是很重要的思想，就是除了制度文明以外，还要重视教育。教育怎么能化成天下呢？我们今天讲教育是立国之本，追本溯源是有历史传统的。《后汉书》里有一篇《公孙瓒传》，其中讲到了"舍诸天运，征乎人文"。这就是说，观察历史、社会不要用天命来解释，而要用人文来解释。这里说的人文就是人事，不要用天命来说明历史，而要用人事来说明历史。清代有一位大史学家章学诚，他反复强调人文的思想，说要重视"史事人文"，就是要重视一般性的史事和制度。另外，他讲写历史要写"通史人文"。通，是贯通。通史人文，是指贯通的史事和制度。从先秦直到清代，在中国史学上，人文这个词多次出现，人们对它都有解释。归结起来，大致包含制度文明和文化教育。

---

① 《周易·贲卦》，《十三经注疏》，北京：中华书局，1980年，第37页。

西方的人文思想、人文精神出自文艺复兴时代，主要讲人是宇宙的主宰，强调人的作用，这一点同中国是相通的。西方的人文思想也强调教育。人是宇宙的主宰，这个思想要通过教育去传播。文艺复兴强调人的作用，是和宗教相对立的，要把人从宗教的羁绊下解放出来。从这一点看，西方的人文思想要比中国的人文思想晚，含义也稍有不同，但本质是一样的。我讲这个问题有两个意思：一是我们讲的人文精神，不是完全来自西方，在我们中国的史学传统里面有人文精神、人文思想。二是我们对人文精神的讨论，对人文精神的理解，要有一个比较开阔的视野。这就是从现实去反映历史，再从历史来审视现实。

那么，具体说来，在中国史学中人文精神表现在哪些方面呢？我想举出几个方面。首先是中国史学当中的人本思想传统。人本思想，以人为本，这是人文精神中一个很重要的方面。其次是惩恶劝善的思想传统。我们也可以把它说得直白一点，就是人生修养的传统。最后也是最重要的，是关心国家命运的忧患意识传统。中国史学传统中的人文精神不止表现在这些方面，今天我只着重说说这几个方面。或许大家会提出这样的问题：中国史学上的人文精神有什么特点呢？概括说来，它的第一个特点，是历史感同时代感的结合。史学是要讲历史感的，但是常常被人误解为只讲历史感，这是许许多多朋友对历史学产生误解的一个很关键的地方。其实，真正有价值的历史著作，真正有作为、有影响的历史学家，从来都是历史感和时代感相结合的。正因为如此，中国史学传统上的人文精神，它的第一个特点就是历史感和时代感的结合。我们可以这样说，不关心时代命运的人，不可能成为优秀的历史学家。我愿意在这里多讲几句，我们不要认为历史学就只是研究过去，历史学家是为了现在和将来而研究过去。就像李大钊所说的，历史是有生命的，是把过去、现在和未来一线贯穿下来的有生命的运动，这种认识才真正揭示了历史学的本质。它的第二个特点，是反映了人对社会的责任。这种人文精神，一方面是强调自我。强调自我什么呢？强调自我修养，同时它强调人对社会的价值，人对社会的责任。这是中国史学传统中人文精神非常重要的特点。

二、史学中的人本思想传统——重视人在历史中的作用

从史学发展来看，发现并且不断加深对人在历史中的作用的认识，是史学不断进步的表现，也是人文精神在史学中得以确立和不断发扬的过程，历史是怎么运动的，谁在支配着历史的命运？曾经有过种种解释，有一种很古老的解释，认为是"天命"决定的。经过漫长的历史的发展，人们逐渐认识到，客观的历史运动不是天命决定的，是人事决定的。从我国历史上看，在西周以前，人们都认为社会历史是天命决定的。西周以后，春秋战国时期，人们逐渐认识到：人世间的这些事情，善恶、治乱、盛衰，是由人自身决定的。这种思想经历了漫长的道路。到了西汉司马迁的时候，他继承了前人的思想成果，真正认识到了人在历史中的作用。他的伟大之处，不仅认识到了这一点，而且还用他的《史记》这部书把他认识到的这个思想非常有分量地反映出来。《史记》是一部以人物为中心的纪传体史书，它的本纪是写帝王；世家是写诸侯和特殊的人物，比如，孔子、陈涉；更多的部分是列传，写了各阶层代表人物。这在中国历史学的发展上是一件非常了不起的事情，就是说司马迁不仅认识到了人在历史中的决定作用，而且在历史著作中表述出来了。在公元前一世纪前后，司马迁完成了这样一部不朽著作。如果大家有兴趣的话，不妨读一读《史记》的《太史公自序》，它就是《史记》的最后一篇。他为什么要写七十列传。我们知道历史中出现过多少人啊，在这么多人中，哪些人要写到历史书中来，历史学家是有选择的。

司马迁用什么标准来写，这是很值得我们思考的一个问题。我想引用他的几句话："扶义俶傥，不令己失时，立功名于天下，作七十列传。"①什么意思呢？扶义俶傥，是说要做一个正直、又很潇洒的人。不令己失时，是说要有见识，能够看清时势，不让自己错过历史机遇。第三句话，就更有分量了，"立功名于天下"，是说有一种责任感。他把这些人写到《史记》的七十列传中，我们想想这几句话对我们是不是很有启发。这样一个伟大的史学家、思想家，他为什么这样考虑问题，他这样考虑对我们后人有什么启示？我想这一点是非常重要的。

近几年来，我研究中国史学史，研究历史理论，逐步认识到，司马迁这部《史记》是真正在我国史学上确立人本思想基础的一个标志。我们可以有充分根据地来说，中国史学有深刻的、长久的、丰富的人本思想。大家都知道"二十四史"。从司马迁的《史记》开始，一直到清朝人撰写的《明史》，共二十四史。这"二十四史"都是按照司马迁《史记》这种体裁撰写的，称作纪传体，我们也可以把它称作综合体，是以人物为中心，还包括历史进程、朝代更迭、各种制度以及天文、地理等。尽管这里面有时候也说到天命，但是"二十四史"本身实际上是写人，是写人的活动。这在全世界是独一无二的。没有任何一个民族，没有任何一种文化，像中国"二十四史"这样有这么多的人的活动被记载下来，如此连续不断地反映了我们中华文明发展的过程，非常了不起。"二十四史"是以人物为中心，是人本思想一直贯穿下来的标志。在这里面，有两个问题是非常重要的，一个是天命和人事的关系，就是历史的运动，不是由天命决定的，而是由人事决定的。史学家们不断提出了一些新的认识，讲人事的重要，天命逐渐被排除出历史认识的领域。二是在重人事的过程中，

---

① 司马迁：《史记》卷一百三十《太史公自序》，北京：中华书局，1959 年，第 3319 页。

又碰到一个问题，人事中是圣人重要呢，还是生人（生民）重要？举例来说，唐取得天下，这是圣人之意呢，还是生人之意？这个问题是柳宗元提出来的。柳宗元是大家都知道的，是一个文学家、诗人、思想家，同时他也写过一些史学著作。柳宗元提出这样一个问题，大唐得天下是圣人之意，还是生人之意？他回答，大唐得天下是生人之意，也就是说是民众之意。在唐代初年，唐太宗和大臣们经常引用一句古话：就是水能载舟，亦能覆舟。"君，舟也。水，民也。水所以载舟，亦所以覆舟。"这句话最早出于《荀子》，在唐代史学家吴兢所写的《贞观政要》这部书里面一再被称引。① 我们看到古代的一些杰出的史学家、政治家们很重视一个问题：历史运动究竟谁在起决定作用。当然，这并不是说，他们已经自觉地认识到人民群众在历史中的作用，但是他们有这种思想的萌芽，这是史学传统中的人本思想，是非常重要的有真理性的因素。所以我们讲史学传统中的人本思想，它里面有两个问题：一个是天命和人事的关系；一个是圣人和生人（生民）的关系。这两个关系不断地得到解释，进而就探讨在这两种关系的背后还有什么在影响历史的运动？他们探讨的又一个理论问题，就是时势和事理。他们认为，时势是可以看到的，事理就看不到了，理是带有法则和规律的性质。人的活动是不能离开时势的。这对我们研究历史很有意义。一个人，一个杰出的人，要有一定的历史舞台，否则他也是不能发挥作用的。时势能够使一些人在历史运动中发挥出重大的作用。比如，刘邦手下一批人，原先都是很普通的人，后来跟着刘邦打天下，成为开国功臣，萧何，曹参，周勃……都是这样的人。隋文帝手下一批人，"监厨"的，"典家事"的，"以渔猎为事"的，都很普通，"困于贫贱"，但后来跟隋文帝南下灭陈，成了隋朝的开国功臣。史学家讲，风云际会，使最普

① 参见吴兢编著：《贞观政要》卷三，上海：上海古籍出版社，1978年，第83～84页。

通的人扮演了英雄角色。史学家探讨人在历史中的作用，认为要有一定的环境，要有一定的舞台，要有一定的条件，这对我们今天也有启发。史学家们还指出，在一个特定的时势的背后，它是有理、有规律在支配着；当然，我们不好把"规律"强加古人，但是他们认识到有一定的事理在起作用。明清之际的大思想家、大史学家王夫之讲，理包含在势当中，势是可以看到的，理是看不到的，但可以意识到。我想这样一个传统对我们今天还是很有启发的，我们究竟在历史运动中扮演什么角色，如何"立功名于天下"？这是值得每个人深长思之的。

三、史学中的惩恶扬善思想传统——重视人的自我修养

我们注意到很多朋友对中国史学产生一个误解，认为中国史学就是讲惩恶劝善，或是帮助统治者出主意，其实不那么简单。就以惩恶劝善来说，它具有广泛的意义，最早来自孟子评论孔子作《春秋》，《左传》评价《春秋》，都讲到惩恶劝善。《左传》这部书是战国年间产生的，孔子作《春秋》是春秋末年的事情。《左传》评论《春秋》这部书，说是惩恶劝善，非圣人谁能修之。不是孔子，谁能写得出来。关于历史学的功用，先贤在这方面就说得很多了。在这里我想举一位史学家，即盛唐时期刘知幾对这个问题的认识。他说：历史已经过去了，很多人也都死去了，为什么我们后人还能知道哪些人是行善的，哪些人是作恶的。因为历代史官不绝，竹帛长存。从这个意义上讲，我们应该尊重史学工作者。历史都过去了，不能再重现了，可是我们后人都还知道以往的事情，这是谁的贡献呢？历代史官的贡献，历代史学家的贡献，竹帛长存，史书不断地传下来。尤其在我们中国，是唯一文明不曾中断的国家。文明不曾中断，一个重要的原因要归功于史学家，因为我们中国不仅有不曾中断的文明史，

而且有不曾中断的文明史的记录。刘知幾讲，如果作恶的人死去了，后人不知道，行善的人，做了好事的人死去了，后人不知道，这是史官的过错，史学家的失职。由此，我们可以看到刘知幾的这个思想，他所说的惩恶劝善不是仅仅对统治者来讲的，是对所有人来说的，有普遍意义的。他揭示了一个道理：人们读史书，神交万古，穷览千载，见贤而思齐，见不贤而内自省。读史书是为了了解历史，了解前人的言行，使我们从中受到教育，这就说明了我们为什么要读历史书，要学习历史。前面我讲了，有些朋友对历史学产生些误解，认为历史只是讲过去的事情，和现在没有关系，这是不对的。刘知幾这几句话，永远不会过时。我们通过读历史书，能够接触到许许多多的杰出人物，值得我们学习。我这样说的前提是，绝不排斥对当代杰出人物的学习。我想强调的是，我们通过读历史书，和古人对话，可以看到历史上的善善恶恶，而我们自己从中受到教育，确定我们自己的思想和行为准则、人生价值，这怎么能过时呢？我想，有深厚的民族文化修养的人应该如此看待这个问题。① 由此看来，还是刘知幾说得对："史之为用，其利甚博。乃生人之急务，为国家之要道。"②他概括得非常好：急务，当前之要务；要道，重要的原则和工作。这种惩恶劝善的史学功用，通过大量的历史人物给我们提供借鉴，能够产生一种非常深层次的作用。所以说："史之为用，其利甚博。"同时，古代的史学家们还提出了这样的认识，强调这样一个准则：富贵而功德不突出者，不应该写到历史中去。反之，贫贱而道德很高尚，做了很多有益事情的人，应当写入历史，使他传之后代。这说明什么问题呢？要把功德作为标准，不要把贵贱和贫富作为标准，这很重要，这也是人文精神吧！尊重人对社会的作

① 参见刘知幾：《史通》卷十一《史官建置》，浦起龙通释，上海：上海古籍出版社，2009 年，第 281 页。

② 刘知幾：《史通》卷十一《史官建置》，浦起龙通释，上海：上海古籍出版社，2009 年，第 281 页。

用，对社会的价值，而不是以贵贱贫富论人，这非常重要。总的来说，这是强调了尊重人格和人品的一种人文精神。

四、史学中的忧患意识传统——重视人的社会责任

中国古代历史学家有一种忧患意识，其由来非常久远。这是我自 20 世纪 90 年代以来逐步探讨的一个问题：忧患意识，这个思想表现在对于国家命运、社会治乱、人民休戚的关注，表现为对于人及其生活在那个时代的命运的关注。这些年，人们常常讲"终极关怀"。中国史学家这种对于人和人生活在其中的社会命运的关注，可不可以说也是终极关怀，还有什么超过这个关怀的！这里，我又要讲到司马迁，司马迁生活的时代是汉武帝盛世。司马迁是一个有责任感、有良心的伟大的史学家。《史记》这部书，写出了秦汉之际历史的大变化，那么一个强大的秦朝，为什么二世而亡；楚汉战争中，那么强大的项羽为什么失败，弱小的刘邦集团为什么最后取得成功，建立了汉朝？司马迁在他的《史记》里面，在有关的本纪、世家、列传里面，回答了这三个问题。我曾写过一篇文章，叫作《司马迁怎样总结秦汉之际的历史经验》。我们有许多《史记》研究者说司马迁的哲学了不起，司马迁的经济思想了不起，司马迁的法律思想了不起，等等，说了很多。文学界就更不要说了，他的传记文学怎么了不起。这当然都各有一定的道理，但我强调说，司马迁是一个历史学家，他的最大的贡献是详细地写出了秦汉之际的历史经验，以致我们到今天还不能忘记这些历史经验。在我们的现实生活中，大家仔细想想，讲到秦汉之际的各种著作，讲到秦汉时代的人，是非常多的。我们就看秦汉之际的那段历史，搬上文艺舞台的有多少？因为史记太深刻了，司马迁写得太精彩了。司马迁在汉武帝盛世的时候，没有用他的史笔过多地歌颂盛世，而是在盛世之下看到了危机，非常

了不起。我说他是一个有责任感的、有良心的史学家，就是从这一点出发。他不仅有见识，还有胆识。司马迁指出："当此之时，网疏而民富，役财骄溢，或至兼并豪党之徒，以武断于乡曲。宗室有士公卿大夫以下，争于奢侈，室庐舆服僭于上，无限度。物盛而衰，固其变也。"宗室是皇帝的家族，争于奢侈，互相以奢侈为荣，住的房子，坐的车子，穿的，用的，都超过他们应有的等级。还有三个字："无限度。"这样一个社会怎么行呢？故司马迁得出一个结论："物盛而衰，固其变也。"[①]他是在汉武帝盛世时用一个历史学家的眼光，通过总结以往的历史经验，认为汉朝前途是很令人担心的。我们知道，汉武帝的晚年，通过反省，下了罪己诏，汉武帝以后，西汉就开始走下坡路，再也没有振作起来。这里我们要说明什么呢？史学家的这种忧患意识，反映了他对他所处的时代的关怀。当然在那种时代，这种关怀是和他对于朝代的关怀，对于皇朝的关怀是一致的。我们很难要求他把对皇朝、对社会完全分开。我们不要过分地要求古人。这种忧患意识，在以后许许多多的史学家那里都反映出来。我讲到了唐代史学家吴兢，他生活的年代正是唐玄宗由开元盛世转向衰落的时候。他写《贞观政要》这部书，是强调现在要把天下治理得好，不要说学周文王、周武王、周公了，就把本朝太宗皇帝那时的做法好好坚持下来，就能够振兴。吴兢已经看出唐玄宗时的政治形势在转变了。我们读《贞观政要》这部书，也是看到史学家的忧患意识，也是在盛世的情况下看到了危机。我要特别提出的是，《贞观政要》后来被历朝的统治者所重视，包括少数民族统治者，比方说，辽、金、元，契丹族的统治者、女真族的统治者和蒙古族的统治者，都把它翻译成本民族的文字，认真研读。《贞观政要》十卷四十篇，主要反映唐太宗和他的大臣们讨论治国安邦的政策和措施，

---

① 以上均见司马迁：《史记》卷三十《平准书》，北京：中华书局，1959年，第1420页。

反映了一代人才群体对于治国安邦的考虑。第一篇叫"君道"，末了一篇叫"慎终"，善始慎终，非常深刻。

当然，在中国史学上，忧患意识表现得最为突出的还是两宋的史学家，这和当时的社会矛盾、社会环境相关。大家都知道范仲淹，他不是一个史学家，但是他的忧患意识大家都是知道的。所谓"不以物喜，不以己悲，居庙堂之高则忧其民，处江湖之远则忧其君。是进亦忧，退亦忧。先天下之忧而忧，后天下之乐而乐"，这是大家都熟悉的。那么我要说明的是中国史学家在他之前，很早就有这种忧患意识。在他之后，有大批的史学家，同样有忧患意识。因此，我们讲忧患意识，不只是一个范仲淹，也不仅仅是顾炎武说的"天下兴亡，匹夫有责"。王安石变法大家都知道。王安石是政治家，也是一个文学家。王安石变法之前，有一篇"万言书"写给宋仁宗，建议变法。仁宗没有采纳它的变法要求，后来神宗采纳了他的变法要求。"万言书"充分表明了他的忧患意识。司马光是史学家，同样也有忧患意识。司马光说，"善可为法，恶可为戒"，这是他写《资治通鉴》的目的。他总结说，自古以来，治世甚寡，而乱世甚多，难道我们还不应该警惕吗？他写《资治通鉴》，就是要把关系到国家的命运、生民的休戚这样的大事，写到这本书里面，宋神宗给他这部书取名《资治通鉴》。这也就是说，神宗皇帝是读懂了这部书的。有的朋友说神宗皇帝既然读懂了这部书，为什么神宗皇帝没有改变当时积贫积弱的面貌呢？我们说历史学确有它的功用，但是一个社会的发展是许多因素决定的。如果史学家的著作能从根本上解决这个问题，那么就不需要政治家和别的任何因素了。我们不应该做这种要求。直到今天，中外的历史学家，中外的学术界都很重视《资治通鉴》，不是偶然的。

关于这个问题，最后我还要说到一个人，即清朝的思想家、诗人、文章家、史论家龚自珍，他说："智者受三千年史氏之书，则能以良史之忧忧天下。"这句话是这个意思：我们接受了三千年的史学的熏陶，就能像历代优秀的史学家们那样具有忧患意识，来思考我们今天的问题。我曾经和学生一起讨论：为什么龚自珍不说以明君之忧忧天下，中国历史上有很多明君呀？为什么不说以贤臣之忧忧天下，中国历史上有很多贤臣呀？而单单提出来以良史之忧忧天下？这个问题我自己也没有想好，我初步有一个回答：史学家的忧患意识，不是眼前之忧，不是临时之忧，不是短暂之忧。这是一种长远的忧患，这种长远的忧患，往过去看，是有深刻的历史感；往未来看，是从长远利益着眼。这种忧患意识，是对历史的深刻的理解，具有更丰富的含义。龚自珍生活的年代，恰恰也是中国历史大转折的年代，他的一首诗大家都知道："五州生气恃风雷，万马齐暗究可哀；我劝天公重抖擞，不拘一格降人才。"他看到这个时代要变。当我第一次读到龚自珍的上面那几句话的时候，对我有很大的震撼力。作为史学工作者，我们怎么来对待历史学，对待自己的研究工作？怎么来选择自己的研究领域？也就是说，对我们的研究工作，对我们的现实社会，史学工作者提出了怎样的有启发的见解。我曾写过一些文章，都是和我的这种认识有联系的。比方说，我写的《司马迁怎样总结秦汉之际的历史经验》《司马迁留给后人的启示》《再读〈贞观政要〉》《周秦汉唐之盛与总结历史经验》等。① 西周、西汉和唐朝都是盛大的朝代，这三个盛大的朝代都和建立之初统治者十分重视历史经验密切相关。《尚书·周书》《史记·郦生陆贾列传》《贞观政要》等，比较集中地记述了这方面的情况。的确如此，我说读到龚自珍讲的"智者受三千年史氏之书，则能以良史之忧忧天下"的话，我本人受到极大的震撼。"以良史之忧忧天下"，这句话真是一字千钧。一个史学工作者，应该面对你的时代去研究历史，而不是面对历史

---

① 参见龚自珍：《龚自珍全集》第一辑《乙丙之际箸议第九》，上海：上海人民出版社，1975年，第7页。

去研究历史。面对时代去研究历史，这是一个史学家的责任。在这一点上，中国史学是有优良的传统的。只要我们多接触一些历史著作，我们就会受到这些著作的感染，受到这些著作的启迪，受到精神上的鼓舞。

五、从史学传统与人文精神说到史学永远在我们身边

我上面讲的几个问题：中国史学中的人本思想的传统，惩恶劝善的传统，忧患意识的传统，反映了这样一些思想，即人在历史中处于什么地位，人对自身应该有什么要求，人对社会有什么责任。这几个问题是人文精神中非常重要的问题。由此看来，我们要重视人文精神，也应该重视史学。因为史学里面包含了这些活生生的东西。我们研究历史就是这样，不能脱离历史上活生生的人，否则我们对于历史的理解就会变得很空洞。从这个意义上讲，史学永远在我们身边。尽管大家是学工科的，或是学其他非历史学科的，史学同样就在我们身边。我们有没有这个自觉意识是非常重要的。当然，不论你是否注意到，不论你是否承认，客观上史学在我们身边，只是有时我们自觉意识不够罢了。如果我们有比较高的自觉意识，那么我们对史学中那些有营养的部分就会吸收过来，从而我们能够更好地去实现自己的人生价值，这就非常重要了。从这个意义上讲，我们有理由更深刻地认识到：史学永远在我们身边。

一个民族，不能没有科学精神。一个社会，应当大力提倡科学精神。今天我们正处在这个时代，提倡科学精神，提倡科学精神的作用。我作为一个社会科学者，也完全看到了它的伟大意义，我很赞成把科学技术放在非常重要的位置（顺便说说，近年，我也参与了科学与人文的对话这样的活动，是《中国文化报》组织的，还出了一系列的书）。同样，一个民族不能没有人文精神，一个社会也应当大

力提倡人文精神。我想所谓人文精神，就是人们应当认识到人在历史中的地位，认识到人在社会中应当如何来提高自己的修养，认识到人对社会有什么责任，这三重关系非常重要。如果我们重此轻彼或者重彼轻此，这不仅在认识上，而且在实践上都是无益的。这个问题，对于我们民族的发展、国家的富强、社会的进步，是非常重要的。但是我们必须看到，到目前为止，在许多高等学校，重理轻文的现象十分严重。这是我们不能不面对的一个严峻的现实，这是和提倡人文精神不成比例的。如果这种现象发展下去，不加以改变，那么受到损害的不仅是人文学科本身，而且是我们民族和国家的命运，这绝不是危言耸听。

今天，通过同大家交流，我说到了史学传统与人文精神的一些问题，不知道是不是都说得对，也不知道是不是还有一点两点对大家有所启发。有说得不对的地方，我希望大家提出批评。

我今天就讲到这里。谢谢！

史学：我们的一个精神家园*

一、为什么要讨论这个问题

　　今天我要讲的题目是："史学：我们的一个精神家园。"许多年来我都在想：历史学究竟是什么？历史学在我们的社会生活中究竟占有怎样的地位？为什么总想到这个问题呢？因为现在社会上对历史学有误解，甚至于有错误的认识，认为历史学和我们现实生活的关系很远，历史学不能解决现实中的问题。对于这些误解和不正确的认识，要说得轻一点，这是认识的肤浅；要说得重一点，这是对史学的无知。这种认识导致了历史学科的人才不能够被合理地认识和利用，这还是

　　* 2005 年 10 月，在安徽师范大学历史系的演讲。本文是根据作者 2005 年 10 月在安徽师范大学的一次演讲录音整理稿写成。安徽师范大学梁仁志、陈敬宇同志为整理录音，费时费心，我衷心地表示感谢。刊于《安徽师范大学学报(人文社会科学版)》2006 年第 5 期。

一方面。更重要的是，一个民族、一个国家如果不重视历史学，就会给国家的命运、民族的前途造成损失。我作为一个史学工作者，在这方面有很多很多想法，有时候也感到深深的忧虑。为什么在现实生活中历史学不能够得到合理的认识？为什么许多青年朋友对于进入历史学这个领域总是感到惴惴不安，甚至于感到很悲观？我想这是由于我们社会对历史学缺乏足够的认识，所以我今天要就这个问题讲一点我的认识，和老师们、同学们共同探讨。上面讲的这个原因是社会的驱动，是客观原因，此外，还有我个人主观上的原因。我是 1959 年进入北京师范大学历史系学习的，后来我继续在北京师范大学历史系读研究生，从 1959 年到现在已经 40 多年了，我至今不悔。不论社会上对历史学有多么不好的评价，我始终不悔。为什么？我从历史学中得到了许多好处——使我对社会、对国家、对民族有一种情结，这种情结用我们现在很流行的一个词是"关怀"，就是对我们的精神家园的关怀。因此，我今天非常愿意讲讲这个题目，和大家共同探讨。

二、如何看待历史学的学科属性和社会价值

历史学的功能和价值是什么？有人会把它归结为恢复历史的真相，就是要追求历史的真相。历史已经过去了，我们不可能让它再重现，不可能让它再反复。人们只有通过历史资料来"复原"历史。当然，这个复原的历史不可能真正达到已经过去的历史那样完全相同的面貌，它只能不断接近历史的真相。所以，史学工作者将历史学的任务归结为恢复历史的真相，追求历史的真相。但是我认为这只是历史学的一个任务，只是历史学的一个属性，是它的学科自身的属性，因为历史学本质上要求求真。同时，我们应当看到历史学还有一个社会属性，就是历史学的功能，这一点常常被人们忽略。

而如果忽视了这一点，人们就失去了学习历史学的意义和价值，所以我今天要着重讲的是历史学的社会属性。第一，历史学是人们认识历史的主要途径。我们很难想象一个民族、一个国家，她的人民忘记了历史，那将是一个什么样的民族、一个什么样的国家？因此，我们应该认识历史。我们通过什么去认识历史呢？随着科学技术的发展，我们认识历史的途径可能越来越多。就拿 20 世纪来说，由于近代考古学的发展，人们可以通过考古材料去认识某一部分历史的真相。可是，那毕竟是片断的、不连贯的，是局部的。此外，人们也可以通过神话、传说、诗文、小说去认识历史，但它们包含想象的、创作的成分太多，同历史的真相相去甚远。当下，又有"口述史"的流行，它对历史文献是一种补充，但是"口述"的内容最终还是要得到相关的其他历史资料的佐证才能成立。总之，人们获得完整的连续的历史知识最主要的途径是通过历史学。我们回顾一下 20 世纪中国史学发展史，几代历史学家撰写了 100 多部中国通史？尽管他们的历史观点不完全一样，甚至于有很大的分歧。但是他们有一个共同的目标，就是要让中国人认识到中国历史是怎么走过来的，这一点今天已经成为常识。但是，当我们走到这一步的时候，我们的前辈付出了多少艰辛，我们经常讲炎黄子孙、统一的多民族国家的历史、几千年文明，等等，我们是怎么知道的？我们是通过读历史书知道的，正因为如此，所以我认为，历史学首先是我们认识历史的主要途径。过去人们说过：一个民族如果忘记了自己的历史，就像一个人失去了记忆一样可怕。一个人如果失去了记忆，过去的事情全部不知道了，多么可怕，所以，我们可以毫不夸张地说，历史学最重要的功能就是它是我们认识历史的主要途径，因为一个民族、一个国家不能够忘记自己的历史。我的老师白寿彝先生讲：忘记了自己的历史，不重视历史和历史学不是一个民族的光荣。这是一个普通的真理，我们所有从事历史学学习和研究的朋友应当理直气壮地坚持这个信念，应当理直气壮地对那些不懂得历史学作用的人进行启蒙教育，而不应该感到自卑。我们获得了这么多历史知识，这是我们的骄傲。我们可以用这种知识为我们的民族复兴，为我们的国家富强做许多工作。同学们，这是我们安身立命的事业。我为什么反复强调这一点？因为我深深感到，今天，历史学还没有被放到它应该有的位置上。这种认识首先要从我们自身的提高做起，把我们的认识的境界提高到这种程度，我们才能够向别人进行说明，向别人去进行阐述。如果我们自己不能说明历史学的价值，这是我们的缺陷，我们应该弥补这个缺陷，克服这个缺陷，以适应社会对我们的要求。

第二，历史学是治国安邦的智慧宝藏。有一种观点认为，中国过去的历史著作都是政治史，都是为帝王作资治的，好像可以不屑一顾，这个观点不对。所谓"政治史"是什么意思？按我的理解，就是把国家治理好，让社会安定，让人民能够富足，一言以蔽之，治国安邦。历史学就是在丰富的历史经验教训中，给后人治理国家、发展社会提供借鉴。在中国古代史书中，这样的事例太多了，这里我想举一两个例子讲一讲。大家都知道，刘邦在秦末农民战争以后做了皇帝，刘邦这个人没有太多的文化修养，看不起儒生。有人跟他讲儒家的思想如何如何重要，刘邦说：老子天下是"马上得之"，我何必要用儒生？有一个胆子大的儒生陆贾就讲：你马上打天下，你能马上治天下吗？你还能够用战争的手段来治天下吗？刘邦这个人悟性很高，听了这句话之后觉得很有道理，说：那你写一写秦为什么失天下？我为什么得天下？还有历史上一些诸侯国的成功、失败。后来陆贾写了一部书叫《新语》。他一篇一篇写，写了12篇。太史公司马迁是这样记载这一事件的："每奏一篇，高帝未尝不称善，左右呼万岁。"大家想一想，这是怎样的一个场面？我想这是非常庄严而又热烈的总结历史经验的场面。刘邦不是听听而已，刘邦听了以后说写得好，写得好，他把这些经验贯彻到汉初的政策当中去了。

大家读过中国通史都知道汉初实行的政策是"休养生息",或者说"与民休息"。连续70多年的"与民休息",使西汉从汉初的贫困达到了汉武帝时的盛世。我们知道,秦国是中国西部一个落后的诸侯国,后来经过"商鞅变法"一步一步强大起来,又用"连横"的政策"远交近攻",把东方六国一个一个地打败了,为什么在那么短的时间就灭亡了?汉初的学者是这样总结的:秦朝之所以灭亡,是因为它不懂得"逆取而顺守之"。所谓"逆取",就是秦国跟东方六国进行斗争的时候,必须针锋相对,才能够实现统一。如果不针锋相对秦国怎么可以取得天下。可是当秦国取得天下的时候,就要"顺守之"。这个"顺守之"可以有多种解释,我想一个比较接近原来本意的解释应该是"顺乎民意而守之"。但秦朝不是这样,秦朝仍然是用对付东方六国的手段来治国,还是那个老政策。那么这个时候它的对象是谁呢?是百姓。所以实行严刑峻法,非常繁重的徭役,人们不能够交头接耳说话,不能够偶语《诗》《书》,这怎么是"顺守"呢?原来斗争的对象都已经灭亡了,这个政策不改,矛头只能对下了。汉儒这话多么深刻,和这句话相似的还有一句话,是贾谊总结的。贾谊是汉初著名的政论家,他说"取与守不同术也"。要把这个东西拿过来,再把这个东西守住了,战术是不一样的。也就是取的时候要逆取,守的时候要顺守。"取与守不同术也",这是汉初的人们总结历史经验非常概括的语言。这个经验有没有现实的借鉴价值?大家可以思考,我想还是有一定的借鉴意义的。当我们讲到这个问题的时候,我们就要问道:历史学究竟有多大的价值?眼光短浅的人可以说:历史学不能解决眼前的问题,历史学不能创造出明显的社会价值,不能创造出利润。但是历史学要产生的作用比再大的利润不知要高出多少倍。我还想讲一个例子,刘邦当初建都于洛阳,大家知道西汉是建都于长安的,它最初建都于洛阳。这时候有一个很普通的士兵叫娄敬,当部队调防的时候要经过洛阳,娄敬向他的将军提出来,说要见皇上，将军说你见皇上有什么事情？娄敬说有重要事情。将军说：那好，我给你换上好的衣服。娄敬说：不必，我衣帛，衣帛见；衣褐，衣褐见。将军也就算了。娄敬见到刘邦，刘邦说：你见我有什么事情？娄敬说：从历史上看，洛阳不是建都的好地方，是一个四战之地而不可守的地方。刘邦说：那你看应该建都于什么地方？娄敬说：以我看应该建都于关中，关中乃四塞之地，进可以攻，退可以守，这是万全之计。刘邦听了觉得有道理，但还是下不了决心，这时候刘邦的谋士张良回来了，就把娄敬的意见转述一遍。张良说：他说的完全有道理。《史记》上说：刘邦"即日车驾西都关中"，从此建立了 200 年江山。娄敬凭借丰富的历史知识提出来的这一条建议价值多少？创造了多少"利润"？无法估量。所以我们说：历史学是什么？历史学是治国安邦的智慧宝藏。可惜，我们今天很多人不懂得这个道理。我们读一部《史记》、读"二十四史"，像我刚才讲的这样的事例不计其数。我们安徽跟淮河流域关系非常密切，新中国成立以来 50 多年了，到今天没有治理好，什么原因呢？有必要认真总结。原因当然很多。不负责任的人，不能够正确地认识上游、中游、下游关系，是一个重要原因；只顾局部"利益"，不顾大局，也是一个重要原因。淮河的治理必须通盘考虑。我虽然不在安徽生活和工作，我也不敢说天天都在关心淮河，但是我可以告诉大家：我经常想到淮河。几年前我在安徽大学做学术演讲时说过：安徽大学不能对淮河没有发言权。同样，安徽师范大学也应当关心我们周围的生态和环境。这就说到比较具体的历史经验。我们读历史要考虑到现实的问题，跟现实要多结合。

第三，历史学是人生旅途的伴侣。事实上，我们每一个人都离不开历史学。我们是学历史研究历史学的，当然我们和历史学关系很密切。那么，对一般公众来说，历史学距离人们有多远呢？有一篇文章，题目叫作《历史学就在你的身边》，可是很多人意识不到这一点。大家想一想，历史学是不是就在你身边？我们什么时候都离不开历史学。举例来说：你毕业了，要去求职，要说是哪一年出生的，获过什么奖励，等等。你要按照这种方式去思考，你的身边有太多的历史学在帮助着你。有时候你要想一想过去所做的事情对不对，应该怎么做。这不是自身在总结历史经验吗？更重要的是历史学中有大量的历史人物提供了学习的榜样。唐朝有一位很有名的历史学家叫刘知幾，他写过一部书叫《史通》，他在这书中讲：历史都过去了，以前的人都死掉了，我们怎么还能知道谁是好人谁是坏人？我们无法知道。但是我们能知道，为什么呢？因为"史官不绝，竹帛长存"。因为我们中国至晚在西周就有史官，甚至更早就有史官纪事。谁是贤者？谁是不肖者？刘知幾说："见贤而思齐，见不肖而内自省。"所以说史学是人生旅途的伴侣，其中一个非常重要的根据就是历史上给我们提供了许许多多学习的榜样。在现实生活中，我们能见到的英雄人物、模范人物、先进人物是有限的。从今天来说，雷锋都是历史人物了，由此可以证明，我们所能知道的绝大多数的英雄人物、先进人物、模范人物，都是从历史当中、从历史学当中认识到的。所以说它是人生旅途的伴侣。刘知幾那两句"史官不绝，竹帛长存"，使后人"见贤而思齐，见不肖而内自省"的话，非常重要。一个人的修养，一个人的品德怎么形成的，首先是在实践中形成，但是我们也不能忘记历史学的作用。我们从事历史专业的学习就应当对这个人生哲理有自觉的认识，不仅自己能够认识，而且能够告诉别人这个道理，这非常重要。我读历史、研究历史学40多年了，我觉得自己沉浸在这个历史学的海洋里，反倒使自己对现实特别关注，不像人们说的历史学都是讲过去的事情，那是对历史学不了解。人们认识历史、研究历史恰恰是为了现实。就像我们"见贤而思齐，见不肖而内自省"，它也是为了要警示我们现在和将来要成为一个正直的人、诚实的人、有作为的人，也是为了现在和未来。我建议大家读一读司马迁《史记》卷一百三十《太史公自序》。司马迁当他讲到他写列传的时候讲了三句话，这三句话对我们有很大的启发，我愿意跟大家再一次来重温。司马迁讲"扶义倜傥"，我把他解释为主持正义，潇洒有风度，但是他说"扶义"，"扶义"是前提，同时很潇洒、很豪爽。"不令己失时"，我解释为是说那些有见识的人不让自己错过历史的机遇。"立功名于天下"，我把它解释为有社会责任感。要具备这三个条件作列传，写入《史记》里。这三句话大家想想多么深刻，第一句话是讲"德"，第二句话是讲"见识"，没有见识的人机会来了也抓不住，机会来了也会丢掉的。下面更重要的是社会责任感——"立功名于天下"。我说历史学是人生旅途的伴侣。我们的先人很久以前就讲过这句话："多识前言往行，以畜其德。"多了解、多认识前言往行，前贤的、先辈的言论和行为，"以蓄其德"，就是积累自己的德，积累自己的德行是君子。什么叫君子？有修养的人、有见解的人、有作为的人。这就是我们的前辈、我们的先人不知道在多少的历史发展的经验中总结出来的真理性的认识。历史学对我们来讲实在是太重要了。然而，历史学在当今没有得到它应有的地位。但是我们不要悲观。我们要以把历史学学好为荣，这不只是自己的荣耀，是对民族负责，对国家承担责任。我们应该像纪念抗日战争胜利 60 周年那样地重视历史学、重视历史知识，经常重视历史学，一如既往地、一贯地重视历史学。这不只是为了这个学科，从长远来看是为了民族，为了国家。我过去有一种观念：同学们好好读书，将来都当历史学家，至少是一个称职的史学工作者。我在 20 世纪 80 年代中期以前就是这个观念，现在我的观念已经改变了，我希望你们当中有人成为历史学家，也希望你们有人成为社会活动家，成为政治家。我曾经提出建议，考公务员要加重历史知识的分量。这个道理很明显：如果连起码的历史知识都不懂，还可以做好公务员工作吗？作为一个地方"父母官"，连历史知识都不具备，怎样当好"父母官"？因此，我的观念改变了，既希望历史专业的学生中出历史学家，也希望出社会活动家、政治家，还希望出那些具有国士之风的企业家。所谓"国士之风"，不仅仅是以创造利润为己任、以积累财富为己任，更是以国家、民族的前途为己任。这两者不是矛盾的。我读《史记》的《平准书》《货殖列传》，其中司马迁就批判了当时的一些商人积聚了许许多多的财富，而不佐国家之急。积聚了许许多多的财富，国家有困难了，不来帮助，不佐国家之急，这不是高尚的企业家。在未来的社会里，甚至在现在的社会里，大企业家扮演着越来越重要的角色。如果这些人不具有国士之风，不以国家和民族的命运为己任，他们只知道聚敛财富，不仅不会给国家带来好处，而且还会给国家带来害处。有感于此，我曾写了一篇文章，叫作《传统文化与现代企业的联盟》，发表在《中州学刊》上。事隔多年，我认为这篇文章今天仍然能站得住，所以我非常佩服司马迁讲的"扶义倜傥，不令己失时，立功名于天下"。我希望从事历史专业学习的人当中有人成为史学家、社会活动家、政治家和具有国士之风的企业家。史学是人生旅途的"伴侣"，这是我最近才使用的说法。有些朋友说"伴侣"这个词不好，我说怎么不好呀，对"伴侣"这个词我们可以赋予新的含义。历史学就在我们身边，它跟随我们一直走到人生的尽头，它是我们忠实的朋友。我们从历史学中得到太多太多的智慧、经验、启迪，这还不是终身伴侣吗？尤其在怎样做人方面，它不仅是伴侣，而且是老师。我觉得不用这个词好像不能把这个意思表达出来，所以说用这个词是恰当的。

三、怎样守护我们的精神家园

在明确了历史学的学科属性和社会价值的基础上，历史学作为我们的一个精神家园的重要地位，就不难理解了。因此我用这一提法来概括我对历史学的认识：历史学是什么？是我们的一个精神家园。我接触到的一些同学特别欣赏"精神家园"的提法。我学史学史也有很多年了，没有用过这个词，因为这个词浪漫，但是放在这里我觉得非常恰当。"我们的一个精神家园"，我没有说"我们的精神家园"，我要加上"一个"字样的限制词，因为我们讲历史学科的重要性，并不排斥其他学科的重要性。哲学是不是我们的一个精神家园呢？优秀的文学作品是不是我们的一个精神家园呢？应该都是。但是历史学要让人们认识到它是我们的一个精神家园，我们还要做许多工作，尽管它本应如此。关于这个问题，我想从三个方面讲一点认识。第一，关于民族精神。守护我们的精神家园，首先就要弘扬中华民族的民族精神。毫无疑问，作为炎黄子孙，作为中华民族的一员，我们当然要具有民族精神，不能丧失民族气节，这应该是我们这个精神家园里面最重要的部分。那么我们要问，民族精神从何而来？一个人如果没有一点历史知识，还谈什么民族精神。如果对历史学不重视，还谈什么民族精神。历史学是启迪我们民族精神不竭的源泉。不懂得历史，不懂得中华文明，不懂得中华文明曾经在人类文明史上的伟大创造和伟大贡献，还谈什么民族精神？同学们，我想到这里，我有时候真的不理解，历史学这么重要，不应当有人对它有误解，不应当有人轻视它，甚至于鄙视它。反之，如果有这种情况，那是一种悲哀、我们必须深刻地认识我们自己所从事的这个学科的意义和价值，我们首先从这当中汲取力量，来丰富自己的内心世界，让我们的人生有丰富的内涵。不仅仅是为自己、为民族。我常常想，民族精神意味着什么，它是由哪些因素凝聚起来的，我实在说不清楚。但是当我想到屈原，想到李白，想到长江、黄河，就有那种感情，这种感情不就是民族精神的体现吗？清朝有位黄遵宪，是外交官，也是诗人，也是史学家。黄遵宪写过一本史书《日本国志》，很重要的一本著作。因为他在日本当外交官，写了一本日本史，用中国志书体裁写的一本《日本国志》。黄遵宪有一句诗，叫作"寸寸河山寸寸金"。那就是说祖国的河山是无价的，我想这种感情就是民族精神。如果我们不知道《诗经》，不知道屈原，不知道李白、杜甫，还有好多好多杰出的文学、艺术、科学成就等，民族精神从哪里来？所以，民族精神从根本上说是来自对于我们民族的历史，对于我们先人在文明史上的创造的热爱和无限崇敬而产生的一种发自内心的真挚的情感，这就是民族精神。因此，不懂得历史，行吗？不懂得历史，能有这种发自内心的深厚的感情吗？最近几年我参加过中华炎黄文化研究会所组织的一些活动，其中包括祭祀黄帝陵，祭祀炎帝陵，还有其他许多学术研讨活动。炎帝和黄帝在我们看来是传说，既然是传说，为什么我还要去参加这样的活动呢？因为我觉得他们是中华民族的象征，是中华民族远祖的象征。我参加这些活动有一个主要的根据，也可以说有一个历史学上的根据，就是司马迁的《史记》第一篇《五帝本纪》。《五帝本纪》从黄帝写起，司马迁以后许许多多历史学家写中国历史也从黄帝写起，这件事情从司马迁算起已经2000多年了。这种思想上的认同、文化上的认同、历史上的认同，已经非常深地扎根在我们的民族当中，这已经成为人们的一个共识，这种共识对于中华民族凝聚力的形成、巩固、发展有极其重要的意义。所以我很积极参加炎黄文化研究会的活动。我想这个研究会所做的工作反映了民族精神，是我们的一个精神家园。

第二，关于忧患意识。一个人也好，一个民族、一个国家也好，总应该有忧患意识，可见，忧患意识反映了人们对人生、对社会的积极态度，是一种自信的精神。中国古代许许多多的历史学家及其著作，都贯穿着这种忧患意识。司马迁写《史记》，他已经看到了汉武帝盛世出现的问题了，所以他说："见盛观衰"，他很忧虑，所以他写的汉武帝的本纪《今上本纪》，就批评汉武帝。但我们现在读《史记》没有《今上本纪》而是《武帝本纪》。《武帝本纪》是后人把司马迁

《史记》中另一篇文章《封禅书》拿来代替《今上本纪》。这里我们要特别提到清朝的一位思想家龚自珍。龚自珍讲："欲知大道，必先为史。"要想懂得大的道理，懂得事情发展的形势，懂得历史发展的法则，必须首先要研究历史，即所谓"欲知大道，必先为史"。我在这里要引用龚自珍的另外一句话，很值得我们思考，他说："士大夫受三千年史氏之书，当以良史之忧忧天下。"他说士大夫读书接受了史官和史学家们3000年来所写的各种史书（他说的3000年比较准确，大致是从西周有国史出现到他那个时候——19世纪中叶）"当以良史之忧忧天下"，即学习优秀的史家的那种忧患意识来考虑天下的治乱盛衰。当我读到这句话的时候，引起我深深的思考。龚自珍这样一个进步的思想家，有近代意识的思想家，为什么要讲这个话？在中国历史上，有一些明君，有更多的贤臣，龚自珍为什么不说"当以明君之忧忧天下"？例如，唐太宗忧患意识还是很重要的，至于贤臣那就多了，像魏徵这样的人也是不少的。为什么龚自珍不说"以贤臣之忧忧天下"？而他偏偏要说"以良史之忧忧天下"。我思考过很久，明君之忧、贤臣之忧和良史之忧区别在哪里，我现在还不能给自己做出圆满的回答，但我也试着来说明这个问题。明君之忧、贤臣之忧，因其身份的关系，他们更多的是考虑到当前的问题，由于当前的问题，要解决它，不免要多一点忧患意识，这是可以理解的。而良史之忧，他们的忧患意识是有丰厚的历史经验的积累，他们所考虑的不完全是根据眼前的问题提出来的，他提出问题是带有一种规律性的认识。"良史之忧"，龚自珍这句话反映了我们中国古代以来的历史学家的一种精神境界。这种精神境界、这种忧患意识，是我们精神家园的一个部分。我最近看到中央电视台一个访谈，有一位科学家讲了：我们的"神舟六号"飞船上天了，这是很大的成功，举国欢呼。这位科学家讲这是应当的，但是他说："我们和先进国家的航天技术相比还差得很远很远，我们不能够完全沉浸在一片欢腾当中。"

这就是忧患意识。我们今天讲农民问题、中部问题、西部问题，都是非常重要的问题。不能仅仅看到东南沿海发展起来了，不能仅仅看到有少数人先富起来了，还要看到落后，甚至是贫穷。中国的农民不普遍地富起来就很难建设小康社会。所以我们每一个人都要多一点忧患意识。从我们每个人自己来讲，不要忘记了历史学是忠实的伴侣，都要有一点忧患意识。不要有一点成绩就沾沾自喜。我们从事历史学的学习，我们要从我国古代的史学家所写的著作里头去发现他们的思想境界。他们为什么要写这些历史书，目的何在？20世纪80年代，我比较关注中国近代的几位史学家，包括魏源、黄遵宪、王韬，还有边疆史地的研究者张穆、姚莹、何秋涛这些人。当我读到他们所写的书的时候，就深深地被他们那种忧患意识所打动。姚莹，是我们安徽人。他写过一部书《康輶纪行》。在鸦片战争时期，他曾经在台湾率领军队抵抗英军，后奉命考察西藏，曾两次进藏。《康輶纪行》就是他两次进藏考察的札记。我读到它的时候，感到晚清有一批士大夫，真正是忧国忧民。在这部书里面我们看到，作者认识到当时沙皇俄国、英国殖民主义者是如何在觊觎中国的西藏。他指出，外国人研究中国的文字、研究中国的文化，下了很大的功夫，而中国学人研究外国就差远了。所以他呼吁国人应当加强对外国的研究。张穆考察内外蒙古，在森林里头看到了有些标识，木头牌子做的，他以为是路标，仔细一看原来是沙皇俄国的间谍所做的标记，记下这个地方有什么宝藏，张穆大为愤慨。我们生活在今天，我们国家还处在发展当中，是发展中的国家，我们不能够陶醉于已经取得的成绩。尤其是在我们的思想深处，要建立起一种忧患意识，将来不论你们从事什么职业、在什么岗位，都要有为民族、为国家忧患的心情。这种意识，这种心情，是我们的精神家园的一个重要的支柱。

第三，关于爱国主义。爱国主义是我们的精神家园，我们对此都有着深刻的认识。我们热爱我们的国家，热爱我们祖国辽阔的土地，我们因为自己是一个中国人而感到骄傲。因为中华民族、中华文明曾经对人类的文明做出了重大贡献。在中世纪，从唐初开始的上千年中，中国一直处在世界文明发展的前列。后来中国落后了，落后的原因有种种不同看法。有人说明朝末年政治腐败，落后了；有人说清兵入关推行闭关锁国政策，落后了。我曾跟明史专家顾诚先生请教过这个问题，诚恳地建议他就这问题做全面的研究，写一本专著。我认为写这本书对于我们认识历史一定有极大的帮助，可惜顾先生已经去世了。我相信，这样的著作终究会有人写出来的，因为这是中国历史上的重大转折。

19世纪中叶爆发鸦片战争，那就不仅仅是中国落后，中国处于挨打的地位了，究竟什么原因？有人也在探讨，譬如说中国的儒家思想讲经学，不重视科技，束缚知识分子思想，尤其是科举制度下的知识分子，为了要进入仕途，就不可能在科学技术上面发展等，这有各种各样的说法。英国学者李约瑟博士写了《中国科学技术史》，他要从科学技术发展的角度来回答这个问题。他认为中国在古代科技方面有辉煌的成就，但是后来不行了。可见，在历史上有些事情不那么简单。怎么很好地去总结这个问题，阐明这个问题，是非常重要的。姚莹的《康輶纪行》，建议同学们读一读，这是我们乡贤，他那种爱国的情结，很令人感动。我在读初中的时候，反复读过方志敏的《可爱的中国》。现在这书很少见到了。《可爱的中国》字里行间充满了爱国激情，东三省丢掉了，山河破碎，国人扼腕。我们仿佛听到了方志敏在怒吼，在呼喊，没有这种情感注入我们的血液当中，爱国主义是空谈，不读历史书怎么能行呢？历史学在爱国主义教育、爱国主义精神培育方面所起的作用是非常大的，是任何学科都无法替代的。史学作为人类的一个精神家园，具有普遍的意义。但是，由于各个国家、各个民族的历史发展各有特色，与之相应的史学也呈现出各自的特点。中国历史因具有不曾间断的连续性，故中国史学同样具有连续性的特点，成为反映不曾中断的、连续发展的中华文明的伟大记录；同时，中国史学因有悠久的历史而积累了丰富的遗产，产生了许多珍贵品；中国是统一的多民族国家，故中国史学还具有反映统一的多民族国家历史进程的特点；中国史书有丰富的内容、多样的形式、生动的表述，故历时愈久而愈益显示出生命的活力。这就是中国史学——我们的一个精神家园的独特的风采。

谈谈中国史学的时代特点[*]

一、问题的提出

对中国史学之不同特点的把握，是从整体上认识这一时代史学面貌的标志之一；而对中国史学之各个时代显示出来的特点的把握，则是从整体上认识中国史学全貌的标志之一。为了探讨中国史学的时代特点，首先要明确以下几个问题。

第一，史学的时代特点与史学传统的关系。

我们曾经从不同的视角，讨论过中国史学的优良传统，尤其是中国古代史学的优良传统。这里，我们提出中国史学的特点问题，它在许多方面是同中国史学的优良传统相关联的。当然，二者之间也还是有一些区别的，那就是：讨论史学的优良传统，主要着眼于史学发展中那些最值得我们关注和继承发展的史学观念和史学方法；而

---

* 2013 年 10 月，在北京师范大学历史学院的演讲。

讨论史学的特点，则需要考虑到不同时代的史学与其所处时代的关系及其面貌与特征，以及不同时代史学特点之间的联系，如古代史学、近代史学、现代史学，它们之间尽管有密切的联系，但因产生于不同的历史时代而显示出不同的特点。

第二，探索史学时代特点的学术意义。

仅从上述的考虑来看，我们讨论中国史学的特点的目的是什么？我以为，这主要有两个方面的意义。第一，明确不代的史学的特点，有助于我们在史学研究中对研究对象的合理定位和合理评价，更深刻地揭示它的价值。第二，明确不同时代的史学的特点，有助于我们在历史研究中对研究对象所涉及的有关文献进行准确理解和恰当选择，更深刻地揭示历史真相。这两点，对提高史学工作者的史识，都是十分重要的。

第三，怎样确立划分时代的标准或原则。

说到时代划分问题，自然同历史分期的认识有直接的关系。而对历史分期的认识，自新中国成立以来，史学界众说纷纭，尤其在20世纪80年代以来，说法更多。但是，到了近一二十年，史学界有一个总的趋势，就是逐渐"淡化"中国历史分期问题。我个人认为，历史分期问题还是可以进一步讨论的，甚至也应当进一步讨论。尽管一时不可能取得某种共识，但这种讨论本身表明，历史的发展是有阶段性的，而每一阶段又显示出各自的特点，后一阶段同前一阶段存在着这样那样的联系，等等。就中国历史来说，它的发展既表明这是一个连续性的过程，而连续性中也呈现出一定的阶段性，人们认识这种连续性和阶段性，有助于认识历史和说明历史的进程。

我本人对历史分期问题没有做专门研究，只是在长期的学习中和史学工作中，受到前辈史学家的影响，在潜移默化中形成了中国古代历史、中国近代历史、中国现代历史这种"粗线条"式的基本认识，并在这种认识基础上进行相关的研究。

第四，纵向考察和横向考察。

值得注意的是，讨论中国史学的特点，从不同时代着眼，即做纵向考察，是十分必要的。但是，如果进一步来讨论中国史学的特点，还需要做横向考察，即以中国史学同外国史学进行比较，这就需要有外国史学的知识和适当的研究方法才能做到。我本人不具备这样的条件，因而难以做这方面的考察。但我希望本文提出的一些认识，能够对史学界的同行尤其是对中外史学做比较研究的同行多少有一点帮助。

二、中国古代史学的特点

首先来说说中国古代史学的特点。

第一，历史记载与历史撰述的连续性，反映了中华文明的连续性的特点，使中国史学在这方面成为全世界独一无二的优良传统。从《国语·郑语》记郑桓公与周王室史官史伯对话，史伯纵论"周室将卑"来看，中国古代至晚在西周时期已设有史官，而董狐、齐太史、南史氏、楚史倚相等人的事迹，表明春秋时期各诸侯国亦有史官建置。自孔子修《春秋》、司马迁著《史记》并倡言"成一家之言"，则又表明，撰写史书已不仅仅是官府之事，私人著史也已逐渐成为风气。降至唐初，唐太宗于贞观三年(629 年)设史馆于禁中，任命史官负责撰写前朝史与国史(本朝史)，后世延续，成为制度，直至清朝。制度的连续性，以及官修、私撰的互补性，中国古代史学的这一特点，是全世界所仅有的。

第二，历史记载和历史撰述内容的丰富性，举凡经济、政治、军事、文化、民族等，都有广泛的涉及。这些内容，不仅在"正史"中有所记载，而且在编年体史书如《资治通鉴》、典制体史书如《通典》、纪事本末体史书如《通鉴纪事本末》中，从不同的侧重点进行了翔实的叙述。有人认为中国古代史书是政治史，这种看法是不全面的。

第三，历史记载和历史撰述反映了统一多民族国家的发展历史，尤其是保存了多民族在历史文化认同方面的大量思想资料。历史文化认同这一历史现象的内涵十分丰富：在历史认同方面，包含血缘、地理、治统等；在文化认同方面，包含心理、制度、道统等。过去，我们十分重视民族关系史的研究；我们今天应把这种研究向更深的层次推进一步，即全面考察民族关系中那些与民族史思想、民族关系史思想密切关联的思想遗产，从本质上彰显中国作为统一多民族国家的历史成因。

第四，历史记载和历史撰述突出了人本主义的优良传统，尽管"天命"思想存在了漫长的时间，但人的活动在中国史学中得到充分的反映。在中国历史上，"天命观"曾长期在人们思想上占主导地位。自西周末年以后"天命"思想逐渐动摇，到了司马迁著《史记》，从不同阶层、不同方面写出了人在历史进程中的主体作用，在史学上开创了人本主义的思想传统。中国史学以纪传体史书影响最大，反映了人在历史发展中的地位和作用，而"天命"往往成为政治上的装饰品。

第五，历史记载和历史撰述表现形式的多样性，显示了不同形式和特定内容结合所展现出来的特殊的历史价值与社会功能，如编年、纪传、典制、纪事本末、史论、史评、注史、考史等多种体裁，在表现形式上不同，在史学发展和社会功能方面也各有侧重。

第六，历史记载和历史撰述与不同历史时期的密切关系，反映出史学发展的基本规律：史学反映时代特点、重大历史事变后都有重要的历史著作产生，如《春秋》《史记》《南史》《北史》《通典》《资治通鉴》《读通鉴论》等，这都同重大的历史事变相关联。对于这一规律，我们还要做深入的研究。

第七，中国古代史家始终具有追求"信史"的优良传统，从《春秋穀梁传·桓公五年》所说"春秋之义，信则传信，疑则传疑"，到清代乾嘉时期的考史学派，这一优良传统从未中断。

第八，中国古代史家始终具有明确的以史学经世致用的优良传统，从孔子以《春秋》示褒贬之义，到司马迁说的"述往事，思来者"，直到龚自珍说的"欲知大道，必先为史"，这一优良传统在历代史家的史学思想和史学活动中传承发展，产生了重大的社会作用和深刻的学术影响。

三、中国近代史学的特点

现在再来看中国近代史学的特点。这里说的"近代"，是指1840年至1949年中华人民共和国成立前的109年的历史。

第一，从关注朝代兴衰到关注国家和民族的存亡。

这一重大变化，是由西方殖民主义入侵中国而产生的。史学家群体的边疆意识、民族意识、国家意识发生了深刻变化，这从两个主要方面反映出来：一方面是重视边疆史地的研究，如张穆的《蒙古游牧记》、姚莹的《康輶纪行》、何秋涛的《朔方备乘》等著作的面世；另一方面是魏源的《海国图志》、黄遵宪的《日本国志》、王韬的《法国志略》以及夏燮的《中西纪事》等外国史地与中外关系等著作的问世，集中地反映了上述变化，其核心思想和撰述主旨是救亡图存，同时也反映了中国史家近代意识和世界意识发展到了新的阶段。

第二，从朴素的进化观念到引进西方的进化论。

中国古代史学中包含着丰富的朴素进化思想，但未形成理论体系。梁启超于1901年发表《中国史叙论》、1902年发表《新史学》，对中国古代史学进行全面的批判。这两篇文章可以视为中国学人希望创建"新史学"的宣言书，这在20世纪的前30年中产生了重大影响。

其功绩在于引进西方进化论用以观察历史的理论和方法，其缺陷是完全否定中国古代史学遗产。这两点所产生的影响，在中国近代史学上都是不可忽视的。

第三，从重视史家修养到重视学科建设。

中国古代史学在史家修养方面很受重视，清代史家章学诚在总结唐代史家刘知幾"史才三长"的基础上，提出应重视"史德"的见解，这可以看作对古代史家修养论的总结。1924年，梁启超出版了《中国历史研究法》，李守常（大钊）出版了《史学要论》，这是两部带有近代史学理念和关于历史学学科建设的理论著作。《中国历史研究法》及其续作《中国历史研究法补编》，主要讨论对历史材料的处理及各种专史的做法，在历史观上比较混乱。《史学要论》一书以唯物史观为宗旨，阐述历史与史学的区别，讨论了史学自身的体系及其在科学中的地位，研究历史对人生和社会的意义。在此前后，类似著作或评介之书甚多，在学科建设上各有一定的作用。刘泽华教授主编的《近九十年史学理论要籍提要》一书①，对此有较详细的评价。

第四，从历史考证的繁荣到科学方法的提倡。

中国古代史学自两宋以下，考据之风不断发展，至清朝乾嘉时期走向极盛。钱大昕、王鸣盛、赵翼、崔述等成为著名的考史学家。中国近代史学承此风尚且有新的发展，这就是对"科学方法"的倡导。胡适在近代史学上的贡献，主要之点在于他是首先倡导"科学方法"的学者。胡适认为：

> 科学的方法，说来其实很简单，只不过"尊重事实，尊重证据"。在应用上，科学的方法只不过"大胆的假设，小心的求证"。
>
> 在历史上，西洋这三百年的自然科学都是这种方法的成绩；

---

① 参见刘泽华主编：《近九十年史学理论要籍提要》，北京：书目文献出版社，1991年。

中国这三百年的朴学也都是这种方法的结果。①

在过去，史学界对"大胆的假设，小心地求证"曾有严厉的批评，但通观上文，所谓"假设"，是否也有包含"问题意识"的因素，正是在这一点上，近代的科学方法和古代的历史考据有所不同，从而形成了新历史考证学派并取得了重大成就。

第五，近代学校教育和近代学术研究机构的发展，以及近代报刊的创办，极大地推动历史研究的深入和史学的社会化进程。近年来这方面的研究成果逐渐多了起来，并成为研究中国近代史学的重要领域。

第六，20世纪二三十年代，中外史学交流进入更加活跃的阶段，中国史学加快了吸收外国史学成果的步伐，一些接触过西方史学的史学家在介绍西方史学的同时，也尝试着把中西史学结合起来进行研究和撰述。在这方面，有一些个案研究，但从大的历史背景做整体上的把握，还有很大的研究空间。

四、中国现代史学的特点

最后，来讲中国现代史学的特点。

中国现代史学，是指1949年中华人民共和国成立以来的中国史学。这一时期的中国史学是马克思主义史学占主导地位，所以我们也可以说这里所讨论的主要是中国马克思主义史学的特点。我们知道，中国马克思主义史学是在新中国成立以前产生和发展起来的，这里说的中国马克思主义史学的特点，自然不限于1949年以后的时间段。我们把中国马克思主义史学的特点概括为以下几点。

---

① 胡适：《治学的方法与材料》，《胡适文存》三集，合肥：黄山书社，1996年，第93页。

第一，以唯物史观作为研究历史的理论和方法论，倡导研究整体的历史，强调人们的社会存在决定人们的思想，认为人类历史是从低级向高级发展的、有规律可循的过程，注重人民群众在历史发展中的主要作用等主要观点和基本原则。

第二，中国马克思主义史学始终同中国历史进程、中国历史命运联系在一起，把中国古代史学经世致用的优良传统发展、提高到新的阶段。

第三，中国马克思主义史学始终同中国史学遗产和史学传统联系在一起，把"两司马"、刘知幾、章学诚等古代杰出史家及其撰述，当作学习的榜样，用以丰富自身的史学修养，在史学上形成中国风格、中国气派。这也正是中国马克思主义史学之所以具有鲜明的民族特色的原因之一。

第四，中国马克思主义史学始终保持着自觉的反省意识，显示了中国马克思主义史学家的雍容大度、宽阔胸怀。郭沫若、范文澜、侯外庐等这些享誉中外的史学名家，都以自觉反省、执行自我批判为治学原则之一，受到学界的高度评价。尤其应当强调的是，在20世纪70年代末80年代初开展的"实事求是，拨乱反正"的岁月里，中国马克思主义史学家群体，毫不讳疾忌医，勇于面对以往历史研究中的教条主义、形式主义和把理论庸俗化的缺点、错误，坦诚地汲取教训，以新的姿态投入历史研究中，并不断获得新的成就，近30多年的史学发展充分证明了这一点。我们可以认为，这是中国史学史上一次伟大的反思。在这一伟大反思的基础上，产生了许多具有重大学术影响的历史著作，为中国史学的发展写下了新的一页。

当然，在我们讨论中国马克思主义史学的特点时，随着中外史学交流的发展，外国史学的理论和方法进一步传入中国并对中国史学产生这样那样的影响，从而使中国史学出现了多元发展的态势。这种态势的出现，一方面是对马克思主义史学的考验，另一方面也是为马克思主义史学的进一步发展提供了机会，使其在不断完善的过程中证明自身的价值。

今天讲的这些，只是一个大纲。在关于中国史学史的研究中，如何探索并把握每一个大的时代下史学有什么特点，是一个十分重要的问题，它既关系到每一位史家、每一部重要史著的具体评价，更影响到对这一时代之史学的性质及其社会功能的时代特点的评价。出于这样的考虑，我做了上述粗浅的阐说，希望能引起进一步的讨论。

史学名著与人生修养[*]

为什么要讲这个题目呢？我想还是出于我作为历史系学生的一种虔诚和崇敬。历史学对于我们民族来讲，是非常重要的一个学科、一个领域。在现实生活中，我们能不能够做这样一种判断，就是说，历史学已经在社会生活中占有了它应当占有的位置。也就是说，从现在社会的层面来看，历史学还在许多地方没有受到重视。从我们年青一代的学人来讲，我想你们应该对历史学做进一步的认识。今天在座的诸位，可能已经对历史学有高度的重视，即便如此，我想还可以做进一步的交流。

为什么要讲史学名著与人生修养？因为中国的史学著作太多。大家要读一读《隋书·经籍志》，要读一读《四库全书总目》，其中的史学著作就非常非常多。可《四库全书总目》是乾隆年间修的，从乾隆年间到现在，历史著作又不知道增

---

[*] 2014 年 5 月 26 日，在安徽大学文典大讲堂的演讲。

加了多少。所以我们人生几十年，只能读冰山一角。冰山一角，有时候恐怕都读不到。那么我们就只能读名著，从名著当中汲取营养、滋补自身，来为社会做更多的事情。

史学名著也很多。我们今天只涉及其中几部。那么史学名著跟我们的人生修养有什么关系呢？人生修养涉及多方面，今天我给大家只讲一个比较原则的地方，很细致的不好说，时间不够。这个题目可以分解为四个问题来讲。

第一个问题讲怎样看待史学的社会功能。这恐怕是一个最基本的问题。历史学到底有什么样的功能，这是我们讨论任何一个和历史学相关问题的基本出发点。我们认为历史学有很大的作用，有很大的社会作用，有了这种认识，才可以继续往下面讨论。历史学有很多功能，以我这几年的思考，我在有些文章里已经讲到了，它最大的功能是它能帮助人们认识历史。历史学的各种各样的著作，是我们认识历史的最重要的途径。人类只有认识到自己的历史，才能从历史的发展当中汲取智慧。大家想想，如果离开了历史著作，我们对历史还能知道多少？不要说两三千年前的历史，两三百年前的历史恐怕也不知道。我们认识、知道历史，要感谢世世代代的历史学家，是他们给我们留下了这么多的历史著作，因为有了这些著作，我们才能认识历史。我们认识了历史以后才知道，历史原来是这么的丰富。所以我曾经做这样一个逻辑推论：凡重视历史的人，应该重视历史学。但是我开始就讲到了，今天我们历史学还没有完全受到人们应有的重视，总觉得历史专业、历史学是讨论过去的事情，和现实没有很大的关系，这是对历史学的一个极大的误解。所以我说首先要谈历史学的功能。

第二个问题，我想谈史学是怎样影响人生修养的。这里的重点是，客观历史和人生修养是什么关系。人们要认识到，历史是一个过程，在这个过程里，人类积累了丰富的经验和智慧，现实当中的人对这个经验和智慧有所掌握之后，能够帮助自身更好地推动当前的历史运动。第三个问题讲人在社会中的不同角色。通过讲人在社会中的不同角色，进而讨论历史对于人生修养的启示和价值。第四个问题，也就是最后一个问题，是讲学习史学名著，提高治身治世能力。治身就是锤炼自己，陶冶自己。简言之，治身治世就是提高自己的修养，参与社会活动。治身治世有利于提高人的自身修养、参与社会活动的自觉性和能力。下面我开始讲具体内容。

一

怎样看待历史学的社会功能？这个问题在中国史学上讨论了很多年了，在唐朝，一个著名的史学批评家刘知幾，其著作《史通》里面就讲到过这个问题了，史学有什么用呢？刘知幾做了一个简单的推理，他说，历史过去了，有的人已经去世了，甚至坟土未干，我们不知道这个地方埋的是谁，他究竟是做了好的事情还是做了不好的事情，这些我们都难以知道了。坟土未干我们就不能判断了，何况是几十年、几百年、几千年以前的事情呢？刘知幾说，幸好我们有历代史学家的著作告诉我们，哪些人做了什么事情，是有利于社会发展的；哪些人做了什么事情，是阻碍历史前进的，刘知幾原话说，因为"史官不绝，竹帛长存"，历代的史官一代代传下来的史书，有的书写在竹简上，有的书写在帛书上，所以今天在书房里面读历史书，历史上有哪些人做了些什么事情，我们能够说清楚，我们可以从史书当中读到许许多多的人，进而"见贤而思齐，见不贤而内自省"，这样我们就增强了自省精神。刘知幾提出了一个著名论断："史之为用，其利实博，乃生人之急务，为国家之要道。"生人，就是生民，广大的民众，生人之急务，不是不紧急的事情，而是紧急的事情，也就是说重要的事情；国家之要道，在国家层面也是很重要的事情。刘知幾为什么说这个话呢,可见当时就有人不重视史学,所以刘知幾才会发这样的感慨。中国更早的先贤,在《易经》里面就有这样一种说法,"君子以多识前言往行,以畜其德"。君子,就是有修养的人,有修养的人应该多识前言往行。前言往行,我们可以理解成先贤的言论和行为,我们可以把它看作历史,多了解前言往行,以畜其德,即积累自己的德。这个德,不仅仅是道德的德,还应该包含见识、见解,我们可以理解为修养。一个人要有修养,要多识前言往行,现在我们讲优秀的传统文化,优秀的遗产,还离不开优秀的前言往行。这样说来,我们的传统就很早了,可以从西周讲起,到清朝中后期,有一位思想家、诗人、史论家、文章家龚自珍,他有句名言,或许大家都听到过:"欲知大道,必先为史。"这个"道"在中国有很多古代解释,我们可以理解成道理、准则、法则。欲知大道,我们可以理解成要懂得治理国家、管理社会这样的道理,就必先为史,就必须先学习和研究历史。《龚自珍全集》里谈到历史和史学的地方非常之多,我还经常引用龚自珍讲过的这样一句话,他说,"智者受三千年史氏之书,当以良史之忧忧天下"。要用历史上好的优秀的史官、优秀的史学家的忧患意识,学习他们的忧患意识,来忧我们当今的天下,关注我们当今的天下。为什么要忧呢,因为有了忧患意识,才能够去设想我们要采取什么样的措施,来改进我们的工作,来推动社会的发展。忧患意识是我们中华民族的一个优良传统,顺利的时候,不要忘记忧患,艰难的时候,更要有忧患意识,所以我们说,从易经到龚自珍,这两三千年中,人们对于历史学的重视,从来没有中断过。

我们今天就不细讲中国的优秀传统了,在国外,近代以来的历史情况也是如此。法国年鉴学派的代表人物之一,马克·布洛赫写过一本书,《历史学家的技艺》,此书开篇就谈到,他的孩子问他,你研究历史,历史有什么用啊?马克·布洛赫回答了这个问题。我翻阅这本书后，毫不夸张地说，真是拍案叫绝。为什么拍案叫绝呢，他所做的一些分析和我们古代史学家所讲的话颇多相似。可见，中西方对历史的认识有一种共通之处，这是由历史学本身所决定的。在美国，我推荐大家看几本书，同样是对待这个问题，美国每一位新任的历史协会主席的就职演说，都是从不同的角度来探讨历史学同我们的生活的关系的，都是从不同的角度来回答这个关系的。这套书有一本是"文化大革命"前出版的，生活·读书·新知三联书店当时还标为"内部读物"。20世纪80年代我们研究美国史的朋友又翻译了一本书，大概就收录到了80年代末。我们看到西方历史学家讨论整个历史同现实社会的关系，史学和我们人生的关系，我看这个工作是非常重要的，但这个工作他们现在没有往下做。总的来说，古往今来，史学有什么功用，这是大家都关注的一个问题，而且从不同的角度都做出了回答，这是我们不应该回避的一个问题，而且应该自觉地寻求这方面的答案，提升我们的思想境界，明确我们自身同历史学到底有什么重要关系。刚才我讲到，根据我的肤浅认识，历史学的功用是多方面的，但归根结底就是帮助人们认识了历史，认识了历史，才谈到以下各种各样的工作，这是我讲的第一个问题。

二

第二个问题，史学怎样影响人生修养？这个问题实际上是要回答，历史对于人生到底有什么样的意义，从史学讲到历史，再从认识史学讲到认识历史，那么认识历史以后，历史对于我们人生修养有什么意义呢？史学对于人生修养的重要性，我刚才讲到过这方面。90年前，中国马克思主义史学的奠基者之一李大钊出版了一本小册子《史学要论》，大约只有几十页，1924年商务印书馆出版的，到今年正好90年。《史学要论》一共六章，在最后一章，他写了这样一个主题："现代史学的研究及于人生态度的影响。"在这里，他充满了激情地对这个问题进行了深入的、理性的说明，他这样写道："过去一段的历史，恰如'时'在人生世界上建筑起来的一座高楼，里边一层一层的陈列着我们人类累代相传下来的家珍国宝。这一座高楼，只有生长成熟踏践实地的健足，才能拾级而升，把凡所经过的层级、所陈的珍宝，一览无遗；然后上临绝顶，登楼四望，无限的将来的远景，不尽的人生的大观，才能比较的眺望清楚。在这种光景中，可以认识出来人生前进的大路。我们登这过去的崇楼登的愈高，愈能把未来人生的光景及其道路，认识的愈清。无限的未来世界，只有在过去的崇楼顶上，才能看得清楚；无限的过去的崇楼，只有老成练达踏实奋进的健足，才能登得上去。一切过去，都是供我们利用的材料。我们的将来，是我们凭借过去的材料、现在的劳作创造出来的。这是现代史学给我们的科学的态度。这种科学的态度，造成我们脚踏实地的人生观。"① 我想这一段话，确实把历史和我们的人生观说得很形象，用一个很生动的比喻，就是以往的历史积累像一座高楼一样，只有脚力非常好的人，才能登上去，登得越高，就会看得越清楚，登上了崇楼绝顶，就会把未来美好的世界看得格外清楚，这样就建立了一个科学的历史观和人生观。这是以形象的比喻说明了史学对人生意义的深刻道理。李大钊讲的现代史学的研究，是指人们用现代的科学观点来看待历史，进而认识到史学与人生的关系。值得注意的是关于史学对人生重要意义的思想，在中华民族史上，它是有古老的传统的。刚才我们讲到了，从《易经》开始，这个问题，在中国古代史学上有丰富的表现，从《易经》到龚自珍，都讲了这个道理。我们讲前言往行不仅仅是个别人的言论或者个别人的行为，还要从一般意义上的历史来理解它。史学批评家刘知幾讲，

---

① 李大钊：《史学要论》，《李大钊全集》第四卷，石家庄：河北教育出版社，1999年，第407～408页。

"人之生也，有贤不肖焉。若乃其恶可以诫世，其善可以示后"①，恶人坏人可以让后人警醒，好人善举可以给后人做出示范，这就是历史学对于人生修养的一种重要作用。像这样的认识，中国古代史学家从不同的方面做出过不同的阐述，显示了中国古代史学关于人生修养的认识有丰富的积累。我认为这个问题实际上是一个非常专门的问题，历史学与人生修养这个问题可以作为一个课题去进行深入探讨。

三

我讲的第三个问题是人在社会中的不同角色。人在社会中有哪些不同角色，我想从这个问题来说明历史对于人生修养的具体意义，要阐明这个问题，首先还是要从学理上来认识，然后再从情感上来进一步体察这样的认识。社会历史进程是通过人的社会活动来实现的，离开了人和人的社会活动，也就谈不上任何社会的进步、历史的发展。因此，广义地说，就像马克思、恩格斯说的："历史不过是追求着自己目的的人的活动而已。"(《神圣家族》)人的活动是不同的，历史不过就是这种活动的反应，从根本上说，史学家撰写历史著作不能不写人，人们不能生产一部没有人的著作。那么写人的思想、品质，写人的行为活动，写人的价值，进而要写到对人的评价，而人又都是具体的人，是同他人、同社会相联系的具体的人，不是一个抽象的人，这就是为什么在历史学家的笔下，总是涌动着芸芸众生：这样的人，那样的人，总是有说不尽的千古风流人物。在这方面，中国古代的史学有非常明显的特点，而这在世界史学上独放异彩。为什么这样说呢，这是因为，中国拥有多种多样的史书，其中

---

① 刘知幾：《史通》卷八《人物》，浦起龙通释，上海：上海古籍出版社，2009年，第220页。

最重要的史书是纪传体史书，纪传体史书就是以人物为中心的史书。我们想，《史记》这部著作，一百三十卷，本纪是写帝王，帝王也是人，不是神；世家写各诸侯国国君，也写了一些著名的将相，也是人；七十列传，更是社会各阶层的代表人物，都是人。我们考察一下全世界的史书，在哪个年代，有像司马迁写过的那样的书，鲁迅讲它是"史家之绝唱，无韵之离骚"。这种纪传体一直影响到我国后来历朝历代正史的编撰，以人物为主。我们先不说《清史稿》，就说"二十四史"到底写了多少人，我多次提到这个问题，不知道我们现在的数字化手段能不能统计出来。这很困难，为什么很困难呢，因为一篇传里面不只是传主一个人，这个传里还有相关的许多人，有的人可能就一两句话，但是他是有名有姓的，那么到底有多少人，很难说清楚，也许将来我们能够说清楚。这就是，我们中国史书一直非常重视人在社会、在历史运动中的主体作用，所以我说它在世界史学上独放异彩。

那么，我们看史学家是如何来认识这样一个问题的。我们还是先说司马迁，他父亲司马谈临死的时候跟他说了这么几句话："今汉兴，海内一统，明主贤君忠臣死义之士，余为太史而弗论载，废天下之史文，余甚惧焉！汝其念哉！"①你要记住这个事情啊。后来《史记》里面记载，司马迁痛哭流涕，跟他父亲说，我一定要继承您的遗志，把您要做的事情做好，后来他写出了《史记》。那么明主贤君忠臣死义之士都是从政治上着眼的，也都是以人的修养为前提的：明主贤君，有一定的价值判断在里面，也反映人的修养；忠臣死义之士，也是一种价值判断；我愿意在这里重复我多次引用的司马迁做七十列传的三句话，他说，扶义俶傥，扶义就是扶持正义，俶傥我们可以理解成风流潇洒，不令己失时，就是不让自己错过恰当的时

<hr />

① 司马迁：《史记》卷一百三十《太史公自序》，北京：中华书局，1959年，第3295页。

机，用我们今天的话说就是不让自己错过历史的选择，不要让自己错过历史机遇，不要让自己失掉好的时机，立功名于天下。这三句话，我是这样理解的：第一句话是道德标准，第二句话是见识，不令己失时，还有践行，抓住机会；立功名于天下是事功标准。"扶义俶傥，不令己失时，立功名于天下，作七十列传。"司马迁用这样一个标准，用这样一个尺度来写人物。当然，《史记》里面的七十列传，并非都是司马迁所说的这些人，他也写一些不好的人，但是他总的标准是写这样的一些人。这就反映了，中国古代历史学家在考察人的时候，在写芸芸众生的时候不是很随便的。所写的这个人在社会上、在社会活动中究竟起到了什么作用，在历史活动中究竟产生了什么影响，史学家是有一个尺度的，而这个尺度就反映了人在社会中的地位。先秦儒学中以人学为核心的精神，在司马迁的历史著作中得到了充分的体现，所以我说，司马迁作为一个史学家，不仅认识到人在历史运动中的主体地位，而且写出了这样的史书，做了这样的表述，把人在历史中的主体地位反映出来。他不仅仅是认识到了，而且还反映出来了，所以司马迁是一个伟大的历史学家。若干年前我跟苏联的东方研究院的一位教授通过信，他在信中说，他非常敬佩司马迁，他说司马迁是一个伟大的民族英雄。在一个外国的历史学家眼中司马迁是这样的人，他的书房里挂着司马迁的像，这样热爱司马迁。他把《史记》翻译成俄文，可见《史记》的影响力有多么得大。

这里我要强调的是，中国古代史学家写出来的芸芸众生，万千人物，不是无序的堆积，不是杂乱无章的拼凑，而是一种有序的排列，有序的组合，这反映了史学家对构成社会各阶层不同人的透视和评价。这里我想插一句，北齐有一个皇帝，他对史官魏收说："魏收，你要好好写国史啊，你的权力比我大，我只能管活人，你还能管死人啊！"当然这可能是皇帝跟大臣说笑话，但也说明了史官的重要性，因为史学家笔下的评价，有时候代表一种确定性的价值判断。我们以"二十四史"为例，"二十四史"的传记部分包含杂传和类传，杂传一般是一个传写一个人，有时候会连带着写和传主相关的人物，有时一个传里写几个行事相近的人，这是杂传；还有一种是类传，就是说人的身份是相同的，把这些人写在一起叫类传。中国的史书类传很多，比如，儒林列传、游侠列传、循吏传、酷吏传等，这是同类性质、同样活动的一个群体，叫作类传。《史记》开创了类传的形式，《汉书》以下，类传就很多了，并随着时代的变化而有所变化。

我们首先讲杂传。杂传大致是三个序列，一是角色，在社会中他是什么角色；二是事功序列，就是他对历史的发展、对社会的进步有什么贡献，要把他写出来，这就是司马迁讲的立功名于天下；三是道德序列，主要以道德标准来衡量历史人物，比如，讲循吏列传，循吏就是一些比较好的官员，还有酷吏列传，酷吏有两面性，要做具体分析，奸臣列传所记奸臣的行为都很不好，等等，这就是用道德判断来看待历史人物。史学家在写历史人物的时候，按照一定的序列将他们各自归类，对他们采取严肃的批判的态度，即使是帝王也不例外。我们读"二十四史"，读本纪，有的帝王表现很好，有的帝王劣迹斑斑，史学家都把他们写出来。同时，史学家也往往对他所写的历史人物倾注自己的感情，哪怕是手工业者，是商人，是鸡鸣狗盗之徒，都给予感情的倾注。司马迁写这些平凡的人物，也倾注了自己的感情，所以有人说，读了司马迁的列传，如战国四公子，就想养士，读屈原贾谊传，即欲流涕，这很有感染力，倾注了史家的感情。但凡出色的史学家都是在尊重历史事实的基础上，把历史人物写得栩栩如生，再现在读者面前，可读其言，可观其行，以致产生诫世示后的作用。诫就是告诫，世就是社会，诫世就是对当时的社会产生作用，示后就是对后人也有一种示范的作用，这就是历史学对于人生、对于修养的一种潜移默化的作用。我们说，要从学理上去考察，史学著作怎么会影响到人生修养。一方面，我们要懂得《论语》怎么说，《孟子》怎么说，朱熹怎么说，用道德修养的理论来说明问题；另一方面，我们要知道历史著作是用各种各样的人物的行为和言论所反映出来的他们的道德，潜移默化地起到诫世和示后的作用。对当时的人们产生影响，对后人产生影响。像《史记》距今 2000 多年了，仍然产生影响，我想它对人生修养的生命力是无穷无尽的，这就是为什么史学对人生修养有极其重要的启示作用，它是以一种形象的、感性的、潜移默化的影响给予后人。

四

第四个问题，学习史学名著，提高治身治世的自觉能力。这个问题要进一步说明，史学对于人生修养的主要的关结或者主要的落脚点在什么地方。这里说的是要提高治身治世的能力，治身就是自我修养，治世是参与社会活动，要说得高一点，就是参与社会管理，参与治国安邦，提高这方面的自觉认识和能力。

古代史学家反复阐述，以各种各样的道理来说明，史学对于人生修养，虽然表现各不相同，但是我们可以概括成治身治世两个方面。这并不是我提出来的，这是王夫之提出来的。明清之际大史学家大思想家王夫之，在《读通鉴论》里面提到这个问题，他在解释《资治通鉴》这部书的书名的时候，做了这样一个非常概括的解释，"鉴之者明，通之也广，资之也深，人自取之，而治身治世，肆应而不穷"①，充分发挥它的作用而没有穷尽，鉴之也明，通之也广，资之也深，只要能真正用它作为一种借鉴的话，治身治世，肆应而无穷。它所包含的知识、经验和智慧，取之不尽，用之不竭。这是王夫之

---

① 王夫之：《读通鉴论》卷末《叙论四》，北京：中华书局，1975 年，第 1115 页。

对《资治通鉴》的评价，这里要强调的是，王夫之从治身治世的要求来看，史学对于修养可以提供用之不尽的资源。我想《资治通鉴》二百九十四卷书太大了，那么大一本书还有注解，读起来确实很费劲，但是我们可以选读，尤其是读书后面的四篇绪论，古人写书序在后面不在前面。

史学家在这方面的认识，我们可以追溯到司马迁对《春秋》的解释，他说《春秋》"善善恶恶，贤贤贱不肖"，"《春秋》辩是非，故长于治人"①，春秋讲是非，重褒贬，人们学习《春秋》，会懂得很多道理。还说，《春秋》是礼义之大宗，是道德规范。那么从今天来看，这些论点都是从君君臣臣父父子子这样一个原则出发的，从那个时候的伦理标准、伦理原则出发，我们能够理解，这在今天当然不可取。但是，它的内核是阐述了史学与人生修养的关系，任何人毫不例外，也就是说《春秋》中所蕴含的道义、礼义原则是对当时所有人都有教育意义的。司马迁的这个认识对后世的史学发展大有影响。

关于治身治世，中国历代的史学家有许多解释，这里我们再举元代史学家胡三省的说法为例。司马光的《资治通鉴》流传到了元朝的时候，有一位史学家叫作胡三省给《资治通鉴》作注，今天我们读的《通鉴注》，文中那个双行小字，就是胡三省注的。他对于人君人臣人子，讲到这些关系的时候，他指出了人们在六个方面即自治、防乱、事君、治民、谋身、做事的重要。这几个方面我们可以用来对治身、治世加以理解，这和王夫之所说的相类似。当然对于政治人物来讲，更重要的还是事君和治民，对上是事君，对下是治民，作为政治人物来讲，这是很重要的。那么，事君也好，治民也好，这是一种政治修养，这种政治修养也是人生修养的表现

---

① 司马迁：《史记》卷一百三十《太史公自序》，北京：中华书局，1959 年，第 3297 页。

之一。

　　胡三省还有一个很重要的观点，他不赞成当时一个很流行的说法，一种从南宋以来就很流行的说法，这种说法就是在经和史的关系上，经书和史书的重要性上，有一种说法，说是经以载道，经书里面的道讲大道；史以记事，史书只不过是记事而已，史书中没有道，它只是记一些事情罢了。那胡三省就讲，"道无不在，散于事为之间"，认为处处有"道"，它分散在许许多多的事情之中，人们从事情的得失成败中，可以知道万世无弊，事情成功也好，失败也好，这里面都包含着道理，这个法则是不会改变的，"史可少欤!"难道我们可以不要史学吗？这是胡三省为历史学做辩护。胡三省从理论上说明"道"与"史"的关系，所以胡三省反向说，"史可少欤!"胡三省所批评的观点，其实是源于朱熹，由此也可看出胡三省的理论勇气。我以前也讲过，我们现在有少数的学者讲什么历史学的任务就是要还原历史的真相，就是要弄清历史的真相而已，不要去讨论史学和社会的关系，尤其是历史学和政治的关系。为什么不去讨论呢，有人认为那样一讨论，历史学就歪曲了。这种看法是片面的，也是不对的。历史学怎么和社会没有关系呢？历史学怎么和政治没有关系呢？只是我们要正确地来看待这个问题，来说明这个问题，来正确地处理这个问题，而不是回避这个问题。胡三省的论点的重要性在于，他说明了道和事之间是不能够脱离的，道寓于事之中，通过许多事情，我们可以"明道"，读史明道，龚自珍有句名言："欲知大道，必先为史。"那么我们进一步讲道和人生修养，我们还举王夫之在这方面的一些阐述，他说《资治通鉴》之所谓通，其曰通者何也？什么叫通啊，通到底是什么啊，古人读书还是很用心的，有时候我们读《资治通鉴》，我们很难有时间去把它读完，读一些我们所需要的篇章，需要的段落，那么多读下来，觉得太难了。王夫之是通读了，通读了还解释这个通是什么意思，真是深刻的理解。王夫之指出：“其曰'通'者，何也？君道在焉，国是在焉，民情在焉，边防在焉，臣谊在焉，臣节在焉，士之行己以无辱者在焉，学之守正而不陂者在焉。虽扼穷独处，而可以自淑，可以诲人，可以知道而乐，故曰'通'也。”君道在焉，是说最高统治者，最高统治者怎么样做一个有作为的君王，叫君道；国是在焉，国是就是大政方针，国家的重大决策，就叫国是；第三个是民情在焉，民众苦乐如何，有没有灾害；边防在焉，国家安全是否有保障，社会是否稳定，然后说到臣谊在焉，臣子做的合适不合适，官场是清廉还是腐败；臣节在焉，大臣应有节操；最后一句话，和读书人有关系，“士之行己以无辱者在焉”，就是说一个读书人，洁身自好，不要受到屈辱；“学之守正而不陂者在焉”，这说到学了，学风要守正，不要受歪风邪气的影响，等等。最后还说，“虽扼穷独处，而可以自淑，可以诲人，可以知道而乐，故曰'通'也”。① 王夫之对《资治通鉴》的“通”做了这样深刻的解读。我们大家有兴趣的话，可以读读《读通鉴论·叙论四》。联系到前面讲的王夫之关于治身治世的论点，那么所谓国是、民情、边防应当是治世，君道、臣谊、臣节、自淑、守正、诲人应当是治身。当然，从根本上讲，治身和治世不是截然分开的，而是互相联系的。

现在我们归纳一下，先从司马迁评《春秋》到胡三省、王夫之论《资治通鉴》，都强调了史学中蕴含的道理，比如说，《春秋》以道义，道无不在，散于事为之间，都强调了“道”。还有就是刚才讲到的，可以“知道而乐”，这三个地方都提到“道”，指出了人们通过读史而认识“道”，现在我们很多讲坛，这个讲坛，那个讲坛，讲历史，有的讲得不错，有的可以说信口开河，就是讲一些趣闻，或者做一些翻案文章，也不提供根据。翻案，过去人们说张三好，我说张三不

---

① 以上均见王夫之：《读通鉴论》卷末《叙论四》，北京：中华书局，1975 年，第1114 页。

好，李四比他好等，没有任何根据，就利用讲坛提供的机会不负责任地"开讲"。读史，从我们的前人来看，重在明道，如"出乎史入乎道"，我们"欲知大道，必先为史"，这也是龚自珍的话。这就是说读了史之后，思想上进到史书里之后，还要跳出来，"出乎史，入乎道"，一定要懂得这个道，懂得这个大的道理、大的原则。这些思想是一贯的，唯有从历史中认识"道"，才能够对人生、社会、历史前途有比较正确的认识，从而有积极的态度。前不久，有个文教片，说有的学校不敢盖高楼，怕出事等。如果懂得"道"了，少一点抑郁症，多一点激情，少一点消极因素，多一点积极因素，对历史前途看得更清楚，更乐观，这不很好吗。当然我们也要有同情心，什么压力大，这个那个各种因素，这个压力大也可以用乐观的态度来对待它，这是多余的话。历史人物可以诫世，可以示后，世是当时，后是后人、后世，这样的作用是从历史事件、历史进程中，可以认识到蕴含于其中的"道"，都证明史学对于人生修养的密切关系。概括说来，不论是蓄德还是明道，都跟治身治世分不开，都对于人生修养有直接的启示和教育意义。我记得我的老师白寿彝先生在世的时候，反复引用"君子以多识前言往行，以蓄其德"，然后紧接着说这个德不仅仅是道德，还包括见识，包括知识结构，对它做了一些比较广义的解释，这对后学启发很大。"前言往行"是什么，"前言往行"广义地说就是过去的历史。这里我再次引用刘知幾所说的话，他说："史官不绝，竹帛长存，则其人已亡，杳成空寂，而其事如在，皎同星汉。用使后之学者，坐披囊箧，而神交万古，不出户庭，而穷览千载，见贤而思齐，见不贤而内自省。"[1]这就是一种修养，所以他说"史之为用，其利甚博，乃生人之急务，为国家之要道"[2]。

---

[1] 刘知幾：《史通》卷十一《史官建制》，浦起龙通释，上海：上海古籍出版社，2009年，第280～281页。

[2] 刘知幾：《史通》卷十一《史官建制》，浦起龙通释，上海：上海古籍出版社，2009年，第281页。

那么从今天看来呢，历史学的社会功用，如果能真正落实到提高人的修养和素质这方面来，那无疑也是生人之急务、国家之要道。

刚才我说了，从比较大的范围来看，对于历史学我们在认识上和实践上都还没有做到这种程度：生人之急务，国家之要道。有感于此，我写了一些文章，后来把这些文章集结起来出了一本书，书名叫作《史学在社会中的位置》。这是一个史学工作者，觉得史学现在没有得到它应有的重视，而没有得到重视就是因为还没有看清史学的社会功用，没有看清楚史学对于我们全民族的素质教育是多么的重要。反之，我们会得到一些别的消极的东西，比如，有人写过一本书《历史是个什么玩意儿？》，大家想想，这叫什么书啊，《历史是个什么玩意儿？》，这是在玷污历史！对历史如此的不尊重，如此轻浮，令人不能容忍！我们对历史要有敬意，为什么呢，那是我们的前人一步一步走过来的路，是他们不断积累起来的物质财富、精神财富，他们的许多行为给我们做了表率，怎么能说历史是个什么玩意儿呢，还有一本书，叫作《历史老师从来没有讲过的历史》，这位作者有多大本事啊，历史老师没有讲过你能讲出来，那只能是避重就轻，甚至是胡诌。诸如此类的，坊间这样的东西，所谓"通俗读物"，在毒害我们的民族，毒害我们的青少年，我十天以前见到一个大出版社的编辑，我说最近读什么书啊？答曰很忙，没有时间读书，但还是买了一些书。我说买了什么书啊？答曰：×××的中国史。我一时语塞，心想：郭沫若那么大名气也没有听说"郭沫若中国史"啊，同样也没有"范文澜中国史""翦伯赞中国史"啊，他们都是大历史学家。面对这样的反差，我们应如何评价呢？

这里我还要讲一下，著名文学家小说家王蒙，前不久写过一篇文章，文章说他担心中国的文学要消失。有人说王蒙这不杞人忧天嘛，文学怎么会消失啊！王蒙的看法是，文学是要给人以思想，通过形象思维的描述来赋予人思想。王蒙说，现在不了，现在市场上充斥着各种各样的没有积极思想的读物。对于王蒙的文章，我看了以后深有同感，所以我就想，王蒙不是杞人忧天，他是作为一个思想家，一个文学家，有很深刻的思想，他思考了这个问题，中国的文学怎么样来繁荣，希望警醒文学工作者，关注文学的发展。一个民族如果对自己国家的历史没有一个正确的认识的话，可以容忍少数人对祖国历史胡编乱造的话，这个民族何以存在，何以自立于世界民族之林。所以我认为，我们的历史学，不要求它成为"显学"，但希望人们对它有一个正确的认识、恰当的定位和应有的重视，这就可以了，这样就是民族之幸，国家之幸！

最后，我想把李大钊在《史学要论》里面讲的一段话读一下，作为这次演讲的结尾。李大钊在《史学要论》的最后一段，有这样一段文字，我觉得对我们今天来讲，还是有很大的鼓舞作用，他说："即吾人浏览史乘，读到英雄豪杰为国家为民族舍身效命以为牺牲的地方，亦能认识出来这一班所谓英雄所谓豪杰的人物，并非有与常人有何殊异，只是他们感觉到这社会的要求敏锐些，想要满足这社会的要求的情绪热烈些，所以挺身而起为社会献身，在历史上留下可歌可哭的悲剧、壮剧。我们后世读史者不觉对之感奋兴起，自然而然的发生一种敬仰心，引起'有为者亦若是'的情绪，愿为社会先驱的决心亦于是乎油然而起了。这是由史学的研究引出来的舞人亦人感奋兴起的情绪。"最后他说："吾信历史中有我们的人生，有我们的世界，有我们的自己，吾故以此小册子为历史学作宣传，煽扬吾人对于历史学研究的兴趣，亦便是煽扬吾人向历史中寻找人生、寻找世界、寻找自己的兴趣。"①这是《史学要论》的最后一段话，我想我们读到这个地方，自然对历史学有一种崇敬之心，有一种真诚的热爱之心。

---

① 李大钊：《史学要论》，《李大钊全集》第四卷，石家庄：河北教育出版社，1999年，第409~410页。

那么我想通过大家的努力，使历史学真正具有它应有的地位，为我们全民族的素质教育，为我们中华民族的史学自觉而做出贡献，这是我们真正的目的。我今天要讲的就到此为止。

在北京师范大学 2014 级新生开学典礼上的讲话*

尊敬的董校长，各位校领导，老师们、同学们：

大家上午好！

我非常高兴，今天能有机会代表全校教师，在这个隆重的庆典上，跟同学们讲几句话。

首先，我衷心地祝贺同学们来到北京师范大学这所有 112 年历史的、著名的高等学府，继续你们的学业和深造，创造你们美好的前程和梦想！

我和你们一样，也是在北京师范大学读了本科和研究生，从这个意义上说，我也是你们的一个学长。我是 1959 年考取北京师范大学，1964 年本科毕业的。就在前几天，9 月 3 日到 5 日，我们班的二十四位同学聚首母校，纪念我们大学毕业 50 周年。同学们都说：回到母校如同回到了自己的家，见到老师和同学如同见到了亲人。

---

* 讲话于 2014 年 9 月 10 日。

座谈中，同学们以激动、真挚的感情，畅谈自己人生的一个个片段，透露出一份份真心：我们以自己平凡而自豪的心情和行动，跟着共和国前进的步伐，走过了不平凡的五十个春秋，我们没有辜负祖国和人民对我们的期望。

我是一个学习历史、研究历史的老师。我今天来讲这段真实的历史，是为了表明，我和我的同学们，发自内心地感谢母校对我们的教育、培养。我们在过去的几十年中，在不同的工作岗位上，始终牢记着"我是一个北京师范大学的毕业生！"这句话，这是我们心中的座右铭，是鼓励我们不断前进的动力！

同学们，在今天这个有意义的时刻，我以一个老师的身份，同时也以一个老学长的身份，向大家提一个建议，建议我们共同努力，探索出一个合理的、积极进取的治学方法论体系。我认为，在唯物史观指导下，建立一个具有中国学术传统内涵和风格的治学方法体系，是我们走向成功、走向辉煌的一个重要条件。这里，我先提出一个初步的框架，供大家参考、讨论。这个体系就是：自得之学、创新之学、经世之学。

——什么是自得之学？在中国史学上，司马迁提倡"成一家之言"；刘知幾强调在读书与研究过程中，"其所悟者，皆得自襟腑"；章学诚认为，治学不可为"绳墨"之所拘，不可为类例之所泥，而应"独断于一心"。他们都是在阐发自得之学的意义，即在学术上不要人云亦云，要有自己的独立见解。我们可以引用孟子的话，对"自得"做进一步的理解。孟子说："君子欲其自得之也。自得之，则居安之；居之安，则资之深；资之深，则取之左右逢其原。"这话，用来阐释自得之学的意义，对我们培养优良学风，有重要启示。

——什么是创新之学？清初思想家顾炎武曾经用过一个比喻：采铜于山，铸出来的钱是货真价实的新钱；而以旧钱回炉铸出来的钱是次品钱。顾炎武赞扬那些采铜于山的人，是诚实的学人，是创新的学人。面对浮躁的学风，我们当然要做采铜于山的"采矿者"，摒弃那些次品钱的制造者。老一辈学者都很重视顾炎武的采铜于山的比喻，认为这是警示、鼓励人们走创新之学道路的至理名言，我们今天也要做一个新时代的"采矿者"，建立起有当今时代内涵的创新之学。

——什么是"经世之学"？中国学术历来有经世致用的传统。唐代史学家杜佑著《通典》二百卷，他在序中写道："所撰《通典》，实采群言，征诸人事，将施有政。"这是极明确地宣布，他研究历史，是为"将施有政"做参考的。诗人白居易在给友人的信中这样说过："每读书史，多求理道，始知文章合为时而著，歌诗合为事而作。"在白居易看来，不论是文章还是诗歌，都同"时"与"事"相联系，反映了诗人关注社会的崇高境界。顾炎武进而提出"文章须有益于天下"的论点，学术研究是为了"明道"，为了"救世"，其经世致用的治学宗旨更加鲜明。

同学们，如果我们把自得之学、创新之学、经世之学，作为一个治学体系看待并付诸实施，对我们的学业和研究，是大有裨益的。当然，正如马克思所说的那样："在科学上没有平坦的大道，只有不畏劳苦沿着陡峭山路攀登的人，才有希望达到光辉的顶点。"①让我们以此共勉。

北京师范大学是现代教育培养教师的摇篮。在教师节前夕，习近平总书记来到我校视察，同时向全国教师祝贺教师的节日，并做了重要讲话。他指出，一个好的老师，应当有理想、有信念，应当有高尚的道德情操，应当有扎实的学识，应当有仁爱之心。这是为我们确立了努力的目标，也是对你们——未来的老师——的殷切希望，让我们也以此共勉。

---

① 《马克思恩格斯文集》第五卷，法文版序言和跋《致莫里斯·拉沙特尔公民》，北京：人民出版社，2009 年，第 24 页。

同学们，我真诚地相信，你们会成为那些达到光辉顶点的人，会成为习近平总书记所期望的那样的好老师，你们的前程比你们的前辈老师更阳光、更辉煌！让我们共同努力，为发展祖国的教育事业，实现中华民族伟大复兴的中国梦贡献自己的力量。

关于《历史文化认同与中国统一多民族国家》的几点认识[*]

  《历史文化认同与中国统一多民族国家》作为我校 211 预期的标志性成果之一，于 2003 年立项。经过十几位同志的共同努力，并在河北人民出版社密切配合之下，经过十年的努力，这一成果终于面世，我作为主编要感谢历史学院对这一研究课题的支持，感谢出版社和课题参与者协同努力的坚持精神。

  现在我对于该书的撰写思路和宗旨讲几点认识。

  第一，关于历史文化认同问题，我们有一个思想上的渊源，这就是老一辈的学者对于中国历史的研究，特别是对于中国民族史的研究，给我们的启发，其中包括吕振羽、蒙文通、马长寿、翁独健、林耀华、费孝通、白寿彝等学术前辈的

---

  * 2013 年 12 月 12 日，在北京师范大学历史学院的发言。

贡献。这里我要特别说明，白寿彝先生关于民族、民族史、民族关系史等许多论断对我们有更加直接的启示。新中国成立以来，史学界在中国历史、中国民族史等领域有许多著作问世，这是我们大家所熟知的。对于这方面的研究，现在有一些新的成果产生出来，该书的撰写也得到了这些著作的启示，在此基础上，该书确定了一个新的撰述宗旨，即从思想认识的层面来表述中国作为一个统一多民族国家的历史面貌，这可以说是我们在继承前辈学者学术成果的基础上试图做出新的探索。

第二，所谓历史文化认同，是着眼于在中国历史进程中，以中原地区为主的历史进程和以先秦时期思想文化传统尤其是儒家思想文化传统为核心的中华文化的影响，对于各民族所具有的巨大的历史魅力。我们对于中国历史的表述，一方面可以从历史进程角度进行表述，另一方面也可以从民族史发展的面貌加以说明，这些都是很重要的。该书之所以有他的创新之处是因为，在历史运动和民族发展进程中，它揭示出了各民族在思想认识上对上述中原地区历史进程和先秦思想文化传统所采取的积极的认同态度。也就是说该书在一定的意义上，从历史运动的一般层面深入思想层面，从而可以认为这是从更深层次的意义上来看待中国历史的面貌及其发展的必然性的。

第三，该书所揭示的有关历史认同和文化认同的诸多具体事实表明，从思想认识上，它们揭示了中国历史的面貌和本质。这既是一个学术问题，也是一个和现实密切相关的重大问题。中国近代以来的历史告诉我们，维护国家的统一和各民族的团结是中国革命、建设、改革的重要基础。正因为如此，加深人们对于中国历史发展的道路及其作为统一多民族国家的必然性的认识是非常重要的，正是本着这样的认识，我们才将历史上各民族间的文化认同看作历史学研究中的一个十分有意义的课题。

第四，该书的出版源于我们在这方面做出的一些努力，但我们也认识到，对于这一领域的研究还有很大的空间，我们希望该书在学术界和广大读者中，能够引起对历史文化认同这一重大问题的思考，并展开更广泛的更深入的研究，这是涉及中国前途命运、千秋万代的事业的一个方面。

读书与治史

治史与做人 [*]

历史系学生会的同学们提出的这个题目，是很有意义的，也是很重要的。它涉及历史学有什么用的问题（当然不是问题的全部）。同时，它自然也涉及人们为什么要学习和研究历史的问题。这是一个问题的两个方面。因此，这是一个非常严肃而有意义的问题。以我的知识和见解，未必能把这个问题阐述得很中肯、很全面，当然也就很难讲得透彻了。我今天只想同大家一起来探讨。

一、从江泽民同志的一封信谈起

中共中央总书记江泽民给白寿彝同志的贺信

白寿彝同志：

您主编的二十二卷本《中国通史》的出版，是我国史学界的一大喜事。您在耄耋之

* 1999 年 12 月 7 日，在北京师范大学历史系的演讲。

年，仍笔耕不辍，勤于研究，可谓老骥伏枥，壮心未已。对您和您的同事们在史学研究上取得的重要成就，我表示衷心的祝贺。

以史为鉴，可以知兴替。中华民族历来重视治史。世界几大古代文明，只有中华文明没有中断地延续下来，这同我们这个民族始终注重治史有着直接的关系。几千年来，中华文明得以不断传承和光大，一个重要原因就是我们的先人懂得从总结历史中不断开拓前进。我国的历史，浩渺博大，蕴含着丰富的治国安邦的历史经验，也记载了先人们在追求社会进步中遭遇的种种曲折和苦痛。对这个历史宝库，我们应该运用历史唯物主义的观点不断加以发掘，在前人研究的基础上不断作出新的总结。这对我们推进今天祖国的建设事业，更好地迈向未来，具有重要的意义。

中华民族的历史，是全民族的共同财富。全党全社会都应该重视对中国历史的学习，特别是要在青少年中普及中国历史的基本知识，以使他们学习掌握中华民族的优秀传统，牢固树立爱国主义精神和正确的人生观、价值观，激励他们为中华民族的伟大复兴而奉献力量。我一直强调，党和国家的各级领导干部要注重学习中国历史，高级干部尤其要带头这样做。领导干部应该读一读中国通史。这对于大家弄清楚我国历史的基本脉络和中华民族的发展历程，增强民族自尊心、自信心和奋发图强的精神，增强唯物史观，丰富治国经验，都是很有好处的。同时，我们也要学习和借鉴外国历史。历史知识丰富了，能够"寂然凝虑，思接千载"，眼界和胸襟就可以大为开阔，精神境界就可以大为提高。我提倡领导干部"讲学习、讲政治、讲正气"，而讲政治、讲正气，也是要以丰富的历史知识作基础的。

我相信，这套《中国通史》，一定会有益于推动全党全社会进一步形成学习历史的浓厚风气。

　　此致

敬礼

江泽民

一九九九年四月二十五日

　　江泽民同志的信，不论是在各级领导同志中，还是在广大社会公众尤其是青年朋友中，进而在史学工作者和理论工作者中，都引起极大的反响。希望我们北京师范大学的同学们能有比较深刻的理解和认识。

二、史学有什么用：一个西方历史学家的回答

　　为什么要提出这个问题？这是我们认识治史与做人的基础。

　　20世纪40年代，法国年鉴学派的大师之一马克·布洛赫有一部没有最终完成的著作——《历史学家的技艺》，也称为《为历史学辩护》。今年是他遇难55周年，我们对他表示深切的纪念！

　　这书《导言》的第一句话是：

　　"告诉我，爸爸，历史有什么用？"——这是作者的小儿子向他提出的问题。作者写道："童言无忌，他的发问恰恰是针对史学存在的理由而言的。"又说："'历史学有什么用？'这个问题已远远超越了职业道德之类的枝节问题，事实上，我们整个西方文明都与之有关。"

　　布洛赫主要从三个方面"回答"了这个问题。

　　第一，史学的魅力、美感和诗意，激发人们对于历史的兴趣。布洛赫指出：

　　　历史（学）的魅力首先触发人们对历史的兴趣，继而激励人

治史与做人 ｜ 191

们有所作为，它的作用始终是至高无上的。单纯的爱好往往先于对知识的渴求。人们往往是在一种本能的引导下从事自己的工作，事先并不完全意识到它的结果，这在思想史上不乏其例。……

系统严谨的研究一旦展开，历史的魅力也不会因此而大为逊色，相反，所有真正的史学家都能证明，无论在研究的广度上还是在深度上，都可以感受到这种魅力。其他任何脑力劳动同样如此，而历史自有其独特的美感。历史学以人类的活动为特定的对象，它思接千载，视通万里，千姿百态，令人销魂，因此它比其他学科更能激发人们的想象力……我们要警惕，不要让历史学失去诗意，我们也要注意一种倾向，或者说要察觉到，某些人一听到历史要具有诗意便惶惑不安，如果有人以为历史诉诸于感情会有损于理智，那真是太荒唐了。

然而，如果说，普遍永恒的魅力几乎是历史唯一的存在理由，如果说，历史像桥牌和钓鱼一样，仅仅是一种有趣的消遣，那么，我们费尽心血来撰写历史是否值得呢？我这里的意思是，秉笔作史绝非易事，要讲究史德，实事求是，尽最大的可能探究历史潜在的因素……历史包罗万象，任何一个繁琐的枝节问题都可能虚耗人一生的光阴，如果其目的仅仅是为了给一种娱乐罩上令人难以信服的真理外衣，那么，理所当然要被斥为滥用精力，滥用精力则近于犯罪。否则，要么劝说有能力从事更好职业的人不要去搞历史学，要么就必须证实历史（学）作为一种知识的存在理由。①

第二，作为知识，历史学具有求知的合理性。布洛赫这样写道：

---

① ［法］马克·布洛赫：《历史学家的技艺》，张和声、程郁译，上海：上海社会科学院出版社，1992年，第10～11页。

究竟是什么构成了求知的合理性？

正统的实证主义认为：一种研究的价值必须以它是否能促进行动来衡量。我想，今天是不会有人以这种口吻来说教了吧。经验告诉我们，不可能在事先确定一项极抽象的研究最终是否会带来惊人的实际效益。否认人们追求超物质利益的求知欲望，无疑会使人性发生不可思议的扭曲。既使历史学对手艺人和政治家永远不相关，它对提高人类生活仍是必不可少的，仅这一点也足以证明历史学存在的合理性……

激发人类思维的，不仅是力求"知其然"的欲望，而且是想"知其所以然"的欲望。因此，唯有成功地解释想象王国相互关系的科学，才被认为是真科学……现在，人们把卖弄学问当作一种娱乐或癖好，不过……这根本不是知识分子所追求的东西。既使历史学不具备任何促使行动的功能，它也有充分的理由跻身于值得我们为之努力的科学之列。它不是一个支离破碎、难以阐释的学科，而是一门分类适度、日益言之成理的科学。①

第三，史学的主题是人类本身及其所为，因而必然具有社会实践的意义。布洛赫认为：

当然，不容否认，如果一门科学最终不能以某种方式改善我们的生活，就会在人们眼中显得不那么完美。而且，就历史学而言，不正是这种情绪使我们感到更特殊的压力吗？因为，史学的主题就是人类本身及其行为，历史研究的最终目的显然在于增进人类的利益。事实上，一种根深蒂固的秉性使人们几乎本能地要求历史指导我们的行动，因此，一旦历史在这方面

_____

① ［法］马克·布洛赫：《历史学家的技艺》，上海：上海社会科学院出版社，1992年，第11～12页。

显得无能为力之时，我们就会感到愤慨……历史的用途（指严格的实用意义上的"用途"一词），这个问题不应与历史的严格意义上的理智合法性混为一谈。而且，按理说，我们应当首先了解它，其次才谈得上"用"。常识表明，我们不再回避这个问题了。①

从本质上看，历史学的对象是人。还是让我们把它称为"人类"吧。复数比单数更便于抽象，相对而言，复数的语法形态更适用于一门研究变化的科学……历史学所要掌握的正是人类，做不到这一点，充其量只是博学的把戏而已。优秀的史学家犹如神话中的巨人，他善于捕捉人类的踪迹，人，才是他追寻的目标。②

总之，这位年鉴学派的元老所说的这些话，对于我们认识历史学存在的必要及其价值，是很有启发的。下面，我们来看中国史家的理论。

三、史学有什么用：中国史家的理论

中国史家历来重视治史与做人的关系，在这方面的认识和理论很丰富，这里举出几点，供大家参考。

(一)历史著作的"诫世"与"示后"作用

这里，我想结合自己的专业特点，讲一点有关传统史学对于人生修养之重要的肤浅认识。

史学对于人生修养的重要，这是毫无疑义的。70 年前，中国马

---

① ［法］马克·布洛赫：《历史学家的技艺》，上海：上海社会科学院出版社，1992年，第 12 页。
② ［法］马克·布洛赫：《历史学家的技艺》，上海：上海社会科学院出版社，1992年，第 23 页。

克思主义史学的奠基者之一李大钊在其所著《史学要论》一书中，专门写了"现代史学的研究及于人生态度的影响"一节，以充满激情的笔触对这个问题做了发人深思的理性的说明。他这样写道：

> 过去一段的历史，恰如"时"在人生世界上建筑起来的一座高楼，里边一层一层的陈列着我们人类累代相传下来的家珍国宝。这一座高楼，只有生长成熟踏践实地的健足，才能拾级而升，把凡所经过的层级、所陈的珍宝，一览无遗；然后上临绝顶，登楼四望，无限的将来的远景，不尽的人生的大观，才能比较的眺望清楚。在这种光景中，可以认识出来人生前进的大路。我们登这过去的崇楼登的愈高，愈能把未来人生的光景及其道路，认识的愈清。无限的未来世界，只有在过去的崇楼顶上，才能看得清楚；无限的过去的崇楼，只有老成练达踏实奋进的健足，才能登得上去。一切过去，都是供我们利用的材料。我们的将来，是我们凭借过去的材料、现在的劳作创造出来的。这是现代史学给我们的科学的态度。这种科学的态度，造成我们脚踏实地的人生观①。

这是以形象的比喻说明了史学对于人生之意义的深刻道理。

李大钊说的"现代史学的研究"，是指人们用现代的科学观点来看待历史，进而认识到史学与人生的关系。但是，关于史学对于人生有重要意义的思想，在中华民族历史上有古老的传统，在中国古代史学上也有丰富的表述。《易·大畜》说："君子以多识前言往行，以畜其德。"所谓"前言往行"，是指前人的嘉言懿行，这里当然包含着对前人言论、行为的价值评判和道德评判；所谓"德"，不只是德

---

① 李大钊：《史学要论》，《李大钊全集》第四卷，石家庄：河北教育出版社，1999年，第407~408页。

行，也包含知识和识见，可以看作广义的人生修养。"前言往行"是通过历史文献的记载，后人才得知道，进而得以效法，其中包含了关于史学与人生修养之关系的认识。史学批评家刘知幾着重从道德评价的角度指出，历史上的人物，有两种是史家要特别关注的，他说："夫人之生也，有贤不肖焉。若乃其恶可以诫世，其善可以示后，而死之日名无得而闻焉，是谁之过欤？盖史官之责也。"①他说的"恶可以诫世""善可以示后"，也是从一个方面指出了史家所做的工作对于后世的人们的人生修养具有重要的意义。像这样的认识，中国古代史家从不同的方面提出了许多见解，显示出中国古代史学在关乎人生修养方面有丰厚的积累。

(二)史家对历史人物的透视和评价及其启示

社会历史进程是通过人的社会实践活动来实现的；离开了人的社会实践活动，也就谈不到任何社会的进步、历史的发展。因此，广义地说，"历史不过是追求着自己目的的人的活动而已"②。从根本上看，史学家撰写历史著作不能不写人：写人的品质、思想，写人的行为、活动，写人的价值，因而也就要写到对人的评价。而人，又都是具体的人，是同他人、同社会相联系的具体的人。这就是为什么在史学家的笔下，总是涌动着芸芸众生，总是有谈不尽的千古风流人物。在这方面，中国古代史学有非常明显的特点而在世界史学史上独放异彩。这是因为，以写大量历史人物为特色的纪传体史书，在几种主要体裁的史书中居于核心的位置；而司马谈、司马迁父子，就是最早具有这种自觉意识的史家，即把写人作为撰写历史著作的重要内容来看待。司马谈临终前嘱咐司马迁说："今汉兴，海内一统。明主贤君、忠臣死义之士，余为太史而弗论载，废天下之

---

① 刘知幾：《史通》卷八《人物》，浦起龙通释，上海：上海古籍出版社，2009年，第220～221页。

② 马克思、恩格斯：《神圣家族》，《马克思恩格斯全集》第二卷，北京：人民出版社，1957年，第118～119页。

史文，余甚惧焉！汝其念哉！"他说的明主、贤君、忠臣、死义之士，主要是从政治上着眼的，但无疑也都以人生修养为前提，其中当然也有道德评判的含义。司马迁继承了父亲的遗志，他在《史记》中，以本纪记历代帝王事迹，以世家记君主们的"辅拂股肱之臣"，以列传记"扶义倜傥，不令己失时，立功名于天下"①的社会各阶层人物，描绘出了一幅幅人物荟萃的历史长卷。中国古代史学中的人本主义传统，至此不仅在思想上而且在撰述上奠定了基础。先秦儒学中以人学为核心的精神，在司马迁的史学中得到了充分的体现，这也可以看作司马迁倡言"成一家之言"的一个重要表现。

中国古代史家写出历史上的芸芸众生、万千人物，并不是无序的堆砌，而是有序的组合，反映了史学家对人的透视和评价。以"二十四史"为例，它们的列传，大致可以划分为杂传和类传：杂传是以一人为传，或以事迹相关联者合传；类传是以同类之人合传的，有的也以民族、藩镇、外国列于类传。从中大致可以理出三个序列的头绪来：一是角色序列，二是事功序列，三是道德序列。杂传主要反映历史人物的事功；类传中的大部分是反映历史人物各具特色的社会角色，如《史记》中的儒林、游侠、滑稽、日者、龟策、货殖等传；另外一部分则可归于道德序列，如循吏、酷吏、俊幸等传。《汉书》以下，类传名目多有损益，但基本格局不变。当然，这三个序列并不是在实质上可以截然分开的，它们之间有内在的联系：以事功入史的历史人物，无疑也扮演着一定的社会角色，也都应受到道德尺度的衡量；以角色入史的历史人物，也会受到社会和历史对他们的功过与道德的评判；而一定的道德的体现者，归根到底，也在扮演着某种社会角色。只有我们既注意到这种外在的划分，又注意到它们的内在联系，才能更清楚地看到史学家笔下的万千人物原是一

---

① 司马迁：《史记》卷一百三十《太史公自序》，北京：中华书局，1959年，第3319页。

个有序的组合。

值得注意的是，史学家在写历史人物的时候，既按照一定的序列让他们各自"归队"，并对他们采取严肃的批判态度，即使是帝王也不例外；同时，史学家也往往对他所写的历史人物倾注着自己的感情，哪怕是鸡鸣狗盗之徒也是如此。大凡出色的史学家，都是在充分尊重历史事实的基础上，把历史人物写得栩栩如生，"再现"在读史者的面前，可听其言，可观其行，以致产生"诫世"和"示后"的社会作用。这就是史学对于人生修养有极重要的启示的缘故。

（三）史学对于人生修养的重要：治身与治世

从古代史家反复阐述的思想来看，史学对于人生修养的重要虽表现在许多方面，但可以概括为治身治世这两个方面。王夫之解释《资治通鉴》这部历史名著的名称时说："鉴之者明，通之也广，资之也深，人自取之，而治身治世，肆应而不穷。"[1]从治身治世的要求来看，史学可以提供用之不尽的资源。这个认识，可以上溯到司马迁对《春秋》的解释，而在其后的史学家中不断得到发展。司马迁根据儒家的思想传统，阐说了《春秋》之旨在于"治人"。他认为："《春秋》辨是非，故长于治人。"又说："《礼》以节人，《乐》以发和，《书》以道事，《诗》以达意，《易》以道化，《春秋》以道义……故有国者不可以不知《春秋》，前有谗而弗见，后有贼而不知。为人臣者不可以不知《春秋》，守经事而不知其宜，遭变事而不知其权。为人君父而不通于《春秋》之义者，必蒙首恶之名。为人臣子而不通于《春秋》之义者，必陷篡弑之诛，死罪之名。……故《春秋》者，礼义之大宗也。"[2]从今天来看，这些论点多从君君、臣臣、父父、子子的原则出发，实不可取；但其合理的内核，是阐述了史学跟人生修养的关系，任何人概莫能外。换句话说，《春秋》中所蕴含的"道义""礼义"

---

① 王夫之：《读通鉴论》卷末《叙论四》，北京：中华书局，1975年，第1115页。

② 《史记》卷一百三十《太史公自序》，北京：中华书局，1959年，第3297～3298页。

原则，是对所有的人都有教育意义的。司马迁的这个认识，对其后的史学思想的发展有很大的影响。

　　元代史家胡三省在论到《资治通鉴》对于人君、人臣、人子的关系时，指出了它对于人们的"自治""防乱""事君""治民""谋身""作事"的重要性。这几个方面，实可用治身、治世来加以概括。对于政治人物来说，"事君""治民"本是一种政治修养，是人生修养的表现形式之一。同时，胡三省不赞成一种流行的说法，即"经以载道，史以记事，史与经不可同日语也"。他认为："夫道无不在，散于事为之间。因事之得失成败，可以知道之万世亡弊，史可少软？"①他认为，把历史书仅仅看作记载过去的事情，是片面的看法，也是一种肤浅的看法。胡三省在批评这种看法的时候，正确地指出了"道"与"事"是不可彼此脱离的，即"道"寓于"事"中，人们可以从对于"事"的认识中总结出、提炼出"道"。因此，人们读史，不只是要知道关于过去的事情，还应该通过了解过去的事情获得理性的认识，即达到对于"道"的认识。因此，史学对于社会、对于人生是不可缺少的。在胡三省之后，清初史家王夫之进一步阐述了《资治通鉴》的社会作用及其对于人生的意义。它解释《资治通鉴》之"通"的含义说："其曰'通'者，何也？君道在焉，国是在焉，民情在焉，边防在焉，臣谊在焉，臣节在焉，士之行己以无辱者在焉，学之守正而不陂者在焉。虽扼穷独处，而可以自淑，可以诲人，可以知道而乐，故曰'通'也。"②如果联系上文中他关于治身治世的论点，那么，所谓"国是""民情""边防"等主要属于治世，"君道""臣谊""臣节""行己""守正""自淑""诲人"等主要属于治身；当然，治身、治世，也不是截然划分开的。

---

　　①　胡三省：《新注〈资治通鉴〉序》，《资治通鉴》卷首，北京：中华书局，1956 年，第 24 页。
　　②　王夫之：《读通鉴论》卷末《叙论四》，北京：中华书局，1975 年，第 1114 页。

从司马迁论《春秋》到胡三省、王夫之论《资治通鉴》，都强调了史学中蕴含的"道"，即"春秋以道义""夫道无不在，散于事为之间""可以知道而乐"等，指出人们通过读史而认识"道"的重要性。清人龚自珍更是明确地提出了"欲知大道，必先为史"①的论点，进一步肯定了"出乎史，入乎道"这一思想修养的法则。唯有从历史中认识到"道"，才能对人生、社会、历史前途有比较正确的认识，抱着积极的态度。王夫之说的"可以知道而乐"，正是反映了这种认识和人生态度。

不论是从历史人物可以"诫世"、可以"示后"的作用，还是从历史事件、历史进程中可以认识到蕴含于其中的"道"，都证明了史学对于人生修养的密切关系。概括说来，不论是蓄德，还是明道，都跟治身、治世分不开，都对人生修养有直接的启示和教育的意义。刘知幾在阐述史学的功用时，实际是落脚在史学对于人生修养的价值这一基点之上的。他写道："苟史官不绝，竹帛长存，则其人已亡，杳成空寂，而其事如在，皎同星汉。用使后之学者，坐披囊箧，而神交万古，不出户庭，而穷览千载，见贤而思齐，见不贤而内自省。若乃《春秋》成而逆子惧，南史至而贼臣书，其记事载言也则如彼，其劝善惩恶也又如此。由斯而言，则史之为用，其利甚博，乃生人之急务，为国家之要道。"②从今天的认识看，史学的社会功用，倘能真正落脚到提高人的修养与素质上，那就无愧是"生人之急务""国家之要道"了。然而，从更大的范围来说，我们在认识上和实践上，都还没有能够做到这种程度，这对于全民族的精神素质、文化素质的提高是不利的。我们应当认识并且相信，史学在这方面是有很大潜力的。李大钊、毛泽东对此都有精辟的论述，结合史学遗产

---

① 龚自珍：《龚自珍全集》第1辑《尊史》，上海：上海人民出版社，1975年，第81页。
② 刘知幾：《史通》卷十一《史官建置》，浦起龙通释，上海：上海古籍出版社，2009年，第280~281页。

重温他们的有关论点，对我们更加自觉地发挥史学的社会功用，是有教益的。

时下，有各种各样的新编著的历史人物的传记广泛流行，如名君、名臣、名将、名师、太子、后妃、宦官、奸臣等。这些传记汇编所反映的，是着眼于不同的社会角色，是普及历史知识所需要的。我建议我们的出版社，可否选编、出版这样一部书，即从传统史学的丰富的人物传记中，选出在不同方面有突出嘉言懿行之历史人物的传记一二百篇，每篇增以简注、短评，汇编成册，书名就用鲁迅说的：《中国的脊梁》。这或许就是一本关于传统史学与人生修养的生动的、形象的教材。

治学方法与文章之道[*]

目前硕士、博士研究生教育的质量有待提高。人们的这种看法有社会原因：社会浮躁，影响到大家不能坐稳板凳，更难坐住"冷板凳"。我们要保持清醒的头脑，同时，要善于学习知识、理论和方法。知识是你终身的"财富"。知识就是"智慧"。这个题目，前不久即 9 月 10 日我应邀参加东北师范大学建校 90 周年时讲过，今天在这里重讲。

学习历史学，努力把自己培养成为一个具有历史智慧的人。治学方法是老问题。文科学生需要善于写文章，要有思想，要善于思考，善于表述，既要用口，也要用手。理工科学生也应当如此。我今天的讲座，就来讲讲治学方法与文章之道这个题目，希望对不同学科、不同专业的同学，或多或少能有一点帮助。

---

* 2006 年 9 月 27 日，在北京师范大学图书馆第二报告厅的报告。

202 | 瞿林东文集 第十卷

一、树立正确的史学观

重视研究历史的方法，前提是对历史学有正确的认识。社会对历史学误解，认为历史无用，以致我们一些同学找工作很困难，令人无可奈何。认为历史没有用，是极大的误解。我们常讲中华传统文化，历史如何如何，是从哪里知道的？主要是历史学。实际上，史学是认识过去，了解现在的重要途径。我们要真诚地重视历史，合乎逻辑地看待历史，重视中华民族历史的人就要重视历史学，尊重历史就要研究史学。我们不要以学历史感到羞愧和悲观，研究史学需要激情加理性，还需要努力。需要理性是因为史学是科学。一直有人在怀疑这个问题：历史学是科学吗？还是艺术？我认为历史学是科学。

为什么要认识历史？是要从历史中得到借鉴，以史为镜，从中学会治国安邦，学会做人。魏徵在贞观年间给唐太宗提了两百多条建议，记录在《贞观政要》中。唐太宗说："以铜为镜，可以正衣冠；以古为镜，可以知兴替；以人为镜，可以知得失。"①魏徵就是他的镜子。白寿彝先生主编的《中国通史》出版后，江泽民给白先生写信指出："青少年要学习历史。"李大钊《史学要论》即谈到史学的价值。我在《中国史学通论》一书中的第一部分《我的史学观》中引用道："登重楼绝顶，望尽天涯路。"

治史应该抓住几个重要环节：理论、资料、方法、文章。有自觉意识的史学工作者应该选择正确的理论作为指导思想，应符合当今社会的主流学派，主流学派对社会有更大影响，能更好地发挥史学作用。在史学多元发展情况下，要坚持唯物史观。目前还没有一

---

① 刘昫等：《旧唐书》卷七十一《魏徵传》，北京：中华书局，1975年，第2561页。

种思想能像唯物史观这样，全面解释历史。

资料是重要问题。现在是信息时代，我们也要善于把现代技术手段和认真读书结合起来，把最新的治学方法和传统的治学方法结合起来。在读书的过程中发现问题，用网络帮助搜索。

要读书，要积累资料，大量占有资料，才能发现问题。可以上网看一看。同时要了解学术史，国内的、国外的学术界关于这一问题做到何等程度，了解前沿问题，了解理论和方法所达到的程度，然后着手研究。

二、关于治史方法

治史方法大体上可以分为两大类：传统的方法、新近的方法。我们要正确对待二者关系。我主张：运用传统方法而略带新近的方法，或讲究新近而不弃传统，使二者相得益彰。

下面具体谈怎么治史。第一个问题，是一个定向问题。这个问题很重要，即在一个相当长的时间内在某个领域作连续性、不间断的研究并产出一批成果。这需要 5 年、8 年、10 年时间，耕耘研究，打下扎实的基础，同时获得一些成果。

有一位著名的妇产科专家林巧稚说："有志者立常志，无志者常立志。"不立常志就成就不了气候。比如，博士论文选题，首先要考虑在写出论文之后，在这一领域还能做什么。博士论文是起点而不是终点。

那么，如何定向呢？

这要考虑几个原则。第一，要有兴趣。没有兴趣很难做出好的成果。

第二，要考虑这个领域有开拓创新的空间。为此，先要做学术调查，关注学术史，了解研究状况，思考哪些问题虽然有人做过但做得不完善，哪些问题没人做过。1977年，我决定回到中国史学史研究领域中来，经过对学术史的考察，认为从唐代开始，是比较合适的选择。后来写成《唐代史学论稿》，这是中国第一本关于唐代史学的专著。总之，要通过调查，判断某个问题有开拓创新的空间，可望产生开拓创新的丰富成果。

第三，可供较长时间进行研究。我开始着手史学史研究的时候，给自己的历史研究定20年计划，前十年写成一本唐代史学论集，后十年写一部系统的唐代史学史。这时我已经四十岁。

经过这些年，我的体会是：选题要有广度、深度、高度，从而使自己成为这个问题的专家。至少需要三到四个月时间，甚至半年时间来考虑选题，一旦选题确定后，不要轻易改动。

第二个问题，治学要积累。我们要厚积薄发。怎么积累？首先，要认真读书。现在认真读书的人少，读书是一个大问题。《历史学年鉴》曾刊载白寿彝先生的文章《要认真读书》，这是针对年轻人不读书的风气而写的。现在再把它拿出来针对网络热还是有意义的。

一个人不可能读很多书，在治学道路上，必须有几本看家的书。不管是中国的还是外国的，有那么两三本名著，要非常熟悉，对它们有较深理解。看家书是要精读的，要反复地读，读深，读透。

我个人在大学时，有三本书对我影响很大。一是《左传》。当时赵光贤先生开先秦史选修课，我的大学毕业论文是赵先生出的题目：《论春秋时期各族的关系》。读《左传》使我认识到：中国自古就是多民族国家。二是《史记》。当时白先生担任系主任，号召全系师生要熟读《史记》20篇。以后我经常读《史记》。司马迁思想之深刻，文笔之优美，体例之严谨，至今仍为史学典范。三是《三国志》。当时何兹全先生开《三国志研读》。用中华书局点校《三国志》做教材。我选了这门课。10多年后，我曾写了一篇文章《怎样讲授史学名著——记何兹全先生讲〈三国〉》。

以上三本书对我影响很大。在读书的过程中，还自编了《毛泽东论历史》《鲁迅论历史》，感到收获很大。

书那么多，我们要有选择地读。有的书要精读，有的书要通读，有些书要选读，有的书要泛读，有的书只需浏览，看看序言、目录、后记，知道关于某个问题有说法，到哪里去找。这样使自己的知识面拓广。

其次，读书的过程中，要坚持做札记。札记用处很大，章学诚给晚辈写信，讲写札记的重要性。一定要写札记。每日读书则将所见所思札而记之。如果不札而记之，犹如雨珠落入大海，转瞬即逝。札而记之是积累的一个手段。

我在 20 世纪 70 年代、80 年代写的札记，现在翻翻还是觉得有可用之处。

读书的过程中要有问题意识。积累是长远的。要积累心得，积累问题。创新从有问题开始。要有疑问，回答疑问才有创新。积累到一定程度时可以转化成论文。

札记之外，还有一种积累的方法是做资料长编。要把握问题的来龙去脉，弄清其萌芽、发展的过程，按照年代排列下来，这就是做资料长编。在做资料长编的过程中经常会发现各种问题：资料矛盾，或者出处不同但见解一致。这些也是问题。我们要有问题意识，有自觉的问题意识。从资料中提炼问题，这是创新的开始。任何一个创新都是以前人的工作为基础的，是在继承的基础上创新。"继承与创新"的提法是科学的。

资料长编是纵向的会通。与此相应，还要做资料分类。比如，读史学著作的过程中关注史论。对众多史论要善于分类。类例思想是非常重要的方法。可以按照时间或性质来分类。根据研究要求，对每类有所概括。分类是横向的会通，没有分类就很难提出问题。类例的方法是治学很重要的方法。

最后，谈创新问题。现在的博士论文都要求有创新，那么，怎么创新？要做到创新，我以为要注意以下几点。

第一，要有学术史意识。要尊重学术史的发展，尊重前人和今人的成果，从而为自身的研究准确定位。当前的学风存在着重大问题。不说明学术史就是缺乏对前辈时贤的尊重。

在论文的序言中要涉及以下问题：内容、意义、难点、重点、创新点、学术史。学术史中介绍那些综合性的，或分门别类的，或个案的成果，经常看见有人在文中这样说："……但是，人们都没有注意到什么什么。"以此来说明自己的创新，这说法不合适。应该说：前人取得很大成绩，是重要的参考基础，还有进一步研究的空间。以此为基础，我以为在哪些问题上还可以进一步拓展，这样表述才合理，才符合实际。前人的成果是后人研究的起点和基础，后人超过前人是正常的。

第二，要有问题意识。要有自觉的问题意识。注意在读书、做学术史调查的积累过程中提出问题。有时，在读书或做札记的过程中，问题会"自动"出现在你面前。

第三，要有创新程度的分寸意识。不要过分夸大自己的创新，尤其是不要轻易随便地说"前人没有发现这一问题"之类的话。

三、文章之道

现在，对研究生培养都要求发表文章。记得我曾半当真、半开玩笑地说过：什么是博士生？博士生就是唰唰唰地写文章。这话后来有些传开了。我看可以认真看待，也可以作为玩笑看待。当然，发表文章的根本目的，是提高能力和见识。对此，我想讲得具体一点，供大家参考。

要准备专门的笔记本来积累问题。读了哪些书，在读书过程中从中得到哪些启发，以此作为根据，可以就某问题深入探讨。现在有的同学读书发现不了问题，为什么呢？有几个方面原因。

首先，因为缺乏问题意识。没有问题意识，难以发现问题。其次，在纵向会通、横向的会通方面缺乏基本功。上面讲到要善于分类，分类有几种方式：或者并列，或者按照逻辑关系。逻辑关系就是逐步深入的关系。最后，缺乏基础知识。比如说，做徽学要有整体史的意识。有人说，徽学是明清时期徽州的历史文化，这是不错的，但不能就徽州研究徽州，要把徽州放到中国特别是明清时代去研究。

创新还涉及怎么定位、定向的问题。班固是怎么定位的？他继承司马迁而断代为史，这是为了表彰西汉的重要性。有人批评他断代为史，但从历史编纂学讲，班固断代为史有其合理的成分。此后历代正史大多模仿《汉书》，所以"二十四史"地位较高。马、班是汉代历史的两座高峰。郑樵赞誉司马迁而贬低班固，是片面的，不对。

一定要把写札记作为写文章训练的基本功，要下苦功夫。俗话说："文章千古事，得失寸心知。"写文章不可不慎重，要千锤百炼。总之，要写得出文章来，就需要积累问题，还需要勤奋练笔。要训练出较好的表述能力。

什么是好文章？"文章须有益于天下。"这是明清之际顾炎武提倡的，他讲究经世致用，这是一个总的原则。

文章要讲究平实流畅，朴实无华，不要多余的话、多余的修饰词、夸张的词，即务去浮辞。文章写出来之后要反复读，读得上口才好，这跟使用标点符号是否恰当，也有关系。

文章要有风格，要在撰写的过程中不断形成自己的风格。比如，教师讲课，难得整堂课都精彩，但是一定要有精彩之处，要在某一问题上讲得好，讲得精彩。文章也是如此，要有一两段、几句话能打动人。要有激情，但不能矫揉造作。

2003 年初，我根据史念海先生的学说，写了《历史学家的河山之恋》一文。史念海先生出了八本论文集《河山集》，其中有文探讨黄土高原的变迁及其治理。史先生与我的老师白寿彝先生学术交谊深厚，我得以深入了解史念海先生的学说。我的文章发在《中华读书报》上，后来《新华文摘》转载。我强调史先生作为史学家对祖国山河的热恋，他的经世致用的治史宗旨、他对专业的执着精神和热爱表明了这种情感。

　　我们要逐步形成自己的文章风格，多读名家文章、著作。

　　文章水准的提高不妨从写札记、短论、书评做起。我深感在这方面的必要，不是说"千里之行，始于足下"吗？关键是要去做，要坚持，勿以事小而不为。

　　祝愿在座诸位，经过努力，都能写出一手好文章！

读书与写作[*]

　　读书与写作，这真是一个老生常谈的话题，大家在中学时代就已经接触到这个话题了。既然如此，为什么还要作"老生常谈"呢？我想，随着人们自身的成长、变化以及环境、氛围的不同，特别是历史的发展、社会的进步，这个"老生常谈"的话题，总是免不了的。

　　那么，在当今，对于我们文科学生，读书和写作究竟意味着什么。我想从高标准来讲，当然是对国家、对社会有益。我们读书读得好、文章写得好当然是有意义的。如果标准放低一点，对我们个人的发展，也是很重要的。文科学生，文章写不好，大家想想，这怎么说得通呢？我这里带来最近的《光明日报》，10 月 20 日的，有一篇文章，和我讲的内容有关系，文章题目是"母语文化失语现象反思"。为节省时间，我不介绍文章的内容，但我认为，这篇文章的作者提出的问

---

　　* 2006 年 10 月 23 日晚，在安徽大学磐苑校区博学北楼的演讲。

题就很值得我们思考，和我今天要讲的有关系。

我首先讲第一个问题：关于读书。我想讲三点：为什么要读书？怎样读书？读什么书？

第一，为什么要读书？这个问题还要问我们大学生吗？我想这个问题还是很值得我们去思考的。在我看来，这个问题，说它复杂也复杂，说它简单也简单。读书是我们积累知识的过程。按照明清之间的思想家顾炎武的说法，是"采铜于山"，是掌握第一手资料的过程。对于史学工作者来讲，读书是积累知识的过程，是"采铜于山"的过程，是掌握第一手资料的过程。反过来，不读书不能掌握第一手资料。如果这么一个简单的道理可以成立的话，那么可以这么说：一个人书读得越多，知识积累得越丰富，他的潜在能力越强。

第二，怎样读书？我想，首先是要理性地选择读物。要很明智、很清醒地来选择自己读什么书。现在有的媒体请人讲历史，评人物，炒作的"轰轰烈烈"，都是很时尚的。我个人觉得，这些东西不是说不可以接触，但是，这些东西不应视为真正的知识。现在一些时髦的词在这些时尚的东西里面都出现了，包括诸葛亮是帅哥，刘备是董事长，董事长要把企业办好，要有一个好的总经理，总经理适当人选是诸葛亮。这从何谈起？这样读书，这样比附，我们只能用这两个字来概括：媚俗！据说男女老少大家都爱听，大家都爱听的东西就好吗？就正确吗？媒体把有的人称为"学术明星"，有一家报纸采访我，首先就问我对这问题怎么看，我就说：学术是学术，明星是明星，媒体首先要有鉴别能力以引导大众，不是误导大众。所以说，我们读书要理性地选择读物，不要把追求时尚视为一种很高的理想。

至于怎么读书，除了理性地选择读物之外，还有一点是要善于把读书活动分成几个层次来对待。从我个人的经历来看，可以有这么几个层次。一是精读，精细的精。二是通读，从头到尾地读。三是选读，选择这个书中的某章某节某些片段，对自己有重要参考价值的篇幅和段落，认真阅读。四是泛读，要大体翻阅一下，看它写了什么章节，后记是在怎么讲的，多少留下一点印象。为什么要这样分呢？书山有路勤为径，是鼓励我们去认真读书。其实书山的书怎么能够读完呢？绝对是读不完的。

因此，要把读书分成几个层次：精读、通读、选读、泛读。一定要有精读的书，我们专业的书或者是理论的书，读三遍五遍。为什么呢？我们一生当中，不管你将来做什么工作，从政也好，当董事长也好，你总得有几本看家的书。所谓看家的书就是读得比较熟悉、比较透彻的书，陪伴你始终，都有用。我读大学的时候，很有幸地跟随几位老先生，选几门课，读了几本书。大学四年级的时候，比较认真地读了《左传》（我那时候大学是五年制）。那时，白先生当系主任，要求系里的青年教师要能够背20篇《史记》，后来虽然不能背，但是历史系很多老师认真读了若干篇。我读到大学四年级的时候，何兹全教授当时开的一门课"《三国志》研读"，教材就是中华书局点校的《三国志》。当时他怎么讲的，我也没做笔记，只是在书上简单地做记录。20世纪80年代我把这《三国志》又拿出来看了看，看我当年做大学生的时候都记了些什么，觉得还是有些体会的，于是写了篇文章《怎样讲授史学名著》，副标题是"记何兹全先生讲《三国志》"，发表在《河南大学学报》（即当时的《河南师范大学学报》）上，这个《学报》设有"大学历史教学法"栏目。文章发表后，至少有两位教授来信，说他们在学校也开了"《三国志》研读"的课。一个兰州大学，一个是北京教育学院。

尽管我至今也没有把上面提到的三本书读好，但是它们对我的影响的确是很大的。

第三，读什么书？要读中国古代的史学名著，我认为这是我们专业的根本所在。我们读书，首先，是要读古代史学名著。前四史历来被认为是"二十四史"中写得最好的。比如说，订一个计划，在五年到八年中，把前四史读完，那么你讲话也好，写文章也好，就一定有"历史味"，有学过历史专业的那种历史气魄。史学名著里面还有理论的书，比如说唐朝史学家刘知幾写的《史通》，清代史学家章学诚写的《文史通义》，这都是讲理论的书。这种理论书放在那个时候全世界的范围里头，都是很先进的书。刘知幾的书写成于710年，8世纪初，在当时的欧洲，还没有这样深入思考的系统著作。章学诚生活在18世纪，是作为史学家来讲理论。我们要是对理论有兴趣，那就要读《史通》和《文史通义》。这两部书都不是很好读的，但是你要是认真读了，那你在理论上就不一样了。

这是我们首先要选择的，古代的史学名著，其中有讲历史发展的，也有讲史学理论的。其次，是要读当代名家的关于专业方面的著作。当代名家的著作为什么要读呢？因为它代表着这个专业的前沿，代表着这个专业曾经达到过的高度，它曾经影响了我们这个专业发展的方向。这个是我们专业修养方面所需要的。比如，我刚才讲，没有读司马迁的书，感到很遗憾。如果四年级下来，根本没有接触过郭沫若的史学方面的著作，同样也是非常遗憾的。因为郭沫若对中国史学发展影响非常大，而不能公正地评价郭沫若的史学成就，这不合适。从学术史的发展来看，他的《中国古代社会研究》写于1928—1929年，出版于1930年，是震动了那个时代的历史著作。尽管那个时代已经过去了，但是他的历史地位，他在学术史上的价值，还是我们需要了解的。近20年来，有很多史学著作还是值得一读的。就拿中国史来说，蔡美彪先生继续完成范文澜先生的《中国通史》，前四本是范文澜先生写的，后六本续作也很好，这部书用比较通俗的语言来叙述中国的历史。再一个就是白寿彝先生主编的十二卷二十二册的《中国通史》。这个书学术性强一些，一共1000多万字，可以选读，选读某一朝代，某一段落。特别是第一卷讲理论，讲有关中国历史学的理论问题。比如说，怎样看待中国历史是多民族发展的问题、中国的历史上的意识形态等，我们怎么看待这样一些理论问题，我想，至少可以读读第一卷，第一卷是文字最少的，二十多万字。我们现在有许多的中年学者，他们在教学和治学上得到启发，有不少人在给我写信或讨论问题时提到，这本书提高了他们的专业水平。同学们不妨找来读一读。今天下午一个研究生找我，因为安徽大学历史系开中国史学史课程，选我的书做教材。他来跟我谈读书的体会。我也感到很高兴，因为他对我写得东西比较能理解。我问他对我哪本书最感兴趣，他说是《中国古代史学批评纵横》，他最感兴趣的是我那本小书。人民大学有个哲学教授，一定跟我要那本小书，我说你不值得看，他说那本书学术含量很大，他觉得还不错，这对我自己是一种鼓励，现在我毛遂自荐，向大家推荐。这书只有十几万字，中华书局 1994 年版，2000 年又印了一次。

再次是要选择与本专业关系比较相近的、有一定学术影响的书。虽然我们攻读的是历史专业，但是我们不能局限于历史专业。比如，哲学、文学、地理学的书，我们也是要接触的。因为我们要把专业搞好，我们选读一些与本专业关系比较相近的书，在很大程度上就是考虑到不同学科知识之间的互相联系。历史学的一些知识和哲学有关。我们要写出好文章来，就要提高文学修养，也要读文学书。不仅如此，有些文学史著作，在分析文学家的时候，会把他的思想和他的时代联系起来，这对我们有启发。历史总是以一定的地理环境为舞台，你没有一个空间，怎么讲历史啊，地理环境在历史发展过程中起了很大作用。所以我们要读点地理学的书。今天来找我的那位研究生还看了我的一篇文章，说看了之后很受感动。去年年初，我在《中华读书报》上发表《史学家的河山之恋》，写的是陕西师范大学已经故去的一位历史地理学家史念海先生。史先生的著作、论文集叫作《河山集》，所以我这篇文章题目叫《历史学家的河山之恋》，重要的是史先生的研究对象是河山，所以这不仅仅是表面上的联系，还有背后深层的联系。所以学生说很受感动，我说你感动什么呀，他说觉得瞿先生写文章有一种气势。气势从何而来，气势是学不会的，不是生硬的学来的，它是感悟来的。那么感悟又从何而起呢？我讲了两条，一条是你要执着于你的专业，就是说你真的要爱历史专业，不执着，就不能成就大气文章。在历史面前没有执着追求的精神，是不可能投入的。另一条是要认识到历史与社会的密切关系。对社会有关注才有气势，这是要感悟得来的。所以我说我们知识面要宽一点，要读一点和我们专业关系密切的书。

这些书很多，我们在选择上也要理性。哲学的书，我们现在还健在的哲学家、国家图书馆馆长任继愈先生，他主编过四卷本的《中国哲学史》，他许多学生都是我这个年龄，有的甚至比我还年长一点。北京大学、复旦大学的先生们撰写的《中国文学史》，20世纪60年代出版的，现在已经有很多种。地理学的，我建议大家，如果有兴趣，可读史念海先生的《河山集》。他已经去世了，但是他的著作影响还是很大的。

我最后再强调，我们在读什么样的书这个问题上，千万不要凑热闹，要独立思考。对于时尚的东西我们了解一下未尝不可，但是不要去追随。何兹全先生有两句话作为座右铭，在这里我想借用来赠给大家。何先生是研究魏晋南北朝史的，从20世纪20年代开始发文章，到现在他治学73年了。73年的治学生涯，可是真够长了，他说他有这么一个思想："择善而固执，上下而求索。"一个人固执不好，但是能择善固执，那就是很好的啦。他一生治学坚持这个宗旨，把它作为座右铭。我们是不是也应该有这个精神。

下面我讲第二个问题，关于写作。"写作"这个词放在这里不合适。用撰述或撰写更好，考虑来考虑去，还是用写作。我这里所讲的"写作"，不是创作，不是文学作品，是论文。我想我们面临着更严峻的形势。为什么呀？我们的汉语水平每况愈下，我跟一个专家交换意见，他说不对，是每下愈况。鲁迅有一篇文章专门讲这个，每况愈下与每下愈况。真是这样。不要说我们现在本科的学生，就是读到博士这个阶段，现代汉语也写不通畅。就像我刚才说的，母语文化需要反思。现在有不少年轻朋友的汉语表达，非常贫乏。记得我 20 世纪 60 年代考研，那时没有学位制度。考六门课，其中就有作文。现在不考作文了，不知是好还是不好。我们的母语表述之所以不尽人意，有很多原因。这个问题要引起重视。现在回到写作上来。

第一，要明确写作的目的是什么，写作的满腔激情从哪里来？当然，我们说是为社会服务，为人民服务。这个地方，我想引用一位史学家说的话，史学工作者应当出其所学为社会服务，这话说得非常的通俗，但是说得非常真诚。这个月 16 日有个纪念会，纪念著名史学家尹达先生，尹达先生也是这么强调的，他说："我们研究历史，历史是很丰富的，有很多问题可以研究。那么我们应当研究哪些问题呢？我们当然首先要研究和社会关系更密切的问题，能够推动我们祖国历史前进的那些课题。"顾炎武讲过一句名言："文章须有益于天下。"直接写出来的文章有益于天下，不是自我欣赏。当然不是历史学每一篇文章都直接有益于社会，因为有的文章是考证性的，把一个问题考证清楚，这也是有价值的。需要考虑到和社会的联系，这是我们写作时要考虑的重点问题。

那么我们怎么样为社会服务？我专门请了《历史研究》原主编田居俭先生到我们研究中心做报告，题目是我给出的："史学工作者要有一手好文章。"为什么要请他讲呢？因为田居俭先生文笔很好。他写过《李后主传》，大家可以看看。

一定要写出一手好文章，才能达到为社会服务这个目的，或者说更好地实现这个目标。

第二，怎样提高学术水平？我想唯一的办法就是多练笔。记得鲁迅先生说过，读了"小说作法"，未必就能写小说，还是要多写多练。我这里讲的就是要多练笔，不可能一蹴而就，要有这样的自觉意识。

练习的具体办法，有这么几个问题要注意。首先还是要有这种意识，这个自觉要求，它的最低底线，是"我还不行"。要多说我还不行，不要自我感觉良好，要向高标准看齐。其次，要从练习写小文章开始。什么是小文章呢？短评、札记、会议综述、通讯报道等，都是练笔的机会。

20世纪80年代，我指导硕士生的时候对他们要求非常严。两个星期要写一篇札记，一个学期要写十篇。我一个学生现在年龄比较大了，说：瞿先生，我去年评教授了，评教授的文章还是当年写的读书札记发展而来的。我今天没有对大家施加任何压力，只是作为一种观点来交流，你们觉得有道理就去做。其实，一则有见解的札记，就是一个创新点。章学诚说："札记之功，必不可少。"值得思考、借鉴。

第三，一定要持之以恒。现在社会浮躁，我们自己也浮躁，缺少这个耐心，更谈不上说要坐冷板凳了。过去我们经常引用范文澜先生的话："板凳要坐十年冷，文章不写半句空。"所以一定要有恒心、有耐、有毅力。做到这样，就一定能够天天有变化，月月有进步。

第三个问题，怎样才能写出好文章？这是最难回答的一个问题。我勉强想到几条供大家参考。

第一条，要有一个好题目。一个好题目非常重要。题目从哪里来？在读书和知识积累的过程中提出来。这个题目应当是反映文章的宗旨。比如，我刚才讲的那个题目，我自己也觉得不错，因为我出于对史念海先生的怀念，出于对他的学问的尊敬而写的。这个题目不难懂。还有，史念海先生写过一本《中国的运河》，他当时让我写一篇评论。我后来写了一篇评论，《运河：历史的价值和现实的意义》。其中有一部分是《历史上的运河和运河上的历史》。历史上的运河，讲大运河是怎么回事，运河上的历史是讲运河的变迁影响到运河两岸经济社会的变化。题目要琢磨，要下功夫去想。题目具有画龙点睛的作用。

第二条，要有比较有分量的材料做论点的依据。要有有分量的材料，不一定越多越好，是要有分量。我们要讲学术规范，提出一个论点，没有材料作为支撑，论点就是不牢固的。

第三条，要有一定的理论含量。文章要写得有价值，使人读后有启发，要有一定的理论含量。理论很重要，一个是马克思主义，这是指导我们的方针，是一个正确的历史观。再一个是中国史学理论遗产，这些今天仍然有生命力。还有一个是外国史学的理论，主要是西方史学的理论，这都是我们要关注的。对于西方历史学的理论，我们也是择善而从。

第四条，要有合理的结构和逻辑层次。如果材料多，要给它安排一个逻辑层次。有了层次，才好做清晰的论述。

第五条，要有比较流畅的文字表述。怎样流畅？自我检验。怎样自我检验？朗读。找个没有人的地方去朗读，读得很流畅，像长江大河一样，一泻千里，说明表述得好。反之，读起来结结巴巴，那就要修改了。当然，默读也能收到同样的效果。这是一个经验。同学们能把这个经验学到手，我觉得还是有好处的。

第六条，要符合当前论文撰写的学术规范。最重要的是严谨和诚实。严谨就是尽量按照别人规范的要求去做。诚实就是要尊重他人的学术成果。凡引用他人之处，一定要注明。有的老先生写文章，甚至会注明"我这个问题是在和某某人的谈话中得到启发"，可见诚实本是一种良好的修养。

总的来说，要想写好一篇文章，我有一句口头禅，要善于调动自己全部知识领域。我们往往不能做到这一点，因为难得下这种工夫。顾炎武讲"文章须有益于天下"，这是我和大家共同追求的目标。我今天就讲到这里。

问题意识与学术创新*

  我结合目前的学术界的情况和高等学校、我们这个学科面临的一些问题，以及同学们在学习、研究过程中会碰到的一些问题，这样一些现实状况，来讲这么一个题目：问题意识与学术创新，和老师们、同学们做学术交流。

  这个问题我考虑得不是很多。我不讲嘛，吴春梅主任跟我说，同学们还希望我讲一讲，我也就遵命，给大家讲一讲，就思考了这样一个问题，但是思考得还不是很深。有些问题提出来跟大家一起讨论，共同探讨。

  按说，"问题意识"最近几年提得比较多。我注意到中国两院院士，他们前几年比较多地谈到这个问题，就是说作为研究者要有问题意识。这个问题我早有察觉，但是作为问题意识还是这几年才把它提出来的。我曾经是某一高校的兼职教授，前些年我几乎每年都要去一次，去了之后和

---

  * 2006 年 10 月 24 日，在安徽大学逸夫图书馆第二报告厅的演讲。

他们青年教师座谈，希望他们有些问题。第一年，没有问题，我说希望我下一次来，大家能够有些问题。我第二年去，仍然没有问题。我又等了一年，第三年呢，还是没有问题，我感到不解和困惑，记得我讲了这样的话："怎么可以想象，我们教师是在一个没有问题的时间和空间里面生活！"没有问题，说明什么呢？说明在科研上没有什么追求，在教学上也没有追求。要是有追求，一定会提出问题。后来我看到两院院士们谈问题意识的问题，说明这确实是一个问题了。我就想到应该把它作为一个理论问题来探讨。我想就是这样一个过程，所以我今天能够讲这个主题还是有一些思想基础的。

学术创新更是一个老问题。我们现在有个说法，叫作创新型社会，创新的理念应该很强，很突出。那么怎么创新？我们的博士论文有重点、难点和创新点，三个点都很清楚，现在有的博士论文登记表，上面要填创新点之一、创新点之二、创新点之三。其实，有一个创新点就不容易了。

第一个问题，我讲讲什么叫作问题意识，我没有去查文献，也没有去网上搜索这个概念，我觉得现在还没有一个很规范的定义。按我的理解，问题意识就是具有自觉地发现和提出问题的思想准备和实际能力。这里面有好几个关键词，每一个都不能省略：自觉、发现、提出、问题、思想准备、实际能力。这是不是可以理解什么叫问题意识。这个概念是不是很准确、很全面、很恰当呢，大家还可以讨论。

那么什么是问题呢？简单地说，问题就是事物之间的某种联系。这个话很简单，但是我们要发现事物之间的联系，却不是一件简单的事情。我们可以这样讲，不能发现事物之间的某种联系，就不能发现问题。那么这个联系，它有多种表现形式：互相矛盾的，或者说互相抵触的，这是一种联系；互相补充的，互补的，也是一种联系；近似的，这两件事物相近似，也是一种联系，等等。总之，我们要发现事物之间的联系，在某种意义上就可以说，我们发现了问题。如果不能发现事物之间有某种联系，我们就很难发现问题，这是我讲的第一个问题，首先我讲了"问题意识"这个概念，其次我讲了"问题"这个概念。

第二个问题，我们从哪里获得问题？从哪里获得问题，我想结合我自己的感受来谈谈。

首先，应当是从阅读中获得。读书，昨天我在新校区就讲怎么读书这个问题。读书，这是一个最直接的获得问题的途径。而这个问题的获得有一个很重要的前提，就是前人的启发。在读书的过程中，读到前人对我们的启发就容易产生问题。有的同学是不是读过赵翼的《廿二史札记》？《廿二史札记》中有许多问题，这些问题没有充分展开。我现在举个例子，比如，"汉初布衣将相"。说汉初的一些大将也好，相国也好，出身都是很平凡的，是布衣出身，他发现了这个问题，当时他没有充分展开。近些年我们研究秦汉史的学者，有的人读了之后就专门写了很长的文章《论汉初布衣将相》，说汉初的布衣将相何以开创汉朝。类似这种从读书中获得问题的例子很多。

其次，从资料积累中获得问题。我们现在不大积累资料，因为我们现在更多时间是在上网。资料积累有两种情况。一种是对资料作长编，按照年代顺序、时代发展顺序排列之后，看彼此之间有何种联系。在做长编的过程中发现了这种联系就发现了问题。还有一种情况是要进行分类的，要进行横向的分类，如政治、经济、文化、民族等各大领域的分类。还有在更小的范围内分类。在这种分类的过程中，也会发现一些问题。在资料积累的过程中获得问题，要注意，它是经过思考和比较才能获得的。

再次，从理论和实践的联系中获得问题。这很重要啊，我们历史学也不是说发思古之幽情，只会叙述过去。历史学绝对不是这样的。历史学是一门非常古老而又现实的学问。我是研究中国史学史的，外国史学史我不敢说得很斩钉截铁，但是也大同小异吧。从中国史学来看，没有离开现实的历史学。人们研究历史，都是为了关注现实，都是为了观察未来。史学上存在着直书和曲笔的矛盾与斗争。一个界限即是否尊重历史事实，是否有意在曲解历史，这是一个试金石。在理论和实践的联系当中获得问题，对于研究主体来说应该注意什么呢？是要使主体具有关注现实的素养，史学工作者要养成关注现实的习惯，进而形成一种素养。没有这种素养，就很难把理论或者把历史知识和社会实践结合起来，那么就很难发现这里面有什么问题。我们不说更大更宽的事情，我们就说历史学的社会功能。如果不关注现实，历史学究竟有什么社会功能，也说不清楚，也很难使研究著作具有现实意义。刚才政治学院的张崇旺老师送我一本书，书名是《明清时期江淮地区的自然灾害及其社会经济》，这个选题有现实意义，特别对我们安徽地区，虽然说的是明清时期，但是对我们有现实意义。看起来是讲历史，但是对人们的启发是现实的。这个问题意识很不错，很有现实意义。这是历史学的价值体现之一。

最后，从史学和社会的关系中去获得问题。我们学历史学，有两组概念非常重要，一个就是历史和现实，就是过去和现在，另外一组概念就是史学和社会。不要把它说成历史和社会、史学和现实。从这个关系去思考，去获得问题，这就要求我们对史学的社会功能有明确认识。史学的社会功能是给人以启发，给人以经验教训。对于这样的问题我们怎么去思考呢？

20世纪70年代末，我读《隋书》的时候，想到《隋书》是唐初人写的，唐人以为隋的灭亡"大较与秦相类"，这就使我注意到把隋和秦进行比较，由此写了两篇文章，一是《司马迁怎样总结秦汉之际的历史经验》，一是《论〈隋书〉的史论》。在不同的历史情形下，统治集团应该采取不同的政策。我们可以从史学与社会的关系中、从历史与现实的关系中来获得有益的启示，获得问题。

那么我刚才讲了史学和社会的关系，史学和社会发展当中有什么联系。刚才我讲到历史环境变了，最高集团应当改变自己的策略。《周易》里面讲："通其变使民不倦。"一定要根据形势的变化采取相应的措施，才能使民众不感到疲倦，而感到安居乐业。

历史和现实是有联系的。今天的现实也会成为历史，昨天的历史在那个时候也是现实。所以，历史和现实是有联系的。那么，我们从历史和现实的联系中怎么去发现问题呢？这要求我们关注社会发展的规律性现象。我们现在有些史学工作者不承认历史发展是有规律的。要关注事物之间的规律，但不能简单比附。

这里我想讲一个我最近想得比较多的问题。"211"二期工程中，我主持一个项目"历史文化认同与中国统一多民族国家"。我认为这是我们中国历史上一个很重要的规律。我们讲到历史上民族关系的时候有两种现象，一种是总在打仗，还有一种现象，我们以往接触得不够，就是在2000多年的历史中，民族关系还有一个趋势，就是历史认同与文化认同。我可以举一两个突出的例子。比如说，金与南宋打仗打得很厉害，但是金朝在和南宋打仗的同时，大量引进中原文化，翻译汉文经典，学习隋唐的科举考试制度，考试的题目从五经出题。金世宗本人说：我采取这些措施，是要让女真人都懂得仁义道德。但是我们从表面上看是在打仗，深层次是历史文化认同。再如满族统治者建立了清王朝，我们现在看看康熙、乾隆，他们的汉文化修养超过历史上许许多多中原的汉族统治者。清朝非常注重民族政策，所以重要的文书用几种文字书写。什么意思呢？认同。我们再看康熙、乾隆祭炎帝陵、祭黄帝陵的祭文，讲政统。实际上就是历史认同。也讲道统，道统就是思想传统，是文化认同。我们过去注意到民族之间的矛盾，没有注意到民族之间的认同。正是这种历史文化认同使我们中华民族五十六个民族凝聚起来。我们研究这个问题，既是在说明历史和现实的关系，同时也是在认识历史发展规律。正是因为不断有历史文化认同，所以统一的多民族国家才不断发展。

第三个问题，哪些问题具有创新的意义？我多次讲到，这是一个很难讲得清楚、讲得透彻的问题。我姑且结合自己的感受讲几种情况，算是抛砖引玉吧。

第一种情况是前人未曾提到过且具有一定的学术意义和社会意义。

我想结合我自己来说。在 20 世纪 70 年代末，我又回来再做研究。当时我已经四十岁了。我的专业是中国史学史，中国史学史从哪里研究起呢？经过一年多的思考、调查，最后决定研究唐代史学。为什么研究唐代史学？我在做学术调查的过程中就发现，唐代的史学以往研究得很少，关于刘知幾有几篇文章，关于杜佑有几篇文章，其他文章就很少了。可是唐代有近 300 年历史，唐代是一个盛大的时代，那是一个地位非常高的时代，唐代的散文，唐代的诗歌，难道唐代的史学就只有刘知幾和杜佑吗？当然不是。我心里想，这基本上是一片"荒地"，我可以去拓荒啊。四十岁是一个什么概念？"不惑之年"啊！我们现在来看，举目望去，四十岁的博导为数较多，三十岁的博导也不少。人生是四十而不惑，我当时不仅有惑，学术上更是大惑不解。在这种情况下，确定研究唐代史学，下定决心，破釜沉舟。破釜沉舟是什么意思？就是下定决心，不留退路。没有时间改变，义无反顾。这是第一种情况，就是前人不曾提到过的且当时有一定的学术意义和社会意义。大家有兴趣可以去看我的《唐代史学论稿》的自序，我在自序里写了这些心里话。

第二种情况是前人提到过但论说不够全面、不够深刻，进而我们可以提出新的研究，并提出新的见解。这种情况我们也可以看作创新。

举个例子，杜佑这个唐代大史学家写的《通典》，唐德宗贞元十七年（801 年）成书，是我国第一部制度史书。他在这里面提到很多论点，其中一个论点提到，人们都说，夷狄很野蛮而中华很文明。他说这观点不对，他说古时候中华和夷狄一样落后，一样野蛮，原话是"古之中华多类今之夷狄"，那么后来为什么不同呢？因为中华是华夏族，他所处的地理环境比较好，因此不断产生一些圣人，圣人出来后不断改革遗风陋俗。而夷狄都处在边远地区，地理条件差，难得出圣人，所以他的陋习保存到今天。这个观点听起来不大对，但是它有对的地方，就是地理环境和民族地区发展有极大关系。在他那个时代，杜佑这样来解释民族之间的发展和差别，是很了不起的见解。这是杜佑的创见，但是他没有展开来说。我读到这段话很兴奋，后来在他的论点的基础上展开来说，就把杜佑的观点发挥开了，一是称赞杜佑的民族观，一是以现在的地理环境与民族发展的理论来评价历史上的民族状况。从这个意义上讲，是不是也有些创新的意义呢？

第三个情况是前人虽然涉及过但结论是错误的，那么我们起而为之纠正，这应该也是创见。

这种情况相对地说要少一些。因为我们要完全推翻前人的论点是不容易的。再说在我们之前也有人推翻过了。我这里举两个不是特别具有典型意义的例子。我刚才反复讲到了唐代史学家刘知幾，他的《史通》这部书很了不起，是第一部成体系的史学批评著作，产生在 710 年，8 世纪初。刘知幾这个书是很高明的，但是也有不高明的地方，比如说，刘知幾批评司马迁在《史记》中设立《陈涉世家》，因陈涉没有后人，无世可传，世家是写诸侯的，陈涉也不是诸侯，不应该入世家，他就没有司马迁的见解高明。司马迁是从什么意义上来设《陈涉世家》的呢？他是从陈涉的历史作用、历史地位来评价的。孔子也不是诸侯，何以有《孔子世家》呢？他认为孔子建立了儒家学派，影响很大，陈涉的历史地位也很高啊，高在什么地方呢？

秦朝末年，风起云涌，陈涉所封的那些官员最后把秦灭掉了。所以陈涉的地位是很高的。而刘知幾制定了严格的体裁和体例，世家就得有世可传，凡无世可传就不当列入世家。所以我当时的文章是这样写的，我说刘知幾要"剪裁历史以符合他的体裁和体例，而不是以体裁和体例更好地反映历史"。而司马迁是让自己的书来恰当地反映历史。当然我不是要否定《史通》，而是指出刘知幾有些观点是错误的。我想这个是不是带有创新的意义呢？

第四种情况是发现新材料用来重新论证旧有的问题。我在研究唐代史学的过程中，碰到这样一个问题，就是虞世南与《帝王略论》的关系。唐初的虞世南是"秦王十八学士之一"。唐太宗称他有"五绝"。虞世南写过一本书叫《帝王略论》，略述历代帝王的事迹，然后有论。这个论，是用对话的形式，是问答体。这部书已经失传了，但是敦煌卷子里有残卷两卷半，在日本东洋文库中有唐抄本一卷半，共四卷。王重民先生的《敦煌古籍叙录》认为这书不是虞世南写的，以为是村塾先生的作品，因为文字很通俗，他想：虞世南怎么会写出这么通俗的东西来呢？

我在研究这本书的时候，仍然把他看作虞世南的著作。但是王先生是著名学者，你没有证据怎么能说他不对呢？后来读《史通》，发现刘知幾有一条自注——刘知幾有时自己作注释——提及虞世南的《帝王论》，没有"略"字，实际上是一本书。刘知幾距唐初不远，他的话是可信的。当然，我还以虞世南与唐太宗在作秦王的时候讨论历史问题的一些文字作为旁证，进一步断定这本书是秦王与虞世南讨论问题的讲稿或记录。因此我不仅把这本书定为虞世南的著作，并且定位为"中国古代帝王论发展过程中的一个阶段"而给予较高的评价。我们知道中国古代有很多君主，但是一直到现在，中国没有人写《帝王论》。我们知道，在西方，5世纪马基雅维利就写了《君主论》，这说明中国史学界在理论概括上、理论研究上有很多工作要做。按说中国人最有资格去写《君主论》，中国历史上那么多帝王，他们在位有什么作为、经验、教训、智慧，个案研究非常丰富，但是理论概括更能使人们从历史发展上去看待"帝王现象"的全貌和本质。

第五种情况是采用概念、范畴和问题相互配合，有系统地阐述某一研究领域的发展面貌，使人有耳目一新之感。

新方法是很有意思但也很麻烦的问题。20世纪80年代，有计量史学、心理史学、社会学的方法等。现在，有学者关注后现代思潮，也被视为解释历史的方法。从我们平常所接触到的，常用的史学方法有历史的方法、逻辑的方法，还有比较的方法。现在我们把很多方法归结为解释学的方法。我个人有个体会，用我们今天的理论和认识水平去解说前人的成就，不是把我们的看法强加给前人，这在一定意义上也是一种解释学。我有一本小书受到一些同行称赞，这本书叫《中国古代史学批评纵横》，原来是在《文史知识》上连载，中华书局结集出版后，得到一些青年同行的欢迎，说是我的书"开辟了史学研究的新领域"。这本书是讲史学批评的，在此以前没人系统地讲史学批评。同时，我在书中提到一些范畴、概念，所以能给人启发。个案研究有方法论上的意义，理论著作因有思想指导的作用，做得好也能给人启发，因此也有方法论的意义。

第六种情况是有分量的商榷文章，虽然不能推翻旧说但却提出一种新说，这种商榷文章应该也是有创见的。

1964年白寿彝先生发表《中国史学史研究任务的商榷》一文，引起很大反响。因为20世纪60年代初，当时要求在高校开设中国史学史和西方史学史课程，中国史学史的研究和编写在当时是很重要的问题。这年年初发表在《人民日报》上。其中提到这么几个问题："精华与糟粕""规律与成果""百花齐放、百家争鸣"。这篇文章在某种意义上是对20世纪60年代初中国史学史研究提出新见，至今仍被看作很重要的文章。

可见，商榷文章其实是非常重要的，是推动学术发展、百家争鸣的形式。好的商榷文章同样具有创新的价值。

我们归纳以上六种情况，其中大多是结合我自己的感受和体会作为举例说明的，我是真心和同学们作心灵的沟通，因此不避"自夸"之嫌才这么做的。

第四个问题，我想简单地说说，怎样看待创新。

一般说来，创新是相对的，有条件的。创新离不开继承、离不开借鉴，而且我们的创新又会被新的创新代替，要建立这样一个创新观念，值得注意的是，不能为了突出自己的创新，而不愿讲继承，不愿承认前人对自己的启发，这不是实事求是的学风。博士生也好，硕士生也好，要建立这个理念，在继承的基础上创新，这是合乎规律的，不能突出自己而否认这个规律的存在。所以我们提倡：要谨慎地、有分寸地来对待自己的创新。越是这样，别人越认同。在学术研究中，这个分寸感非常重要，分寸感也就是一个度，这个度要把握得好，不会有损失，反而赢得尊敬。

第五个问题是，学术创新的主、客观条件是什么。

问题意识和创新精神是推动学术发展的主观动因。没有问题意识谈不上创新。所以我们把主观动因定位在问题意识，尤其是定位在对于问题的独立思考上。

当然，创新既要有主观条件，也要有客观条件。学术创新需要社会提供宽松的环境。比如，当初我们的学生出国留学的机会少，现在出国机会多，可以出去看看，有什么可以借鉴的。这就为中外交流创造了条件，眼界开阔了，创新的机会也就更多一些。正是因为这样的时代这么宽松，所以你们的创新应当多一些，应当丰富一些，同时也应当正确看待这个创新，这是对社会的报答。

今天我讲的几个主要部分就到这里。不对的地方请大家批评指正。

专精与通识

——在治学境界上的追求*

一、世风、学风和文风

中国史学家历来重视风俗的考察和记载，自《史记》以下，史不绝书。顾炎武引用他人的话说："风俗者，天下之大事也。"在讲到治学这个问题时，我们首先也应当环顾一下当前的"风俗"。

（一）世风、学风、文风的关系

当前，在经济快速发展的同时，浮躁的世风逐渐蔓延开来，影响到社会的各个领域、各个层面。这自然也影响到学校，于是学风也日渐浮躁起来。其具体表现是：急于求成、避难求易，甚至不惜采取抄袭、剽窃的错误手段。此种极坏的学风，目前还在滋长、泛滥。

---

* 2006 年 12 月 18 日，在南开大学历史学院的演讲。

不良的世风和学风，必然有不良的文风与之相伴。其特点是夸张、媚俗，不准确、不规范，语言贫乏而缺少创造。诸如"打造""出炉""浮出水面""爽""酷"等用语漫天飞，好像中国语言已经简单到如此地步了。更有甚者，用外国人的腔调说中国人的学术，显得不伦不类。

（二）关于学风的几个突出问题

第一，关于"教条主义"。"中教条"和"洋教条"，都应当反对。

第二，关于历史观的重要性。孔子的"义"，章学诚的"史意"，李大钊、郭沫若、顾颉刚等讲的历史观，都至关重要。

第三，历史是否可以被认识，史学究竟有何用处？这是本学科的核心问题。

第四，怎样看待继承、发展和创新的关系？善待前人的成果和当代人的研究。正确看待和评价自己的研究所得。

（三）关于文风上的几个问题

第一，表述不准确。如"几千年封建社会""一直以来""传统的""近代化""现代化""全球化"等。

第二，立意不辩证。在对某事、某人做判断和评价时，要顾及各个方面，不要只看一方面；在论述某一问题时，要考虑它的前提；在涉及重要论述（如作前言或结论）时，要格外慎于遣词造句，不要不及，也不要太过，等等。

第三，用字、用词不严谨，缺乏讲究和分寸。如"其间"不应写成"期间"，"既然"不应写成"即然"，"即使"不应写成"既使"等。

以上，我对当前的学风和文风中存在的问题做了极简要的概括。在此基础上，我们来说说治学中的专精与通识问题。

二、"专"与"专精"的路径

专精与通识是辩证的统一：在"专"的基础上走向"通"，在"通"

的指导下进一步发展和提高"专"，循环往复，以至无穷。这是治学者在治学道路上永远追求的目标。

这里先说"专"与"专精"。

章学诚说："学贵博而能约，未有不博而能约者也。"又说："然亦未有不约而能博者也"，"未有不专而能成学者也"。这里说的"博"与"约"，同"通"与"专"有相近之处。换言之，没有一定的"通识"，便无法判定什么是"专"。更谈不上如何走向"专精"。反之亦然。从逻辑上讲应当为此。但在具体的治学过程中，从较高的要求来看，还是首先着力于"专"和"专精"。那么，通向"专精"的路径何在？

首先，要选择、确定一个相对稳定的研究领域。其具体做法是：做学术史调查，向有关先生请教。

其次，确定研究领域的几个条件：

一是个人的学术兴趣；

二是能否产生研究成果；

三是是否有创新的可能；

四是要看开掘空间的广狭；

五是制订一个走向"专"和"专精"的计划。具体计划如下。

第一，围绕这一领域制订一个读书计划（包括原始资料、前人研究成果、目前研究状况）；

第二，在读书的基础上做一个资料长编或学术问题编年；

第三，在做长编或编年的同时，梳理并积累问题；

第四，以这些问题为契机，撰写系列札记并有计划地撰写专题研究论文；

第五，在上述基础上，经过若干年的努力，写出专著。

这一过程的完成，可以说已经走上"专"的路径了。而对于这个过程中某个具体环节的再一次重复，都可能把这种"专"不断推向"专精"。当然，"专精"又是与"通识"相关联的。

三、向"通识"的境界攀登

(一)"专"与"通"的辩证统一

前面讲到,"专精"与"通识"是辩证的统一。"通"与"专"或"博"与"约"的关系,一方面是知识总量上的界定,另一方面更是学术见解上的对应。由博返约,从表面上看是论述问题由一般走向具体,但从见识上看,是由泛泛而论走向深入阐述了。由"专"到"通",从表面上看是从具体走向一般,好像深度不够了。但是"通"的过程所带来的积极效果,却是"专"本身所达不到的。这是因为:第一,由于"通",可以使"专"的定位更加准确;第二,由于"通",可以发现原本存在于"专"的范围内的重要问题,进而扩大了"专"的范围。这都有助于"专精"的发展。

(二)怎样攀登"通识"的学术境界

中国学者历来重视"会通""通变","通识"是学人永远要追求的目标。尽管我们的努力总是不足以达到应有的境界,但这种努力终究会起着积极的作用。

怎样攀登呢?我结合中国史学史的研究讲一点认识,供大家参考。

第一,中国史学史是一门专史,对它的认识必须做到"通"("通"是相对的)。因此,不论研究其中任何一段,都应置于"通"的长河中考察,故必须通读中国史学史的有关著作。

第二,史学是意识形态的一部分,它同当时的社会尤其是当时的政治有密切的关系,故研究某一时期的史学,必须关注这一时期的社会,尤其是这一时期的政治,以揭示史学同政治的关系。

第三,史学的发展总是以一定的历史发展为基础,只有深入认识了历史的发展,才有可能正确地认识史学的发展。因此,中国史学史研究者必须通读中国通史，使自己具备一定的通史知识，以求对中国史学的更准确地把握。

第四，当今的史学工作者，不论是"专精"还是"通识"，都应有正确的历史观为指导。因此，必须在理论方面有一定修养。选读马克思主义的基本著作，是提高这种修养的正确途径。

第五，以外国史学为参照，也是走向"通识"所必需的。

在当前世风、学风和文风都存在不少问题的情况下，我同大家一齐探讨治学上"专精"与"通识"的问题，总还是有一点意义的。我愿以此同大家共勉。

讲得不对的地方，请大家批评、指正。

关于历史学的几个问题 *

一、历史是什么，历史是不是可以被认识

(一)历史是人类社会发展的过程

按照马克思主义的观点，历史包括人类史和自然史。自然界也有一部历史，但是这个历史是人类给它写的。此外，还有思想发展的历史，就是思维的历史，它也是人类社会史的一部分。我们为了研究思维的方便，把思维发展的过程也作为一个历史过程来看待。我们通常讲历史是什么？历史是人类社会发展的过程，这个论点，反映了历史的客观性，也反映了历史在不断的变动，它是一个发展的过程。

---

* 2008 年 6 月 6 日，在廊坊师范学院的演讲。

（二）历史是可以被认识的，这是我们和后现代思潮的一个重要分歧

后现代思潮，是现代西方很流行的一种社会思潮，它对历史学有很大的冲击。具体表现在，这种思潮认为，历史是不能够被认识的，因为历史学家的历史著作是历史学家主观虚构的，其根据是，历史已经过去了，人们无法认识它，从这个意义上说，历史学家的历史撰述同小说家所写的小说没有什么根本的区别。

在这个问题上，我们与后现代思潮看法的区别主要有以下几点。

第一，历史撰述不同于小说。历史撰述凭借的是真实的史料，小说凭借的是虚构。

第二，人们认识历史，不是一次完成的，是逐渐接近历史真相的发展过程，小说不具备这样的功能，因为它不建立在史料的基础上。

第三，历史撰述通过对历史的研究和表述，能够解释历史发展的规律；后现代思潮所谓历史叙事，因为不能建立在史料的基础上，具有很大的随意性，故不能揭示历史发展的规律。这种思潮也不承认人的历史发展具有规律性。

第四，从根本上说，历史撰述反映了历史研究过程中主观和客观的辩证统一的联系，其主观判断是以史料为依据，故主观作用不应超越历史资料而独立存在。后现代思潮过分夸大研究者的主观作用，其所谓历史叙事自觉不自觉地超出了历史资料的局限，这不能正确地反映社会生活中人作为主体与客观事物之间的辩证联系。

总之，我们认为，历史是可以被认识的，这是没有疑问的，当然，我们认识历史，就像认识真理一样，是逐步地走向历史真相的过程。

二、历史学的社会功用

（1）认识历史的主要途径；

（2）了解历史、为了更好地认识现实，进而有助于观察未来，看清历史前途；

（3）治国安邦的历史经验；

（4）与自然相处的历史经验；

（5）文化积累的主要载体；

（6）文明延续的重要纽带；

（7）启迪人生的永恒的导师；

（8）中华民族一个共有精神家园。

概括起来，历史学的功用就在于它能够帮助我们发扬民族精神，丰富历史智慧，有益人生修养这几个方面。我想这是历史学给予社会的宝贵的财富，这是任何学科都不能替代的。它的这些功用，是历史学对社会进步的一个突出贡献。

三、怎样学习历史学

（一）树立正确的历史观和史学观

我们所树立的正确的历史观，就是马克思主义的唯物史观。这是因为：唯物史观要求研究全部历史，也可以说是研究整体的历史；唯物史观告诉人们，人类社会的历史是一个自然发展的过程，因而是有规律可循的；唯物史观要求人们用辩证的观点、方法看待人类社会历史的发展，这是因为唯物史观同马克思主义的辩证唯物主义是密切联系、不可分割的；唯物史观最鲜明地提出了人民群众对于推动历史发展的巨大作用。

正确的史学观，是在唯物史观的指导下，对历史学的性质、功用、研究方法以及史学家的自我修养等做科学的说明。在这个问题上，可以参考李大钊《史学要论》一书的第二章，即"什么是历史学"，也可以参考我的一篇文章，即《中国马克思主义史学的史学观》，载

《上海大学学报》2006年第3期。

(二)认真阅读史学名著

史学名著在思想上、学术上和审美情趣上都会提高我们的修养，也有益于我们端正人生态度。

读哪些史学名著呢？中国史学这么多，从何读起呢？老一辈史学家有一句话：打开"二十四史"，从何看起？我衷心向大家推荐司马迁的《史记》，《史记》的七十列传写得非常深刻，各种代表人物都写到了，对我们有很多启迪。《史记》的本纪，是我们讲中华文明五千年的历史最主要的依据，其中《五帝本纪》从黄帝写起。读一读《史记》会对我们产生很大的影响，看到这些人物是如何"扶义俶傥，不令己失时，立功名于天下"的。读完《史记》后，如果还有兴趣，可以读《汉书》和《资治通鉴》。《资治通鉴》不要一开始就读，因为它是编年体，不是很好读。南宋朱熹跟他的学生说，先读《史记》，《史记》中同一件事情可以在不同的地方讲到，纪里也有，传里也有，读来读去印象也就深刻了。而《资治通鉴》中，一件事情只能在一个地方讲到，讲过就不再讲了。我们要有一定的史学修养后再读《资治通鉴》，它也是一部伟大的史学著作，在南宋以后产生了很大的影响。中国史学上讲"两司马"，他们代表了史学上的两座丰碑。所以我们要讲史学修养，就要更多地接触一下《史记》和《资治通鉴》。西方的史学名著也很多，可以读一读希罗多德的《历史》、塔西佗的《编年史》，都是较早的史学名著。一个人的人文修养，如果不知道《史记》等史学名著，就很难说他在历史学上有一定的修养。如果还有同学想对史学理论有所了解，可以读一下刘知幾的《史通》和清代章学诚的《文史通义》，我几次建议将刘知幾、章学诚写入中学课本，但没有被采纳。这两本书都是关于历史学的理论著作。我觉得通过读这些书，可以培养我们的史学修养。同学们都很年轻，应该在这些方面多下一些功夫。

此外，我们还可以读一读当代史学家的名作，比如，范文澜先生的《中国通史简编》（范文澜、蔡美彪等所著《中国通史》1—4册），又如翦伯赞的《中国史纲》等。这里我向大家推荐一本书，马宝珠女士主编的《20世纪中国史学名著提要》，可以翻阅一下，对其中感兴趣的著作也可以进行精读。

(三)培养问题意识

1. 问题意识重要性

什么是"问题意识"？这似乎没有一个规范的定义，按我的理解，"问题意识"就是具有自觉的发现和提出问题的思想准备与实际能力。

那么，什么是"问题"呢？简要来说，问题就是事物之间的某种联系，如相互抵触的，相互补充的，彼此近似的等，这些都可以成为"问题"。

重要性：训练我们的思维，这是学术研究的起点，进一步说也是创新的前提。

2. 如何积累问题，从哪里获得"问题"

——从阅读中获得。这是最直接的，而且前人的启发至关重要；

——从资料积累中获得。这要经过思考和比较才能获得；

——从理论与实践的联系中获得。这要具有关注现实的素养；

——从史学与社会的关系中获得。这要对史学的社会功能有深刻的理解；

——从历史与现实的关系中获得。这主要是关注揭示规律的现象，不是简单的比附。

3. 哪些"问题"具有创新的意义

一是前人不曾提到过，且具有一定的学术意义和社会意义。

二是前人提到过，但论说不够全面、不够深刻，进而进行新的研究并提出新的见解。

三是前人虽然涉及过，但是结论却是错误的，起而为之纠正。

四是发现了新的材料用以重新证实旧有的问题。

五是采用新的方法论述某个问题，使人有耳目一新之感，从而推进了治史的进程。

六是有分量的商榷文章，虽不能推翻旧说，但却提出了一种新说，等等。

一言以蔽之，人们谓之提出新观点、新材料、新方法者，即可称之为"有新意"，或者是"创新"。

深入研究中国古代史学的理论遗产[*]

我在讲主题以前，先简短地讲一点历史。从2011年上溯50年，就是1961年，教育部召开了全国文科教材会议。在这次会议上，教育部确定编写一套高校教材。我们现用的部分教材就是在那次会议上确定下来编写、出版的，并且一直沿用到今天，如翦伯赞的《中国史纲》、周予同的《中国历史文选》等。在那次会议之后，全国开始招收史学史的研究生，包括中国史学史和西方史学史方面的，史学史的学科建设开始进入新阶段。今天我讲的题目当然和史学史专业有更直接的关系，但是我想这些内容和我们历史学科里面的其他专业也有关系。作为国家行为，史学史的学科建设已经历50年了，这是新中国教育史上一个很重要的时期，也是我们学科建设当中很重要的时期。华中师范大学历史文献学这门学科是很有名的，老一辈学者张舜徽先生在这方面有很

---

[*]　2011年11月1日，在华中师范大学历史学院的演讲。

多的贡献。像这样的一些学科，我想都是受 1961 年文科教材会议的鼓舞。那么，历史学发展到今天，史学史发展到今天，我们是不是应该有更大的进步呢？50 年来我们当然有很大的进步，但我今天主要想谈谈中国古代史学所取得的理论成就，题目就叫"深入研究中国古代史学的理论遗产"。

25 年前即 1986 年，我在华中师范大学参加过一个会议，叫"全国青年史学工作者研究会"，主题是继承与创新。在这次会议上，一些青年朋友提出一个问题，他们认为中国史学虽然历史悠久，但是没有理论，只有记述的史学，像司马迁的《史记》、班固的《汉书》等都是记述历史，没有理论。当时在中年学者和青年学者对话的时候，人们向我提出了这个问题。那一年，章开沅校长六十岁，他是被邀请的中年学者之一。他自己说："我今年六十岁了，勉强算一个中年吧！"当时我与庞卓恒、冯天瑜、包遵信作为中年学者，很荣幸地被青年学者邀请为特邀代表，我们的费用都由他们来承担。对话的时候，章开沅开玩笑说："你们七八十个人和我们四五个人对话，这不是"围攻"吗？好像影响不太好啊！"有的朋友知道我是学史学史的，就向我提这个问题了。我说这个观点不对，中国史学这么丰富、历史这么悠久、著作这么多，怎么会没有理论呢？但是理论在哪里？我说我现在说不出来，因为我们作为史学史研究工作者，研究得不够。但是我相信，经过我们的努力，是会把中国史学的理论梳理出来的。这是 1986 年我在那次会议上说的，25 年过去了，今天我来作这个题目的演讲，内心很激动，因为我这次来到华中师范大学，是来向华中师范大学、向我们的同行、向我们的同学汇报这 25 年来我所做的工作，但是我这个工作也仅仅是个开始。所以我的题目是深入研究中国古代史学的理论遗产，同学们可以把它理解为我在 25 年后交出的一份初步的"答卷"。这 25 年来我做了什么工作呢？我现在能够讲的有这么几个方面。第一，是我写了一本小书——《中国古代史学批评纵横》，这本书是中华书局1994年出版的，许多同学可能都读过。第二，是我出了一本论文集《中国史学的理论遗产》，是北京师范大学出版社2005年出版的。第三，是参与了《中华大典·历史典·史学理论与史学史分典》的编撰工作，我和龚书铎教授共同主编的，这部书分为上中下三卷，六百万字。资料都是从中国古代的有关典籍里梳理、编辑的，上卷是《历史理论》，中卷是《史学理论》，下卷是《史学史》。对于有关《历史理论》的内容，分了十二个类别；《史学理论》分了四个大的类别，近二十个小的类别；《史学史》共分了三十六个类别。我想强调的是，我们能够对中国史学的理论遗产作这样的分类，是第一次。这个书虽然是个资料书，但是对我们深入研究中国史学有很重要的借鉴和参考作用。第四，是我主编的《中国古代历史理论》一书，今年可能由安徽人民出版社出版。以上四件事情，都和中国史学的理论研究有密切的关系。所以我说，这是我经过25年交出的一份初步的答卷。我们还有很多工作要做，所以需要更深入的研究。我总觉得自己的工作有的只是开了个头，比如，中国古代史学批评，当我开始发表这一系列文章的时候，有的青年朋友兴高采烈地告诉我，说我开拓了中国史学史研究的新领域。现在看来，中国史学批评领域越来越被人们重视了。

　　以上我简要地回顾一下历史，以及我今天讲这个题目的学术背景。下面我们就进入主题。

一、历史理论与史学理论的区别和联系

　　首先，我要讲的是历史理论与史学理论的区别和联系。什么是历史理论？历史理论是人们对客观历史运动的认识和见解。什么是史学理论？史学理论是人们对史学认识活动及其发展过程、特点、规律的认识。二者的认识对象是不同的，对此一定要分清。如果历

史专业的同学，经过本科或是硕士乃至博士阶段的学习后，仍然分不清什么是历史理论和史学理论，这是一种遗憾。

在这里我可以讲一个故事。1990年，北京师范大学史学研究所和近代史研究所在厦门大学共同主办了全国史学理论研讨会。在这个研讨会上，大家各抒己见，有人讲历史发展动力问题，有人讲历史编纂问题，有人讲史家修养问题，有人讲社会形态，根本没办法对话。因为每个人讲得都不一样，都不是在一个确定的研究范围之内来讨论问题，那还怎么讨论呢？所以说，必须要界定二者的区别和联系。至于怎样界定二者的区别和联系，我在这里就不讲了，大家可以查看我的相关文章。

由此可见，对于研究对象的界定是非常重要的。对于历史学科来讲，一定要弄清楚历史和史学、历史理论和史学理论。二者既以对象不同而有区别，但又是有联系的。这是因为，史学家的活动，无论是个体还是群体，说到底也是历史活动，它应包含在历史理论研究范围之内，这是其一。其二，当我们进行史学研究的时候，史学家和一切从事历史活动的人们对历史的认识和评论，都在史学理论研究范围之内，在这种情况下，史学活动又把历史活动的有关内容包含起来了。二者在一定的条件下可以相互包容，我们对这个问题要有辩证的认识，既看到它的区别，又看到它的联系。这是我讲的第一个问题，就是为什么要界定历史理论和史学理论的区别和联系。

二、中国古代历史理论的特点和发展大势

第二个问题，中国古代历史理论的特点和发展大势，注意这里讲的是历史理论。中国古代史学中的历史理论，其主要特点可以概括为三个特点。

第一个特点，是多种存在形式。它主要有哪几种形式呢？

第一种存在形式是论赞。许多历史著作在卷末或篇尾都有后论，比如，《史记》后面有"太史公曰"，《汉书》后面有"史臣曰"，《资治通鉴》在适当的地方有"臣光曰"。这个形式，往前可追溯至《左传》的"君子曰"，"君子曰"可能就是最早的史论形式。这些在史著篇后或篇中的"君子曰""太史公曰""史臣曰""臣光曰"等，就是史官和史家发表的意见。这些意见中，有的只是一个具体评论，有的就带有理论的性质。

第二种存在形式就是史论专篇、专文。贾谊的《过秦论》，就是一篇非常精彩的史论。它不仅仅讲了秦朝为什么灭亡、汉朝为什么兴起，还讲到历史发展的形势和变化，讲"攻守异势"，贾谊总结得非常深刻。还有一篇著名的史论，就是柳宗元的《封建论》，分析国家的政治体制问题，也就是分封制与郡县制的问题。这个问题在秦朝就有辩论，秦以后还不断有所争论。柳宗元在《封建论》中说封建制是周代宗法制度下的要求，秦朝统一后，历史形势发生了变化，实行郡县制才是进步的。他以汉唐为例，指出汉代发动叛乱的势力，主要就是封国。而唐代的藩镇实际上相当于封国，结果造成了藩镇割据的局面。所以他说，有叛国而无叛郡。这些都是非常有名的史论。这种专篇形式的史论代有其人，有丰富的积累。这些史论都涉及历史理论问题。

第三种存在形式就是史论专书。比如，唐初虞世南写的《帝王略论》，"略"是"事略"，简述每个帝王的事迹，然后就是评论。评论使用"公子曰"和"先生曰"问对的形式。据我考订，这个"公子"就是李世民，当时他是秦王。公子提出问题，虞世南作为先生进行回答。全书都是在评论唐以前的历代君主，还采用了比较的方法，所以比较的方法在中国史学上很早就用了。再如，宋人范祖禹写的《唐鉴》也是很著名的一本史论。范祖禹在世时就被人称为"唐鉴公"，主要是因为他的《唐鉴》有广泛的影响。同时代还有孙甫的《唐史论断》。此书本来是《唐春秋》里面的"论"，《唐春秋》所记唐史的原文已经丢失了，但是"论"保留了下来，这说明它的"论"很重要。朱熹很重视这两本书，他曾经评论说，范祖禹《唐鉴》的史论比较好懂，但没有孙甫《唐史论断》的史论那样深刻。以专书形式存在的史论，最有名的是王夫之的《读通鉴论》。我认为，《读通鉴论》实际上评论了王夫之以前甚至包括他所在明朝的全部历史，并不限于《资治通鉴》所记史事的范围。最近，我让一个博士生以《读通鉴论》作为博士论文的选题。我说，虽然这是一部书，但是很难做，为什么呢？因为王夫之评论了他那个时代以前的全部中国历史，要研究这部书就必须了解整个中国历史。如果把这本书读通、读透，那么研究中国历史上的理论问题会有很大的进展。我曾经设想，《读通鉴论》大约有九百条，如果有心人能把这九百条按照问题加以分类，分成十二类、二十类，每一类其实都是一个很大的理论问题。这样的话，我们就能对中国古代的历史理论有更加明确的认识了。

20 世纪 80 年代，曾经有人用西方近代的历史著作去评论中国古代的历史著作，说西方历史理论这么发达，中国古代哪儿有啊？这样比较是不对的，怎么能用西方近代的思想和著作去要求、衡量中国古代的思想和著作呢？我曾经在《人民日报》上发表一篇文章《历史地看待历史》，批评这种非历史主义的观点，我们讨论问题要把问题提到一定的历史范围之内去加以讨论，这才是合理的方法，否则怎么能讨论呢？

第二个特点，是史家对于有关历史问题探讨的连续性。

这是中华文明没有中断的一个重要表现。比如，自司马迁提出"究天人之际，通古今之变"，历代史家一直都在深入地探讨天人关系和古今关系的问题。中国古代的君主论也是历代史家关注的重要问题。我们都知道意大利历史学家马基雅维利的《君主论》是世界名著，那么中国古代有这么多君主和关于君主的丰富认识，中国学者是不是也应该探讨一下中国的君主论呢？其实，关于君主和为君之道，从先秦就开始讨论了。唐太宗写过《帝范》，就是回答一个帝王应该是什么样子的，虞世南的《帝王略论》就是一本关于帝王论的专书。直到明末清初，黄宗羲写《明夷待访录》，对君主专制进行批判，中国古代的帝王论可以说达到了高峰。中国古代有很多关于这一问题的言论和理论思考，如果我们能把中国古代帝王的作为、言论、思想，及其在历史上的功过得失进行分类，加以提炼，结合前人的评论，写成中国古代的帝王论，我想这是很重要的，是特别具有中国特色的，能够对今天有所借鉴。但是，中国史学界太热衷于写帝王传记，对于帝王的理论研究非常不够，结果出了不少帝王传记，却很少有人写帝王论，这是一个遗憾。

对那些重要的历史问题进行连续性的探索，是因为中华民族的历史没有中断，所以史家有可能连续地探讨这些问题。经过不断的探讨，中国史学的内容更加丰富，思想更加深刻。

第三个特点，是"未尝离事而言理"，用今天的话说，就是把事实和理论间接结合在一起。这是中华文化的特点，也是中国史学的特点。我们不能说西方学者的那种思辨式理论是理论，中国史家把理论和事实放在一起来讨论就不是理论。这里有一个前提，就是各个民族的文化传统、思维方式、文字表述的特点是不一样的，不能说人家那个是理论，我们这个就不是理论。所以章学诚总结出的这一个特点非常重要，在某种意义上，不离开事实而讲道理，人们更容易理解，更切合实际。西方史学理论的优点是思辨的能力很强，这种思辨可以让人们的思想变得很深刻。那么，中国史学理论的优点是和社会、和历史、和事实、和具体的事物相结合，更容易被人们所理解、所接受。这就是费孝通先生说的"美人之美，美己之美"，从这一点来看，我们不能妄自菲薄，应该很好地总结中国的史学遗产，看看这些遗产里到底有什么宝贵的东西。

下面我概括地讲一讲中国古代历史理论的发展大势。按我的肤浅认识，从先秦到 1840 年前后，中国古代历史理论的发展可以分为三个阶段。

第一个阶段是它产生和形成时期，即先秦、秦汉时期。

这个时期历史理论发展的标志性成果和代表性人物，就是司马迁和他的《史记》。当然，它产生始于先秦，《左传》《国语》《战国策》和诸子书，都涉及历史理论问题。《韩非子·五蠹》里还谈到"上古之世""中古之世""近古之世"和"当今之世"的社会发展阶段的状况，这近乎历史分期的思想。屈原的《天问》，受到中国文学史的重视，其实它和历史上的问题非常密切，屈原所提出的问题太多了，其中就包括历史是怎么产生的，国家是怎么产生的等问题。这些都是历史理论产生时期所提出的一些问题。

到了司马迁的时代，司马迁和他的《史记》标志着中国古代历史理论的形成。这主要表现在，首先，司马迁提出了"究天人之际，通古今之变，成一家之言"的撰述要求。"天人之际"讲的是历史发展的动力问题，"古今之变"是要探讨社会历史未来的方向，司马迁最后用《史记》的"一家之言"回答了这两个问题。《史记》第一次确立了人在历史发展中的主体地位，很了不起。本纪主要记载历代帝王，从传说中的黄帝写起，一直到汉武帝。世家和列传记载的是各阶层的代表人物。通观《史记》，表明历史就是人的活动。司马迁写七十列传时有这么两句话："扶义俶傥，不令己失时，立功名于天下"，这是他的撰述宗旨。"扶义俶傥"是说扶持正义而又风流潇洒。"不令己失时"是说不让自己错失历史的机遇。历史在选择人，人也在选择历史机会，我们常说，机会是给那些有准备的人。然后，"立功名于天下"，这是多大的气魄！中国史学在公元前就有这样的著作，中国史家在公元前就有这样的言论。司马迁还在很多地方谈到了一些理论问题。比如，他说人们在生产活动中为了利益而忙碌，这不是下诏书和发号施令就能够做到的，这是自然之验。在这里，司马迁已经隐隐约约地有了"历史的发展是一个自然的发展过程"的思想萌芽，当然我们不能把这个观点直接加给司马迁。但一些古代思想家、史学家有这样天才的猜想，有这种萌芽的认识，是完全可能的。司马迁观察历史的方法是见盛观衰。见盛观衰就是一种辩证思想，认为事物发展到一定程度，就要发生变化。司马迁在理论上的成就，使他成为中国古代历史理论形成时期的代表性人物。

第二个时期是中国古代历史理论发展和兴盛时期，即魏晋南北朝和隋唐时期。这个时期的代表性人物，是唐代的柳宗元和杜佑。柳宗元是一个文学家和思想家，多年来很少有人研究他和史学的关系。20世纪90年代，我写了一篇文章，曾经想要标新立异，题目就叫《作为史学家的柳宗元》。后来我一想，还是平实一点为好，于是改题为《柳宗元史论的历史价值》，发表在《历史研究》1992年第5期。柳宗元的史论，包括《封建论》《天诰》《贞符》《非国语》等，还有《天对》，以回答1000年前屈原提出的《天问》。可见，不经过1000年的历史发展，人们的认识得不到极大地提高，是写不出《天对》的。它的形式是屈原"问"一句，柳宗元"对"一句。在这个问对中就有许多精辟的论断，也包含着一些天才的猜想，其中也包括国家的起源问题。这在当时是很了不起的思想。有兴趣的同学可以看看《柳河东集》。再一个代表人物就是杜佑，他的代表性著作是《通典》二百卷。杜佑的史论，把中国古代历史理论推向一个新的高峰，其重要表现就是对社会结构、国家职能、经济与政治地位、夷夏之辨和民族关系等问题都提出了自己的认识。《通典》分为九门，第一次把食货放在九门之首。《食货》就是经济，将经济置于各门之首，继承了管子以来的"衣食足而知荣辱"的思想，这是了不起的。他对地理环境和民族发展的关系提出了一个论点："古之中华，犹如今之夷狄。"意思就是说，古代中华和夷狄一样，那么为什么中华进步了，夷狄没有进步呢？因为夷狄都处在边远地区，地理条件不好，所以就难以产生圣人。没有圣人，就没有人来进行改革，他们的卑风陋俗就一直维系到今天。而中华处在中原地区，自然条件好，文化水平发展高，不断出现圣人，不断进行改革，所以就发展起来了、进步了。他说不应当对夷狄那么蔑视，他的这些思想就显得尤其可贵，在当时达到了一个很高的高度。当然，这一时期还有许多这样的著作，比如，《隋书》的史论、《后汉书》的史论等，都有很多深刻的理论见解。

第三个阶段是繁荣和嬗变时期，即五代到明清时期。这个时期的代表人物和代表性著作非常多，比如，司马光、范祖禹、郑樵、马端临、李贽、王夫之等。我只能举三四个人为例简略地说一下。在司马迁之后，郑樵发挥了"通古今之变"的概念，提出了"会通"的概念。会通首先要求通，既包括横通，又包括纵通。集中反映郑樵会通思想的是《通志·二十略》，从"通古今之变"发展到"会通"思想是一个新的飞跃。当然，我们也要注意到郑樵由于坚持会通思想而把断代为史贬低了，他说班固的《汉书》断代为史，简直是一个罪人，这个看法是不对的。中国历史的发展主要表现为王朝的更迭，断代为史符合中国历史的特点，不能因为强调会通，就否定断代为史。作为第一部断代皇朝史，《汉书》的成就是非常高的。再就是马端临在《文献通考》中也提出一个见解，认为历史发展有相因之处。比如，历代典章制度是相因的，前后有继承关系。汉承秦制，唐制也有很多承自隋制，而隋朝很多制度又来自北周。这个说法是大致成立的。他还说"治乱盛衰不相因者也"，一个朝代的兴亡和另一个朝代的兴亡是不一样的。因为每个朝代兴亡的具体原因是不一样的。比如，刘邦击败项羽建立西汉王朝，刘秀击败割据势力和农民起义军建立东汉王朝。李世民父子太原起兵建立唐朝，其中的原因和具体方式都不一样。所以，马端临说"治乱兴衰不相因者也"。但是从唯物史观来看，治乱兴衰在"不相因"当中，有它的规律性。今天我们要讨论的问题，就是历代王朝的治乱盛衰有何规律可循，不相因在什么地方，相因在什么地方，我们到底能从中总结出什么？这是需要认真思考的。

作为这个时期的代表性人物和标志性著作，还有王夫之及其《读通鉴论》和黄宗羲及其《明夷待访录》。《读通鉴论》是中国古代历史理论的总结性成果，其四篇叙论更是点晴之笔。《明夷待访录》以犀利的笔锋批判君主专制主义，开早期启蒙思想之先声，显示出"嬗变"的性质和趋势。

三、中国古代史学理论的特点和发展大势

前面讲历史理论，这里来讲史学理论。

首先，关于中国古代史学理论的特点，我想强调一点，它是和中国史学批评密切联系的，甚至我们可以这样认为，中国古代史学理论是在史学批评的过程中不断形成起来、发展起来、成熟起来的。我曾经没有把握地跟研究文艺理论、文艺批评的朋友交换意见。我问他们，从文学史看文学理论和文学批评有没有直接的联系？我得到的答案是肯定的，所以就增加了对这个问题的认识：我们讨论中国古代的史学理论问题，一定要关注史学批评。

什么是史学批评呢？就是史学评论，就是人们对史学家、历史著作、史学现象、历史学的社会价值和功能以及史书编撰等一系列问题提出的认识和讨论。比如，孔子说"董狐，古之良史也"，这就是史学批评，是评论史家。《左传》评论《春秋》"微而显，志而晦，婉而成章，尽而不汙，惩恶而劝善，非圣人谁能修之！"这是对《春秋》这部史书的特点进行概括和评论。班氏父子评论《史记》以后，史学批评就更多了。在这些评论的发展过程中，我们可以梳理出其中的

理论性认识，所以中国古代史学理论的一个重要特点就是在史学批评当中形成、发展、升华起来的。

其次，关于中国古代史学理论的发展大势。

中国古代史学理论的发展，我认为可以分为四个阶段。

第一个阶段是它的产生时期，即先秦、秦汉时期。这一时期的主要特点是从史学意识发展到自觉的史学发展意识。"自觉的史学发展意识"这个概念是我提出来的。史学意识怎么理解呢？比如，孟子说："王者之迹熄而《诗》亡，诗亡然后春秋作。"时代变了，历史著作也发生了变化。孟子指出了史著的产生是同王室衰微、诸侯争霸的历史相联系的，这就是一种史学意识。孟子还说："孔子作《春秋》，而乱臣贼子惧"，指出了《春秋》的社会功用。到司马谈和司马迁的时候，就不只这样了。他们说，从周公到孔子五百年，从孔子到现在又有五百年了，其间发生了很多重大的事情，涌现了很多明主贤君，作为太史令，有责任把它记述下来，司马迁后来和壶遂有一段对话。壶遂说，你怎么可以和孔子相比呢？司马迁谦虚地回答说，我怎么敢比肩孔子呢？我只是效仿孔子，整齐故事而已。但是，如果我们仔细品读《太史公自序》和《报任安书》，就可以看出来，司马迁的本意就是要"继《春秋》"。这种"继《春秋》"的旨趣，就是一种自觉的史学发展意识。它以发展史学为目的，而不像孟子那样只是就具体的事情来讨论。到了班固父子，他们也要发展司马迁的史学，虽然有些地方不如司马迁，可是这种史学发展的意识值得肯定。所以，司马迁奠定的自觉的史学发展意识，是这一时期史学理论发展的一个标志。

第二个阶段是中国古代史学理论的形成时期，即魏晋南北朝和隋唐时期。这个时期的主要特点是提出系统的史学批评理论，代表性人物和标志性著作就是唐朝的刘知幾和他的《史通》。《史通》全书五十二篇，传世四十九篇，佚失三篇，基本保持了原来的面貌。《史通》是一部系统的史学批评著作，它对以往的史学进行了总结性的批评，改变了单就史学的局部或个别问题进行批评的局面。这部书很重要，学习历史专业的同学，都应该好好读一读《史通》。读文学专业的同学，如果不读《文心雕龙》，那是一大遗憾。《史通》在历史学领域具有同样的重要性，研究史学的人要把《史通》置于座右。老一辈史学家如侯外庐、翦伯赞、白寿彝、杨翼骧等都写过关于《史通》的长篇文章。20 世纪 80 年代，我读《史通》时做了一个笔记，叫《史通瑕疵》，意在指出《史通》中存在的问题，我本来想每篇写一个札记，后来因为其他工作没有做完，只写了十几篇。其中有几篇经白寿彝先生审阅后，发表在《史学史研究》上。我曾要求我的两个硕士生编一本《史通词典》，但这个词典后来没有印出来，草稿还在。

第三个阶段就是中国古代史学理论的发展时期，即五代宋元时期。两宋时期学人理论思维发达，所以它在中国思想史上的地位很高，在史学思想领域里的成就也高。这和理学的兴起有密切关系，同时也和史学自身的发展有密切的关系。这一时期的代表人物和代表著作也有很多，我可以举几个例子。一个就是撰述《新唐书纠谬》的吴缜。《新唐书纠谬》专挑《新唐书》的毛病，他还写过一本《五代史纂误》。吴缜为什么写这两部书呢？有人说，当初欧阳修组织编修《新唐书》的时候，吴缜曾毛遂自荐，却被欧阳修拒绝了，吴缜心里有怨气。过了若干年，吴缜变得更加有学问，也做了官，这时《新唐书》修成了，于是吴缜就专门挑《新唐书》的谬误。《新唐书纠谬》将他认为的《新唐书》谬误之处分为二十类，每类都举了一些例证，那是很扎实的一部书啊！后人对这部书评价不一，著名学者钱大昕批评吴缜的人品不好，说他因为当初没能参加修纂《新唐书》就专挑别人的毛病，器量狭窄。另一名家章学诚则不然，他说吴缜很不错，能够这样严谨、这样有勇气地批评一个名家的著作，值得肯定。钱大昕、章学诚都是乾嘉时期的重要史学家，两个人对吴缜的评价差别这么大，值得深思。吴缜在《新唐书纠谬·序》中提出了非常重要的史学批评见解，这个见解虽然文字不多，但在某种意义上比刘知幾所论"史才三长"又进了一步。他说，撰写历史著作要有三个条件。第一是事实。撰述历史必须要尊重事实。他对事实有一个定义："有是事而如是书，方为事实。"大意是说，有这个事情就按照这个事情的本来面目写下来，这才叫事实。20世纪80年代中国史学界曾讨论什么是历史事实，这个讨论是从外国人那里来的，不是从吴缜那里来的。如果我们沿着吴缜这条路来讨论，探讨吴缜哪些地方说得对，哪些地方说的不够，再借鉴外国人的某些看法，对这一问题加以丰富，这种做法就比较好，这是题外话。第二是褒贬。褒贬就是评价，对所记载事实的评价。褒贬这个术语在中国古代一直沿用了下来，成为史学批评的一个重要范畴。第三是文采。历史撰述必须要有文采，"言之无文，行而不远"①，孔子、孟子都强调这一点。吴缜的高明之处在于他对三者关系的认识。他说，如果有事实而无褒贬、无文采，"犹不失为史之义"，说明虽然缺少褒贬，文采又比较差，但毕竟还是在撰述历史。如果说事实写得不对，又凭空褒贬，虽然文采很好，也是违背历史撰述之义。我们全面地来看吴缜的这几句话，可以得到很大启发，因为这几句话到今天还适用。历史撰述首先要尊重事实，然后是对历史的深刻见解和评论，再加上很好的文采，就是一部很好的历史书。如果达不到这个要求，你首先要把事实写出来，否则就不能成为一个史学家。所以，吴缜这个理论很有价值，很值得我们继续探讨。我再举一个例子，就是南宋的高似孙，他的著作有《史略》和《子略》。我们说史学批评现象早已有之，但是自觉的史学批评意识出现比较晚，《史略》具有鲜明的、自觉的史学批评意识，值得重视。如其卷一有"诸儒史议"，列举前人对《史记》

---

① 《左传》襄公二十五年，杨伯峻春秋左传注本，北京：中华书局，1981年，第1106页。

的评论。卷二简述前人对《汉书》以至《五代史》的评论等，都反映出这种意识。南宋还有一部私家目录书，就是晁公武的《郡斋读书志》，在这部目录书里首次出现了"史评"这个分类。史评就是史学评论，这个分类很重要。《史略》具有自觉的史学批评意识，《郡斋读书志》出现了"史评"的分类，说明这个时期的史学批评达到一个新的境界。这里，我希望大家分清两个概念，一个是史论，一个是史评。史论是评论历史，史评是评论史学。我的根据就是晁公武的《郡斋读书志·史评》。如果我们把这两个概念与历史理论、史学理论的概念对应起来，就比较容易理解了。因为宋人在这方面的理论成果很多，所以我们说这是中国古代史学理论的发展时期。

第四个阶段就是中国古代史学理论的终结时期，即明清时期。终结时期的特点是什么呢？概括说来，就是批判、总结和嬗变。这一时期的代表人物很多，晚明的王世贞是其中一位。已故的顾诚教授曾写过名为《王世贞的史学》的文章，南开大学孙卫国教授也写过一本专著叫《王世贞的史学》。王世贞在史学理论方面的见解很多，值得我们特别关注的，是他对国史、家史、野史这三个类型的史书进行了辩证的评价。他说，国史的优点在于所掌握的资料比较全面、比较丰富，在史料保存上值得重视，但由于它代表朝廷的意志，所以那些史官在历史评价上就有可能偏颇妄为，失之于"人恣而蔽真"。家史的缺点是记载家族历史时对祖辈业绩有所夸大虚美，失之于"人谀而溢真"，但其所记载的先人职位、奖赏等比较确实，值得参考。野史的好处是不受朝廷的约束，在史学评论思想上比较放得开，但它的缺点是作者掌握的资料有限，他可能根据有限的资料来下结论，失之于"人臆而失真"。王世贞对国史、家史、野史的是非得失，说得一清二楚，他的见解到现在还值得我们借鉴。这一时期史学理论发展的一个趋势就是总结和嬗变。钱大昕、王鸣盛、赵翼的史学是带有总结性的，特别是对正史撰述的得失进行了总结，顾炎武和他的《日知录》对以往史学也有很多总结性的评论。那么，史学理论的变化反映在什么地方呢？主要反映在章学诚和他的《文史通义》。章学诚擅长思辨的思维形式，这种思考问题、阐述问题的方式与西方学者类似，而且他还提出了一些前人没有提出过的看法，或者他在前人的基础上提出了更全面的看法。比如，"六经皆史"，这个说法虽然不始于章学诚，但他非常明确地提出"六经皆史"的观点。这样就把史学的范围拓宽了，使人们用一种平常的心态去判断六经，而不再把六经看作高不可攀的圣物。《文史通义·原道》反映了章学诚在历史理论方面的基本见解，其中对天人关系、古今关系特别是天人关系的认识已经达到了一个新阶段，这个阶段已经和近代以来的思想很接近了。再有，龚自珍关于史学的一些见解，也值得重视，而他正是站在近代门槛上的人物了。

四、深入研究中国史学的理论遗产

以上所讲的是中国古代史学理论的特点和发展大势，最后，我想谈谈深入研究中国史学的理论遗产的有关问题。

在当前形势下，我们一方面是开放，引进、研究、分析外国史学，借鉴其中的积极因素，以有益的成果来丰富我们。同时，我们要发掘自己的理论遗产，这两个方面是辩证统一的关系。我们要争取和西方史学"同步走"，再进一步"领着走"，不能总是"跟着走"。但是，我们想"领着走"，有更大的话语权，那就必须有"领着走"的条件，不是几句话能解决的。中国史学在世界史学中想要扮演"领着走"或者至少在某些方面"领着走"的角色的话，有一个问题值得我们思考，那就是我们能不能提出全世界同行都关注的重大问题，至少他们也认为是重要的问题，甚至是他们未曾认识到的重要问题。我当时针对这个问题讲了一番，海登·怀特先生马上就说，我们从"二十四史"中能看到什么理论呢？这就是差别。所以，年青一代要有使命感，要有责任感，要经常思考一些问题。知识是非常重要的，但是提出新的问题更重要。因为有了问题才能够创新，有了问题才能够有突破。

首先，要深入研究中国史学的理论遗产，问题意识非常重要。提出新问题的能力，决定着我们对于理论问题的深入程度和成就大小。中国史学素有重视思想和理论的传统。从孔子、孟子讲事、文、义，到司马迁说"好学深思，心知其意"，一直到梁启超明确提出不懂得历史哲学就不能成为良史，这个优良传统一直在随着时代的变化而不断延续和发展。马克思主义史学家，李大钊、郭沫若、翦伯赞、侯外庐等都特别重视理论。他们为后人留下了丰厚的理论遗产。那么，在继承中国古代史学的理论遗产的基础上，我们今天应该怎样深入研究和利用这些遗产呢？我想一个最重要的基础工作就是从梳理概念和爬梳问题入手。中国历史学在不同的历史时期，提出了一些重要概念，比如，天人、古今、时势、理道等。这些关于历史理论的概念一直在沿用，我们应该研究中国历代思想家、史学家赋予了它们什么含义，有着怎样的流变。比如说，"天"的概念是在不断变化的，据一位年轻朋友的研究，中国古代人们关于"天"有十七种含义，概括说来一个是指有意志的天，一个是指自然的天，一个是指客观形势的天。章学诚说："尽其天而不益以人。"这个"天"就是指客观的历史，"不益以人"就是不要加上个人的主观意志。对于"人"的认识也是在变化的，我们说司马迁奠定了中国古代史学的人本主义传统，也就是人在历史发展中的中心地位。历史就是人的活动，这也符合马克思主义的观点。对于这样一些基本概念，我们要进行梳理，同时在梳理过程中要善于发现问题，然后再把这些问题加以论述，这样我们就慢慢做好理论研究的准备了。我和龚书铎教授主编的《中华大典·历史典·史学理论与史学史分典》三卷本，对很多理论问题进行了比较系统的分类和初步的梳理，大家可以参考、批评。

其次，从史学理论领域来看，也是如此。我在《中国古代史学批评纵横》这本小书中提出了一些看法，比如，史学家在才、学、识方面的修养问题；历史撰述中的直笔与曲笔，史法与史意问题；会通与断代问题；时代与史学的关系问题；史学的审美问题等，这些都是很重要的理论问题。对其中某一问题进行深入的研究，拓展开来论述，写成专门著作，可以更加凸显中国史学的特色和风采。

最后，我要说，我很高兴在 25 年之后回到华中师范大学来交这份答卷，一个初步的答卷，同时也展望未来，希望和青年朋友们继续共同努力，深入研究中国史学的理论遗产，把中国史学推向更高的境界！

附

瞿林东教授访谈录

探索史学的历史、理论及其社会意义

——瞿林东教授访谈录[*]

史 文 薛 义

问：请您谈谈您的学生时代，您为什么要选择历史学专业？

答：1937 年 12 月，我出生在安徽肥东巢湖之滨的农村。幼时因颠沛流离、家境贫寒，未能读书。十岁时，在乡村念了几个月私塾，并学习写大楷、小楷。这几个月的私塾对我是很宝贵的，我开始接触了书本，也感受到读书是多么重要。不久，我又辍学了。新中国成立后，1950年年初，我离开家乡到南京求学。在南京，我寄居在叔父家里。因得到邻居家一个正在读小学四年级的学生的热心帮助，经过一个夏天的努力，这年秋天，我插班考入了白下区游府西街小学四

---

[*] 载《史学月刊》2003 年第 1 期。

年级，从而开始了我的正规的读书生活。这时我已经 13 岁了。三年小学时期，我读了不少小说，中国古典小说和苏联小说读得最多，曾经梦想将来当一个作家。

1953 年 9 月，我考入南京市第一中学，并于 1956 年 7 月初中毕业时被保送进入本校高中，这样，我在南京一中度过了六年中学时代。在中学，我依然酷爱文学，参加古典文学课外小组活动，希望将来从事文学工作。高中时的文学课老师朱希平老先生，讲课很认真、很投入，有很大的吸引力。有一次，他出了一道作文题：《孔雀东南飞》读后。后来，他在我的作文上写了这样的批语：分析深刻，语言流畅，可另纸抄写，向报刊投稿。我没有胆量按照他的要求去做，但却从中受到了很大的鼓励，似乎将来自己真的可以去做一个文学工作者了。高中毕业前一年，同学们偏科的现象非常严重，文科的课程越来越不受重视了。在这种情况下，我有两次在历史课的小测验中得了"5"分，引起了老师和同学们的注意。于是在高三毕业填报高考志愿时，我写上了历史专业，而把新闻专业反倒填到历史专业的后面去了。

1959 年 9 月，我进入北京师范大学历史系本科学习。从我们这一届起，历史专业由四年制改为五年制。五年中除学习了必修的基础课外，还学习了一些选修课课程。在基础课中，我偏好中国古代史、中国史学史。在选修课中，我选了先秦史和《三国志》研读。这对我后来的教学和治学都有很大的影响。我偏好中国古代史课程，这同我小学、初中阶段读了一些古典小说，高中时又读了一些其他古典文学作品有关。中国史学史课程是白寿彝先生讲授，这是一门新课程，白先生又讲得有理论色彩，对我很有吸引力。赵光贤先生开设的先秦史、何兹全先生开设的《三国志》研读两门课，都同中国古代史相关联，我自然不愿意错过学习的机会。在五年的本科学习中，我从许多老师那里得到教益，有些教益可以说是终身相伴的。

经过大学本科五年的学习，我已经不再想着去做一个文学工作者了，而是一心一意准备做一个史学工作者。1963 年 10 月，国家计委下达文件鼓励应届大学毕业生报考研究生。我经过反复考虑，报考了白寿彝先生为导师的中国史学史专业的研究生。那时报考研究生，要考六门课程。其中一门是作文，记得我的作文题目是《展望我国的科学——谈中国史学史学科的兴起》。主题是统一命题，副题是我自己贸然加上去的。这篇作文得了高分，白先生很高兴。

1964 年 9 月，我开始了攻读研究生的学习阶段。在白先生的指导下，第一门课程是毛泽东关于批判继承历史遗产的理论。在反复研读的基础上展开讨论，然后写出小结。这一门课对我有很大的帮助，这主要反映在三个方面：一是对中国拥有优秀的历史文化遗产要有足够的认识，在批判继承的基础上建设中华民族的新文化；二是要注意区分精华和糟粕，不能兼收并蓄，更不能全盘否定；三是批判继承历史文化遗产，对于当前的历史运动具有重大的意义。30多年来我始终恪守这些原则和信念，它们成为我的历史观点和治学准则的重要根据之一。这个时期，我还就《史记》和《汉书》的评价标准进行探索，撰写了《史记》与《汉书》比较研究的方法论的文章，文中涉及历史观的比较及评价与编纂学的比较及评价。我把这篇习作送交白先生指正，旋即开始了"文化大革命"。这篇文章虽然没有发表，但我通过对这个问题的思考，在理论上是有收获的，因而给我留下很深的印象。

从小学四年级到研究生毕业，我度过了 17 年的学生时代。我庆幸自己受到了良好的教育。老师们的辛勤教诲给我铺垫了走向未来的道路。

1967 年研究生毕业后，我被分配到内蒙古通辽师范学院（现为内蒙古民族大学），在那里工作了 13 年。1980 年，白先生创办北京师范大学史学研究所。第二年，我被调回母校，在史学研究所从事研究工作和教学工作至今。

问：20世纪80年代以来，您在中国史学史研究领域有许多论著问世，受到史学界的关注，您能谈谈您的治学经历和学术风格吗？

答：我真正着手研究中国史学史始于1977年，至今已有25个年头了。回顾这些年来我在中国史学史领域中所做的研究，大致经历了这样几个认识过程和发展阶段。

（1）从研究断代史学入手，以取得一个研究上的立足点。

中国史学史是一门内容非常丰富的专史，需要接触许多原始文献，而一个人的能力、精力都是有限的，为了避免浅尝辄止、游离无根的弊端，我经过大约一年时间的思考和准备，下决心把研究唐代史学作为我的研究工作的起点。我做出这种选择有以下几个原因：一是我对唐代历史有浓厚的兴趣；二是唐代史学在中国史学发展过程中出现了一些转折，如设馆修史、系统的史学批评著作的出现、典制体通史著作的问世、各种体裁通史著作的复兴和创造、历史笔记的兴起等；三是以往关于唐代史学的研究成果甚少，许多地方还是有待填补的空白。当然，因以往的研究成果少，可资参考者不多，会给研究工作带来不少困难，但这种困难比起那种希望能够去开拓的激情，就是第二位的了。因此，当时我是抱着"破釜沉舟""义无反顾"的决心，开始对唐代史学进行研究的。经过十年的积累，我在1989年出版了《唐代史学论稿》一书。这部论集，反映了我在两个方面的收获。第一，对于唐代史家群体的思想、活动、成果，以及对于唐代许多历史著作、史学评论的产生、内容、观点有了一个比较全面的认识，初步把握了其中发展的脉络及其得失，以及它在承上启下中的作用。第二，对于唐代历史发展同唐代史学发展的相互关系形成了比较具体的、深刻的认识，如唐代的政治统一局面、唐代的门阀制度、唐代中后期的藩镇割据等，如何影响到唐代史学的发展；又如唐初八史的修撰、关于封建的讨论对于在思想观念上维护国家统一所起的积极作用，《贞观政要》《通典》等政治史、制度史的问世对于当时政治生活的积极影响，民族史和域外记载的增多进一步开阔了人们的视野，加深了人们对国家和世界的认识，而谱系之学的发展则延续着人们的门阀意识，影响着当时的社会风气等。我认为，有了这两个方面的收获，才谈得上对唐代史学有了初步的认识，才算得上在中国史学史研究领域里有了一个立足点，当然也是继续前进的出发点。

(2)着意于"通"的追求，以便对中国史学史有一个比较完整的认识，这是向研究工作的深度、广度发展的前提。

中国史学史是一门专史，而对于专史的认识仅仅停留在某一个断代的认识上是远远不够的。这是因为：不"通"，便不能纵观全局，看清脉络，揭示规律，从根本的意义上去认识中国史学史；不"通"，便不能对局部做出准确的认识、定位和恰当的评价，容易陷入以偏概全甚至一叶障目不见泰山的误区，此乃学术研究之大忌；不"通"，难以深入理论层面，而缺乏理论上的综合，便难以揭示事物的内在本质；不"通"，也不符合中国史学之会通的传统。基于这些认识，我是有几分自觉而着意于"通"的追求和努力的。不论我事实上达到何种程度，以为这种追求和努力是必要的。

在"通"的追求和努力方面，我时时感到力不从心。一是中国史书汗牛充栋，一生当中读不了多少，这里就有选择上的难度。二是自己的功力不足，对不少历史著作理解不深，难以揭示其要义。尽管如此，只要方向对头就应坚持去做。1992年，我出版了《中国史学散论》，这也是一本论集，其时限上起先秦，下迄当代，其内容则有史学史方面的专论，也有从宏观上对一些理论问题的阐述。这本书的出版，使我在两个方面增强了信心：一是对有些理论的阐述（如中国古代史学理论发展大势、传统史学的现代价值等）受到史学界不少朋友的关注，再就是"通"的追求和努力不断提高自己对中国史学史的认识。在这种心情驱动下的攀登，虽然很艰苦，但总是很有兴味的。20 世纪 80 年代末至 90 年代初，我参与《中华文明史》的撰写。1994 年，十卷本的《中华文明史》出版，其中起于先秦、迄于清末的史学史各章，是我在"通"的追求方面的又一尝试。在撰写中，我力图把史学同时代的关系和史学自身发展的特点结合起来，既反映出史学史发展的总的脉络，又显示出其各个发展阶段上的独特面貌。比如，我从魏晋南北朝的历史特点和史学特点中，概括出"史学的多途发展"；从明代社会特点和史学特点中，概括出"史学走向社会深层"等认识。这似乎多少有一点自得之学的意境，但如前所述，在我做这种努力的过程中，甚感自己的功力不足。我时时在想，对于中国史学史的"通"的追求，应当是终生努力的目标。学无止境，这是真理。

（3）向理论方面提高，探索学科建设问题。

中国古代史学有丰富的史籍、多样的体裁、生动优美的表述，为世所公认。但是它有没有理论呢？这个问题长期以来困惑着人们。20 世纪 80 年代中期，在一次全国性的史学讨论会上，不少人认为：中国古代史学以描述见长，没有理论。我不同意这种看法，提出了中国史学上的五次反思说。此说在《历史教学》上发表后，《人民日报》海外版、《解放军报》《文汇报》《新华文摘》等七八家报刊转载，产生了一定的影响。但在当时我却拿不出充分的、有力的根据来证明中国古代史学确有自己的理论，我只能承认还有待于研究。这件事情给了我很大的启发：在中国史学史研究中，要十分关注理论问题。1992 年，我在《历史研究》上发表了《中国古代史学理论发展大势》一文，首次对中国古代史学理论发表较系统的认识。这篇论文的基本观点和主要思路是：在文字被创造出来以前，人们就有了历史意识；有了文字以后，人们的这种历史意识通过历史记载、历史撰述保存下来。这一点过去人们都讲到了。当历史记载、历史撰述有了一定的积累，人们便开始了对它们和它们的作者进行评论，于是形成了史学意识；这种史学意识的发展，启发着人们对史学的改进、发展提出要求，这就是自觉的史学发展意识。史学意识、自觉的史学发展意识启发着史学批评的展开，而史学批评所涉及的各个方面的问题的积累与深化，便促进了史学理论的产生和发展。概括说来，就是这样一个演变过程：历史意识——史学意识——史学批评——史学理论。当然，这个演变过程不能脱离人们对客观历史的认识，这是毋庸置疑的。这篇论文大致反映了我对中国古代史学理论的认识；当然，这个认识只是粗线条的，它还有待于进一步丰富和深化，并取得具体的表现形式。1994年，我出版了《中国古代史学批评纵横》一书，可以看作这种深化的一个阶段和具体的表现形式之一。这是一本带有探索性质的书，以前还没有类似的著作。这本书涉及中国古代史学批评的一些主要范畴，如史德、史才、史学、史识、直书、曲笔、史法、史意等，也涉及史学批评的标准、原则、方法，还涉及史学批评的主体把握和社会效果，以及史学批评对史学理论的发展，以至于对史学的发展所起的作用等问题。

(4)注重史学史与史学理论的结合，史学史研究与关注现实历史运动的结合。

这些年来，我在中国史学史研究中，对这两个结合是逐步认识和明确起来的。我认为，只有自觉地意识到这种结合的重要性，才可能通过长期的努力而获得些许的积累，中国史学史研究的学术意义和社会意义，最终应以此为归宿。1998年4月，我的另一本论集《史学与史学评论》出版。此书以朴素的方式表明了作者对现实的历史运动的关注，其中也包括对当前史学发展的关注。在这里，参与意识和责任意识更能反映作者的旨趣和追求。学术工作的出发点与归宿，不应当局限于个人的范围，它是同社会联系在一起的，中国史学史的研究也是如此。基于这一认识，我把探索中国传统史学的精神本质和对当前史学工作发表评论性意见，看得同样重要，并孜孜不倦地去从事这些工作。展读此书之时，我唯一感到庆幸的是，我所从事的研究没有脱离社会，没有脱离他人，而是同社会联系在一起，同他人联系在一起。

上面说的这些，或许多少可以反映出我的治学历程和学术风格吧。

问：您能否对您的著作多做一点介绍？从这些著作的问世来看，您是否有一个长远的计划？

答：刚才讲到，我研究中国史学史，已有 25 年了。前 10 年是蹒跚而行，现在也还是在摸索之中。中国史学丰富厚重，博大精深，我所能认识到的，距离它的实际存在，还有很远的路程。我的研究，只不过是为中国史学史学科建设做一些拾遗补阙的工作。这 20 多年来，我的研究路径是：首先致力于一个断代史学的研究；在此基础上，一方面朝着贯通的方向努力，另一方面朝着理论的方向努力。因为史学史研究要以对历史的认识为基础，以纵通和横通为不断追求的目标，以具有理论性和现实感为最终的归宿。我的几本小书和一些文章，留下了这一路径的轨迹，它们是：《唐代史学论稿》(1989年)、《中国史学散论》(1992 年)、《中国古代史学批评纵横》(1994年)、《史学的沉思》(1994 年)、《史学与史学评论》(1998 年)、《史学志》(1998 年)、《中国史学史纲》(1999 年)。其中，《史学志》也可以说是上述两个方面结合的心得。这些书，有的前面已经讲到了，这里再补充说几句。

《唐代史学论稿》是我的第一部论集，前面我已经讲到了。从断代史学史角度讲，这部书是开创性的。有些海外学者对我说，最初就是通过这部书认识我的。

《中国古代史学批评纵横》一书，是一部探索性的书，在我所写的几本书中是比较受欢迎的。如果说《唐代史学论稿》是作为对断代史学史的研究的话，那么，《中国古代史学批评纵横》则是作为理论研究的一个尝试。虽然这个研究仅仅是开始，但这是一个重要的开始。这本书出版后，在史学界有较大的反响，许多报刊相继发表评论，认为它开拓了中国史学史研究的领域，提出了研究中国史学史的一种新的模式和新的视角，对促进史学理论研究的发展和当代史学批评理论的建设，以及中国史学史学科的建设，都有一定的学术参考价值。这是大家对我的鼓励，我深深感到，在史学界同行中蕴藏着很大的理论热情，以至于像我所做的这一点工作也受到这种热情的关注。

我的另一部著作《史学志》(《中华文化通志》之一，上海人民出版社出版)，是以中国传统志书的形式来概括和反映中国史学的历史、理论之诸多方面的成就的尝试，其核心部分是"史"的演进与"论"的展开相结合，既有纵的梳理，又有横的论述。这本书包含的内容是：中国史学发展的历程、史官制度和修史机构、史书的内容和形式、历史文献整理和历史研究方法、历史观念、史学理论、史学发展的基本规律和优良的传统。全书有史有论，史论结合。书中明确地提出了"历史观念"和"史学理论"两大范畴，在理论上的特点显得更突出一些。全书首叙中国史学发展的历程，概述其产生与成"家"、发展与转折、繁荣与嬗变、近代化趋势与科学化道路之总的脉络，上起先秦，下迄20世纪40年代。其后各部分内容即对中国史学之若干重要领域做历史的与逻辑的论述：从史官、史家而及于修史机构，从史学成果的内容与形式而及于历史文献的利用与历史研究的方法，进而及于历史观念的发展、史学理论的形成，最后以论述中国史学发展规律与优良传统为底调。这本书在关于中国史学发展的总体及其阶段性特征方面，在关于历史观念与史学理论的发掘、清理和阐述方面，在中国史学的发展规律与优良传统方面，提出了比较系统的见解，反映了这些年来我在中国史学研究方面的思考和积累所得。从一定的意义上讲，它或许可以看作关于中国史学的一部通论。

至于《中国史学史纲》一书，是为了阐述中国史学产生、发展的全过程及其阶段性特征和理论上的积累，并全面地说明中国史学的价值与作用。这本书和现在所见到的同类著作相比，试图在以下这些方面提出我的见解，以表明它的特点。第一，在内容方面，力图在阐述清楚中国史学发展之全貌的基础上，适当突出这一发展过程中的理论成就，并尽可能兼顾到有关认识历史的理论和有关认识史学的理论。第二，在分期方面，采用长期以来人们比较习惯并易于理解和接受的时段划分，使更多的读者在他所熟悉的历史时段的框架中去认识该时段史学发展的面貌。第三，在历史进程与史学发展方面，于横向上力图把握和揭示相关历史时段的社会面貌对史学发展的影响，于纵向上力图把握和揭示在社会历史发展进程中史学自身萌生、发展的过程，及其在各相关历史时段中所显示出来的主要特点或发展趋势，从而力图历史地和逻辑地来阐明中国史学的面貌。我希望这样的思考与表述，能够有助于我们在认识历史发展中来认识史学的发展，进而体察它们之间所存在的辩证关系。这本书出版后，受到了同行们的广泛关注。《人民日报》《光明日报》《中华读书报》《中国史研究动态》先后发表评论文章，还有一些不同年龄阶段的同行们给我写来热情鼓励的信，这对于我来说，是教益，也是鞭策。这本书还被一些院校历史系用作教材，这是对我的学术研究的检验，我更加感到肩头责任的重大。

从论文来看，如我写的司马迁如何总结秦汉之际历史经验这篇文章，迄今为止仍有参考价值。秦朝为什么会灭亡？项羽为什么会失败？汉朝为什么能建立？一直为后人所关注，可见这个问题的重要。认识这些重要问题，都有赖于司马迁的《史记》。如关于《隋书》史论、唐代谱学、吴兢与《贞观政要》、杜佑与《通典》的研究，以及柳宗元的史学理论、两宋史家的忧患意识、明代史学走向社会深层、近代中国史学走向世界的历程、中国古代史学理论发展大势、史学的时代精神等文，都提出了比较重要的问题，多少有一点新意。还有几篇谈历史智慧的文章，也受到了社会的关注。我所做的工作，还有一方面为社会所关注的，就是我写的评论性文章。我曾说过，没有评论，社会怎么知道史学的存在和价值，评论是史学同社会沟通的重要桥梁，是推动史学社会功能发挥作用的重要手段之一。我们应该加强这方面的工作，说评论重要，不能只停留在口头上，而应该脚踏实地地去工作，为此我出版了《史学与史学评论》一书。史学评论是让社会和公众了解史学研究成果，并从中得到教益和启发的重要途径，希望能有更多的人投身其中。

总之，我的研究，是在为中国史学史学科建设增添一砖一瓦。中国史学史学科大厦，要靠师友、同仁共同努力，甚至是几代人的努力才能建设起来。中国历来的学人对于"道"虽有广泛的理解，但总的说，"道"是一种很高的思想境界，我们可以把它看作人的认识从"必然王国"通向"自由王国"的标志。回顾自己研究中国史学史的经历和感受，远未达于"道"的境界。倘还有一点自知的话，那就是在学术研究中要有不断进取的意识。我对于中国史学史，从断代的研究走向尝试着作贯通的研究，从当代史学理论的研究得到启迪而回眸于中国古代史学的理论遗产，从对中国古代史学优良传统的概括性说明进而对传统史学的现代价值的深入思考等，都是受时代的启迪，受当代历史科学发展的启迪。诚如章学诚所说："学问以知人，知学先须知人。"我的这一自知，也只是自知之始；为了"知人""知学"，"自知"也是要不断提高、不断深化的。

接着上面的话题，我想说的是，一个人要在学术上做出一点成绩，除了自身必备的素质外，不仅还要有一个长远的计划，而且要能够面对客观环境所提出的问题。我对中国古代史学批评所做的研究及撰述就是如此。我之所以确定写中国古代史学批评方面的问题，在认识上是一个不断积累和发展的过程。归纳起来，大致有这样几点认识。第一，中国古代史学批评著作如《史通》《文史通义》素有盛名，多为人们所称引，因而有很大的影响。但是，中国古代史家和学人关于史学评论方面的著作或言论，是一个非常广阔的领域，其真知灼见、发展历程，并不是这两部名著所能涵盖的。古代的历史撰述、史学论著、文集、笔记中，多有史学评论的闪光思想。这是一笔丰厚的史学遗产，只因为我们缺乏自觉的系统发掘、整理、阐述，故这一宝藏尚未充分显露它的光华，这是需要我们努力去做的。第二，我在研读古代历史撰述、史学论著的过程中，获得一个不断明确起来的认识，即中国古代史学的发展除了社会的推动之外，史学批评所展开的对史学的反省，也是一个重要的动因。从这个意义上说，对中国古代史学评论或史学批评的探讨，将有助于我们全面地认识中国史学发展的过程及其规律。第三，20世纪80年代以来，我国历史学界在史学理论研究方面有了很大的进展，取得了不少成绩。这方面研究的不断深入，要求我们进一步从理论上去认识和总结中国古代史学，撷其理论成果，为丰富和发展当代史学理论提供借鉴，这是史学理论建设上的继承与创新所不可缺少的。这些年来，我逐渐认识到，中国古代史学理论的发展，虽非全然是但却往往是在史学批评中实现的，并取得了自己的表现形式。极而言之，不能脱离研究史学批评问题而探讨中国古代史学理论。

一言以蔽之，个人的设想和现实的启迪是分不开的。这20多年来我的研究路径也是如此。所谓长远计划，就是这样一个设想和实践的过程。

问：您为什么对中国史学史的研究有这样浓厚的兴趣？中国史学史研究对您来说意味着什么？在您的学术生涯中，谁对您的影响最大？

答：如果说20世纪60年代报考中国史学史专业研究生时，还有一些盲目性的话，那么这20多年来，我自身的经历是和中国史学史密不可分的，它已成为我生命中不可或缺的一部分。其间，选择中国史学史研究作为我终生为之奋斗的事业，这个信念我从来没有动摇过，更没有后悔过。这不单单是对白寿彝先生的中国史学史研究事业的继承和发展，也是对发掘、整理、继承中国古代史学遗产的一种责任，旨在推动当代中国史学的发展与进步，同时也是为了有益于当代中国社会历史运动的发展与进步，这是史学工作者的时代感和使命感的体现。

在我的学术生涯中，曾得到过许多师友的帮助和提携，但是对我影响最大的，还是我的导师白寿彝先生。从读研究生开始，特别是 1981 年到史学研究所工作以来，我所受到的白先生的教诲是多方面的，最重要的有三个方面。第一个方面，是重视理论的指导作用。白先生非常重视以唯物史观指导研究历史，这是他近半个世纪以来的追求。在这个问题上，白先生给我极深刻的教育。他提出这样一个论点：我们首先要坚持唯物史观指导；同时，我们也应该在唯物史观指导下进行新的理论创造。我想，这是对马克思主义理论的很深刻的理解。这种理论上的坚定信念和创造精神相结合，是对待理论指导的辩证态度，是理论上有活力的表现。第二个方面，是重视发现新问题。白先生认为，创新的学术才有生命力。对于读书、治学、写文章，他都强调发现、提出、说明新的问题。因此，他从不固守已有的成果和见解，一旦有了新的认识，即以其补充甚至修正过去的认识，他认为这就是发展。不囿于前人的成见，固然不容易，不囿于自身的成见，就更不容易了。这种治学态度，总是催促着自己自我更新，不断进步，永无止境。第三个方面，是重视文章表述的平实和精练。白先生不赞成烦琐的考证，认为选用最关键的材料才是真正的功夫所在；他也不赞成猎奇和对于孤证的夸张，认为一般说来，还是要靠基本材料来说明问题。他主张力戒浮词，同时也不赞成刻板，提倡准确、凝练、明白的文风。

此外，还有一条重要的原则，即史学工作同社会的关系。白先生始终恪守这样一个信念：史学工作者应当出其所学为社会服务，这是史学工作者的时代使命，也是史学工作者自觉地参与当前的历史运动的重要途径。他的这些话，表明了史学工作的社会价值，也表达了史学工作者的时代意识和历史责任，至今仍言犹在耳，铭刻在心。

总之，不论是治学还是做人，我从白寿彝先生那里所得的教益是深刻的，难忘的。虽然我自己做得很不够，但我始终非常珍惜这些教益，并不断地努力去做得更好一些。

问：您研究中国史学史的旨趣和准则是什么？您能否谈谈您从事中国史学史研究的方法？

答：我研究中国史学史的旨趣和准则是在研究工作中不断明确、不断锤炼起来的，可以做这样的初步概括。一是旨在发掘、总结和继承中国传统史学的丰厚优秀遗产，用以自觉地推动当代中国史学的发展；在保持史学发展连续性的前提下，继承和创新，是庄严的历史任务。二是力图把马克思主义的基本原理同中国史学遗产结合起来，用马克思主义基本原理阐释中国史学遗产，使其获得新的生命力、新的表现形式，也就是取得民族的形式——中国作风和中国气派，从而使其达到民族性和科学性的统一。三是坚持史学同社会的密切联系，即史学是社会历史运动的产物，而又反作用于社会，影响历史的发展。因为中国史学所蕴含的丰富的经验与智慧，至今仍有强大的生命力，有利于当前人们的历史创造活动。具体地说，史学可以使今天的人们把自己的视野延伸到遥远的过去，再从遥远的过去来审视现实，进而投向未来，使人们的精神世界极大地丰富起来，在自觉的历史感和强烈的时代感结合的基础上，焕发出更多的期望、激情、智慧和勇气，在当前的历史运动中发挥出更大的才能和创造精神。重复地说，史学所反映出来的改革进取精神、民族凝聚意识、忧患意识和重视历史智慧等优良传统，在现实的历史运动中都具有活力。从史学的社会功能来看，这要求我们认识到史学对于了解历史、观察现实、解喻人生的重要意义；认识到史学中所蕴含的智慧和激情，是现实社会中的人们最基本的素养之一。

中国史学史研究同任何其他学术研究一样，不能不讲究研究方法。然而，说到研究方法，我觉得很惭愧，一是不懂得新颖的方法，二是不精于传统的方法，只是恪守以勤补拙、自强不息的信念罢了。当然，这些年来的研究，也有一些做法和感受。我想，我所遵循和使用的方法，主要是辩证的方法、历史主义的方法，以及比较的方法和考证的方法。这里我想讲讲我的一些具体做法。

第一，对于中国史学的认识一定要建立在对中国历史的认识基础之上。因为，首先，一定的时代产生一定的史学，对时代特点认识不清，就不可能准确地阐说这个时代的史学特点。其次，任何关于史学的评价，归根到底都是以历史评价为前提。因此，要在中国史学史研究方面有所创获，就应当在认识中国历史上多用些工夫。我在 20 世纪 70 年代到 80 年代初约八九年中，从事中国古代史的教学。我曾以此向白寿彝先生"诉苦"，说是耽误了许多宝贵的时间。白先生却认为不仅没有耽误时间，而且对研究中国史学史大有益处。随着岁月的推移，我才逐渐领悟到这话的含义和分量。这些年来，我虽然不再讲授中国古代史的课程，但却仍然十分关注中国古代史领域研究的新进展，使自己随时补充新知，使中国史学史研究与之相适应。

第二，以研究一个时期或一个朝代的史学为立足点，进而纵向或横向深入发展，是研究中国史学史的路径之一。这是因为：中国史籍浩繁，任何个人都难以在短时间内展开全面的研究，势必要有一个立足点，然后向外拓展。我们知道，对于一个时期或一个朝代的史学做深入的研究，大致可以获得对史学之诸多重要问题的认识。

以此为出发点，可收举一反三之功。

第三，对于一个时期或一个朝代的史学的研究，一个有效的方法是先做编年。做编年有两个好处：一是了解大势，二是发现问题。我在研究唐代史学之初，先读了有关的八九十种文献，做了十几万字的唐代史学编年。于是，大致了解了唐代史学发展的脉络，同时发现了二三十个需要研究的问题，收获之大是我始料所不及的。应当承认，这个方法很笨，但却是扎扎实实的。近些年来，南开大学杨翼骧教授编著了《中国史学史资料编年》，现已出版了第一、二、三册，足资参考，这是对中国史学史研究的一大贡献。

第四，中国史学史是一门专史，它同任何专史一样，贵在通识。因此，对于任何时期之史学的研究，对于任何史家、史著的研究，一是要根据那个时期的历史条件去评价，二是要置于中国史学发展总体中去评价，这样才可能避免或减少片面与夸大，不至于在评价中否定前人、无视后人，产生这样那样的偏颇。中国史籍的浩繁，以致任何人都难以达到真正的"通识"。因此，"通识"只是相对的，但"通识"的意识和要求，却不可没有。踏上走向"通识"的道路没有捷径，多读书、多思考是唯一可靠而有效的方法。

第五，要关注当代史学的发展。关注当代史学发展的一个重要方面，就是要关心当代人的著作，重视研究现实问题。当代人要读当代书，要研究现实问题，这好像是不成问题的事情。其实，也不尽然，我们有一些研究历史的朋友，却未必都对当代感兴趣。这实际上就等于把自己封锁在小楼里了，不能广泛地吸取今人的成果。治学如积薪，后来者居上。忽视今人的著作，不去汲取今人的研究成果，是难于在学术上有大作为的。关注当代史学的发展，还有一个重要的方面，就是要营造良好的、健康的学术氛围，重视史学评论工作。学术上的繁荣进步，要靠评论工作来促进。怎样开展评论呢？最重要的是要实事求是。赞扬，但不捧场；批评，但不挑眼。

要造成这样一种学风：一部著作出版了，有人关心，有人过问。我们研究史学史的人，更要关心。这样做，不仅有利于自己的提高，而且对作者和广大读者都有益处。可以肯定地说，正常的史学批评的开展，健康的学术氛围的形成，是推动史学发展的动力之一，是史学工作者关注当代史学发展的重要途径，也是史学史工作者义不容辞的责任。

第六，历史研究成果的表述形式是史学工作的重要环节，把文章写好是史学工作者的基本功。学术论文贵在平实，切忌华丽辞藻的堆砌和各种新式语汇的排比。对材料要分清主次，不能平摆。话不要说得太满，要以商量的口吻，平等地进行交流。文章千古事，得失寸心知。太史公也强调"心知其意"。在实践中要多一点悟性，有了较深刻的感悟，再去实践，如此反复，就会不断提高。

第七，我想着重指出一点：中国史学源远流长，博大精深，为世界各国所仅见。中国古代史学遗产中有些已经落后了，没有继承的必要了，但优秀的遗产十分丰富，在当代仍然有活泼的生命力和现实价值。因此，当我们还没有认识这些问题的时候，不要轻易地去否定古代史学。因为那样做，不仅反映出自身的浅薄，而且无益于一般读者。中国史学是中国历史的记录，从这个意义上说，它是神圣的。尽管它有缺点、有局限，但这并不会改变它的神圣性和固有的价值。

问：从全局来说，您怎样看待中国史学史研究的发展趋势？

答：作为近代学科史之一的中国史学史研究，是20世纪20年代梁启超提出来的，30、40年代是草创时期，50年代显得寥落，60年代初是一个比较活跃的阶段，"文化大革命"10年陷于沉寂。80、90年代，中国史学史有了迅速的发展，取得了丰硕的成果，中国史学史研究迎来了它的春天，进入了它的建设时期。它有如下几个特点。

第一是研究步伐的加快。第二是研究队伍的扩大，这两点我就不细说了。第三是研究领域的拓展。从时限上看，中国史学上自古代、下至近现代以至于当代，都成为研究的对象。从内容上看，研究者大都力图走出史官、史家、史著的模式，而关注史学发展的脉络及其阶段性的特点，关注史学思想的演变，关注史学与社会的关系；有通叙史学之整体发展趋势者，也有着重论述某一断代史学面貌者，有着重爬梳史学流派而分别予以评价者，也有就某一史家或史著写成专著者；尤其值得重视的是，还有就少数民族的史学做专门研究者。从研究成果的表现形式看，有论文，有专著，有教材，有专题论集，有综合论集，有史家评传集，有史著评介集，有资料编年，有史家词典，有史学史辞典，有史著解题等。所有这些，都反映出了中国史学史研究领域有了很大发展。第四是研究成果丰硕。自 1980 年至 2000 年以"史学史"名书的中国史学史著作，有 20 种左右；如果把多种表现形式的著作统计在内，其数量当有百余种之多，而论文则在千篇以上。第五是突出了理论色彩。主要表现为这个时期的中国史学史研究，提出与探索的理论问题很多，大致围绕着中国史学史的研究对象和范围、中国古代史学的求真原则与致用目的的关系、中国近代史学的形成和发展，以及传统史学在当代史学建设中的地位等重大问题展开了深入的探讨，并取得了可喜的进展。

当然，在这样一个良好的发展趋势下，也存在不少问题。我看目前的中国史学史研究至少还存在如下几个问题。一是重复研究过多，创新意识不够。二是个案研究、具体研究多，而关于中国史学史学科建设与发展的整体研究显得不足。三是现实感比较淡薄，与现实社会的发展有些脱节。四是史学评论滞后，争鸣、商榷文章很少。五是中国史学史还没有资料翔实、内容丰富、结构恢廓的鸿篇巨制，这同浩如烟海的史学遗产很不相称。

至于中国史学史研究未来的走向，现在也只能作一个大概的估量。我认为在 21 世纪，中国史学史研究在继承以往研究的基础上，将呈现出这样的发展前景。

一是继续开拓中国史学史研究领域。诸如加强对断代史学史及少数民族史学史的研究，因为迄今为止还没有一部翔实的、有分量的断代史学史专著，这主要源于我们对史学认识不够深刻。而少数民族史学史研究则更为薄弱，这是因为研究史学史的不懂少数民族语言文字，而懂少数民族语言文字的，却对史学史很陌生。应当看到，这方面的研究有很大的空间。

二是加强中国古代历史编纂学及其理论的研究。中国古代历史编纂学主要讲的是史书的体裁、体例问题，也就是我们通常所说的史书之外部形式和内部结构。在这方面中国传统史学有丰富的遗产，加强这方面的研究对我们认识中国史学史一定会有很大的帮助。还有对史注、史表的研究也很缺乏，史注、史表不仅是反映了对历史的一种认识，而且也是文化传承的一种媒介和积累，但是我们还没有从史学史的角度进行整理和研究。

三是深入研究理论，即对历史理论和史学理论的研究。历史理论研究应该向着历史哲学方面发展，这对推进中国史学史发展具有重大的意义。研究历史理论，应该首先从研究中国历史理论入手。研究中国历史理论，就要弄清在中国史学史上有哪些范畴？如司马迁《史记》中所讲的"势""天人""古今""物盛而衰"，以及后来人们所讲的"理"与"道"，再如"水能载舟、亦能覆舟"，还有"天时、地利、人和"等，这些概念是否可以作为稳定的范畴提出来，至今还是若明若暗。除了范畴之外，还有一些重大问题，如地理条件与社会发展的关系、人口状况与社会发展的关系、民族融合与社会发展的关系等，都还有待于从史学史上做更加深入的探讨。关于中国古代史学理论的研究也是很不够的，同样都有很大的研究余地。总的说来，从理论的层面上看，我们同当代西方史学比较起来，有明显的不足和差距，无法与人家在同一水平上进行对话。这种情况应当有所改变。

四是中外史学进一步加强联系，特别要加强比较研究。虽然经济全球化并不会导致文化的全球化，但经济全球化必然会加强文化之间的联系和交流，加强比较研究就显得尤为重要。

五是加强史学史研究与史学理论研究的结合、中国史学研究与外国史学研究的结合。史学史研究与史学理论研究的结合，是把史学史研究引向深入的一个重要途径，同时也使史学理论研究有更深厚的根基。中国史学研究与外国史学研究的结合，是为了让外国同行更全面地了解和认识中国史学的发展与成就，同时也使我们从外国史学中获得启迪，以推动中国历史学的发展。

问：人们经常讨论的一个问题是，"史学有什么用?"您对这个问题有什么看法？

答：这个问题问得好。从孔子、孟子、司马迁以来，2000多年了，人们对于这个问题的理解和认识有许多讨论，我认为可以就这个问题写一本专书。史学的作用有丰富的内涵，当然，最重要的还是史学同社会的结合，同人生的结合，同国家与民族命运的结合。史学究竟有什么用？这是许多人包括一些史学工作者甚感困惑的问题。如果这个问题不解决，那不仅是"史学危机"，恐怕更是民族的悲哀了。20世纪80年代以来，随着外国史学著作的大量引进，人们可以读到关于这个问题的种种解释，同时，也伴随着产生了对中国古代史学的种种误解，有些误解至今仍然存在。比如，有人认为中国古代史学是"资治"史学、"劝诫"史学，因而在今天没有什么值得重视的地方。中国古代史学确有资治、劝诫的功能，但它的功能绝不止于此，它在今天也还有现实的价值。1991年，我发表了《传统史学的现代价值》一文，从进取精神、凝聚意识、历史智慧三个方面，论述了传统史学中的优秀部分在当代的现实意义，受到学术界的关注。在这个认识的基础上，1994年，我出版了《历史·现实·人生——史学的沉思》一本小书，这是专门论述史学社会功用的著作。这本书依据中国丰富的史学遗产，试图通过深入浅出的叙述和阐释，说明史学在人们思想历程的发展上所占有的位置，说明史学同社会、文化、人生的关系，从而说明史学对于人们认识历史、现实、人生所具有的重要作用，以及它对于促进社会进步所具有的重要功能。它首先论述了中华民族是一个有深刻历史意识的伟大的民族，以及人们的历史意识的发展同人们社会实践的关系。其次论述了史学与认识历史、史学与社会进步、史学与文化发展、史学与人生修养、史学与历史教育等问题。这书在理论上的特点是：强调人们的历史活动是人们的历史意识产生的前提，而人们通过史学去认识历史，则是史学的社会作用得以发挥出来的前提，人们重视历史则不能不重视史学，其理固无疑义。这本小书在帮助人们对历史科学与现实历史运动之关系的认识方面，提供了理论上和历史上的较有系统的说明，从而有助于提高人们对历史科学与社会实践之密切关系的认识和理解，进而对史学的社会功能有深刻的认识和理解。

一定的社会条件创造了一定的史学。但是，史学对于社会的反映不是被动的，而是能动的。这就是说，史学既是一定的社会历史的反映，但它同时又作用于一定的社会历史，这就是史学的社会作用。史学的社会作用，在不同的时期表现出不同的特点。第一，通过史学认识历史是最基本的也是最重要的途径。只有当人们真正认识了历史，才可能继承各种优秀的历史遗产，为现实的历史运动提供借鉴、经验、智慧，开辟和创造未来。从这个意义上说，人们通过史学去认识历史，确乎是史学的社会作用中最根本的方面。第二，史学与社会进步的关系。史学与社会进步的关系在政治、文化、教育三个方面反映的最为突出，也最为重要。在政治方面，又以政治决策、历史经验、忧患意识同史学的关系最为密切。史学家对历史的正确认识是当政者进行政治决策的重要的历史和理论依据。历史上的治乱兴衰、得失成败之故，是古人留给我们的宝贵精神财富。而史学上深沉的忧患意识对社会各阶层人们的思想影响，是推动社会进步的精神动力之一。第三，史学与文化发展的关系。史学是文化的一个方面，史学的发展不仅需要有一定的经济条件、政治条件，也需要有相应的文化条件。但是，史学因其自身的特点，也对文化的发展产生重大的作用。史学的每一个进步，都为文化的发展增添了新的成果和积累。史学是推动大众文化发展的重要形式。民族文化的发展在中华文化发展中占有重要地位，史学以其独特的形式推动着民族文化的发展。如史书对于多民族历史活动的记载成为历代正史的重要内容之一，从而对于多民族共同心理的形成起着潜移默化的作用；史书对于西周、汉、唐这些盛大朝代的记载，既作为史学的形式又作为文化的形式影响着周边少数民族历史文化的发展。统一的多民族国家历史演进的过程，也是多民族文化融会、发展的过程，而史学则在这个过程中承担着重要的任务。第四，史学与人生修养的关系。中国先民从很早的时候起，就重视通过学习历史来提高自己的德行、见识。"君子多识前言往行以畜其德"，当是对于这一传统的总结，并以此为基础，以修身、治世、明道为目标，以有益于社会实践、历史进步为归宿。第五，史学与历史教育的关系。优秀的史学遗产，使历史教育可以充分发挥它的特点和优点。一是由于历史著作的覆盖空间恢廓，可以使历史教育具有广泛的社会性，使社会公众都能受到这方面的教育和熏陶。二是由于历史著作的内容、形式、层次之结合的多姿多彩，可以使历史教育具有突出的适应性，使社会各阶层人物都能从与之相适应的历史著作中得到有益的启示和教益。三是由于历史著作中所蕴含的中华民族之民族精神的底蕴和众多杰出人物的人格魅力，以及各方面的经验和智慧，使历史教育具有巨大的吸引力和深刻的感染力。我想用刘知幾的一句话来概括这个问题，这就是："史之为用，其利甚博，乃生人之急务，为国家之要道。"今天看来，其言诚可信矣。

问：您今后有什么研究计划？您对青年史学工作者有什么希望？

答：在今后一段较长的时间里，我将主要从事中国古代史学理论遗产和中国古代历史理论遗产研究。前者旨在说明中国古代的人们对史学如何认识，这和今天史学理论建设有关，因为这可以从古代史学遗产中得到启发，丰富和深化我们的研究。后者则着眼于中国古代的人们对历史怎样认识，这和历史理论建设有关。这两件工作完成之后，下一步做些什么，还要视当时情况来决定。

我认为中国历史学的发展（当然也包括中国史学史研究的发展），希望都寄托在青年人的身上。青年史学工作者在新的世纪里，在这样一个难得的历史时代，如何提高自己的学养，更好地发展自己，更好地为社会服务？我想到几点建议。

第一，研究方向要明确。坚持建设具有中国特色的马克思主义史学的方向，并且能创造性地运用唯物史观指导历史研究，应当是明智的选择。我想，如果不坚持这一点，中国学者在国际史坛上要有自己的地位是比较困难的。

第二，要有明确的目标和可行的计划。目标，是研究领域和成果设想；计划，是实现目标的步骤，也是学术积累的过程。有计划的学术积累对于学术成长非常重要。中国史学史的研究始终需要有一个计划，在这个计划范围内做不懈的努力。这是因为中国史学史研究不仅需要读许多书，而且要懂历史，还需要有理论修养，除了奋发上进以外，还要有一个切实可行的计划，这也可以看作自我鞭策的手段之一。

第三，要明确史学史是研究史学发展的过程及其规律，而史学的发展过程是和社会历史发展过程紧密联系在一起的，因此，始终不应该忘记紧紧把握史学与社会发展之间的关系，克服所谓"纯学术"的倾向。我们只有明确地认清这个问题，才能有一种社会责任感，才能自觉地以专业知识去影响社会，参与社会实践，促进社会进步。

第四，不要赶时髦，更不要媚俗。应该敢讲一点不同的意见，有独立的见解和创新的精神，同时又能虚心地看待自己、看待他人。惟其如此，才能有利于自己在学术上的健康发展，才能在学术上做出无愧于历史和时代的贡献。

近几年，人们都在讲学风，这很必要。上面说的这几条，都是关乎学风建设的问题。我不惮其烦地说这些，就是觉得这些都很重要。

最后，我想说的是：历史在继续，史学在继续，史学工作者的神圣使命和崇高追求与历史同在，与史学同在。我谨以此和青年史学工作者共勉。

把中国史学史和史学理论研究
提升到新的高度

——访瞿林东教授*

邹兆辰

一、师从白寿彝先生，走上研究中国
史学史之路

邹兆辰问：大家知道，您今天能够在中国史
学史研究方面取得丰硕成果，是同当年白寿彝先
生的引导分不开的。请问：当年是怎样的机遇使
您能够师从白先生的呢？

瞿林东答：这是由于我考入了北京师范大学
历史系，所以才得到这个机遇。

我 1937 年出生在安徽省肥东县的农村。小

* 载《首都师范大学学报(社会科学版)》2006 年第 1 期。

时候在家干过一点农活，也念了几个月私塾。小学和中学时代是在南京度过的。和一般孩子不同，我是从四年级开始插班读小学的。1953 年 9 月我考入南京市第一中学，在这里度过了六年中学时代。从小学到中学我都酷爱文学，希望将来能够当作家，从事文学创作。读高中时教文学的老师也曾经这样鼓励我。但是到高中最后一年，我的历史课成绩比较突出，引起了老师注意。这样，在填报高考志愿时，我就把历史专业写在了第一志愿。

1959 年 9 月，我进入北京师范大学历史系。从这年开始历史专业由四年制改为五年制。这五年为后来我从事历史教学和研究工作打下了较好的基础。由于我从小读了一些古典小说，高中时又读了各种古典文学作品，所以读大学时就偏好中国古代史和中国史学史。中国史学史是白寿彝先生开出的一门新课，他讲课具有鲜明的理论色彩，所以对我很有吸引力。此外，我还选修了赵光贤先生的先秦史和何兹全先生的《三国志》研读。这几位先生对我的教益是我终生难忘的。1963 年 10 月，也就是在我大学五年级第一学期时，国家计委下达文件，鼓励应届本科毕业生报考研究生。我经过反复考虑，最后决心报考白寿彝先生为导师的中国史学史专业研究生。

当时报考研究生要考六门课程，其中一门是语文，要回答语文知识问题和写一篇作文。有两道作文题，一道是《科学工作者为什么必须重视语言修养》，还有一道是《展望我国的科学》，任选一题，后一道题可以结合报考的专业来写。我选了《展望我国的科学》，并加上个副标题《谈中国史学史专业的兴起》。作文内容大意是说中国史学素来发达，而中国史学史的研究则相对滞后；1961 年以来关于史学史研究对象、任务等问题的讨论，预示着中国史学史专业的兴起，这对于我们研究、认识中国史学遗产有重要意义。后来白寿彝先生告诉我，我的这篇作文在本考区内获得了高分。我把先生的话看成是对我的激励，但是从那时起，我确实已经有了一个走上中国史学史研究道路的思想准备。

问：从您开始跟白先生读研究生至今已40年了，您还记得当年白先生指导您学习的情景吗？此后您一直跟着白先生研究中国史学史吗？

答：从1964年9月开始读研究生，至今确实40年了。我记得在白先生指导下，我第一门课程是"毛泽东同志关于批判继承历史遗产的理论"。这是在反复研读毛泽东同志有关论著的基础上展开讨论，个人提出自己的看法，然后写出小结性论文。现在回想起来，这门课对我有很大帮助。首先，对于中国拥有优秀历史文化遗产应有足够认识，并且要在批判继承的基础上建设中华民族新文化；其次，要注意区分精华和糟粕，不能兼收并蓄；最后，理解了批判继承历史文化遗产对于当前的历史运动具有重大意义。这三点对我来说非常重要，40年来我始终恪守这些原则和信念，它们成为我的历史观点和治学准则的根据。

这个时期，我还就《史记》《汉书》的评价标准问题进行了探索，着重思考两部史著比较研究的方法论问题。我认为，应当把历史观的比较及评价与编纂学的比较及评价区别开来，不能把两者混为一谈，也不能相提并论。我这篇习作写完后，送交白先生指正。白先生还没来得及把文章发还给我，"文化大革命"就开始了。这篇文章虽然没有发表，但是通过对这个问题的思考，在理论上有所收获，所以给我留下很深的印象。当白先生把文稿交还给我时，已经是20年后的事情了，我看着这十几页发黄的稿纸，回忆起当年的情景，尤其它能够在白先生那里被保留下来，真是感慨万千。它是我在20世纪60年代跟白先生读书的珍贵见证。

1967年我研究生毕业，这时"文化大革命"已经开始，我被分配到内蒙古通辽师范学院（今内蒙古民族大学）工作，主要是担任中国古代史的教学，一干就是13年。后来我曾经跟白先生"诉苦"说时间都被耽误了，白先生却不这么认为。他认为研究中国史学史没有相当的中国古代史基础是不行的，并希望我还是把中国史学史作为自己的研究领域。我遵照白先生的教导和期望，决心"重返"中国史学史研究，并从 1978 年开始陆续发表这方面的论文。

1980 年白先生创办北师大史学研究所，第二年我被调回母校，在史学研究所工作。一直到 2000 年白先生去世，我都是在白先生的直接指导下工作的。

问：您跟白先生读研究生，又多年在白先生指导下工作，肯定受到白先生很多教诲和影响。您能总结一下白先生对您的影响吗？

答：这种影响是多方面的，但仔细想起来最重要的有三个方面。首先是在重视理论的指导作用方面，可以说影响最大。白先生非常重视以唯物史观指导研究历史，这是他近半个世纪以来的追求。在这个问题上白先生给了我极深刻的教育。他提出这样的论点：我们首先要坚持唯物史观的指导；同时我们也应该在唯物史观指导下进行新的理论创造。我觉得这是对马克思主义理论很深刻的理解。这种理论上的坚定性和创新精神相结合，是对待理论指导的辩证态度，是理论上有生命力的表现。其次是重视发现新问题，说明新问题。白先生认为创新的学术才有生命力，对于读书、治学、写文章，他都强调发现、提出、说明新的问题。他从不固守已有的成果，一旦有了新认识，就用以补充甚至修订过去的认识，他认为这也是发展。这种治学态度，总是催促着自己自我更新，不断前进，永无止境。最后是重视文章表述的平实和精练。白先生不赞成刻意的烦琐考证，认为选用最关键的材料才是真正的功夫所在；他也不赞成猎奇和对孤证的夸张，认为一般来说，还是要靠基本材料来说明问题。他主张写文章要力戒浮词，但也不赞成刻板的文风，提倡准确、凝练、明白的文风。

总之，不论是治学还是做人，我从白先生那里得到的教益是深刻的、难忘的。

问：我们感到，您的治学风格确实受白先生影响很深，上述三个方面其实与您本人的主张也是十分一致的。您写的《白寿彝史学的理论风格》一书，是不是对这些问题谈得更深入？

答：是的。白先生的史学在半个多世纪的积累过程中形成了自己的特点，这就是：博学，会通，创新，有器识，深刻的历史感和鲜明的时代感相结合。从1981年到1999年，我陆续写了一些评介白先生的研究、著述和思想的文章，2000年先生辞世后又应报刊之约写了几篇文章，我把这些文章汇集起来辑为一书，2001年由河南大学出版社出版。我的这本书主要是想反映先生的治学轨迹、思想历程和理论风格，也包括对公众和后学的启示；或许不能完全阐发先生学术旨趣的精义和学术领域的广博，但可以给关心先生学术的读者及研究者作个参考。

问：您在这本书里对白寿彝先生史学的理论风格是如何说明的呢？

答：我这本书里有篇文章，标题是《唯物史观与史学创新》，原载2000年7月13日《人民日报》。在文章中我是这样表述的：白寿彝史学研究的理论风格，可以这样概括：在马克思主义唯物史观基本原则指导下，结合具体的研究领域或具体的研究对象，根据充分的和可靠的历史资料，以辩证的和发展的视野综合种种问题，提出新的认识和新的理论概括。也就是说，马克思主义的指导不是对马克思主义关于唯物史观的词句的搬用，而是取其精髓，循其本质，不脱离根本，在思想上又有广阔的驰骋空间。唯物史观的指导作用一定要同研究领域和研究对象结合，而丰富可靠的材料是研究的根据，唯物史观是作为分析这些根据的方法论。总之，就是要对唯物史观有正确的理解和正确的运用。

二、从断代史学入手，着意于"通"的追求

问：我们回到您本人的中国史学史研究这个话题上来。您的中国史学史研究著述很多，涉及范围也很广。当时您是怎样开始从事史学史研究的呢？

答：我真正开始着手研究中国史学史是在 1977 年，至今近 30 年了。我想，中国史学史是一门内容非常丰富的专史，需要接触的原始资料太多，而一个人的精力又是有限的，这是一个很突出的矛盾，如果什么都研究就不可能深入，会处于游离无根的局面。所以我大约经过一年的思考和准备，选定了唐代史学作为我研究工作的出发点。我这样选择有三点考虑：一是我本身对唐代史学有浓厚兴趣；二是唐代史学在中国史学发展过程中出现了一系列的转折，比如，设馆修史、系统的史学批评著作出现、典制体通史问世、各种体裁的通史著作产生、历史笔记兴起等；三是以往关于唐代史学的研究成果很少，有很多空白需要填补。这些因素对我产生了很大的吸引力，我决心"破釜沉舟"，就从这里开始。

问：《唐代史学论稿》是您对中国史学史进行研究的处女作吧？现在您回忆起来，撰写这部书的主要收获是什么？以后您为什么又写了《杜佑评传》呢？

答：《唐代史学论稿》出版于 1989 年，是我从事史学史研究的第一部著作，也是我在 1978—1988 年这 10 年中对唐代史学史研究的一个总结。我想，写这部书的收获主要在两个方面：一是对于唐代众多史家的思想、活动、成果，以及唐代许多历史著作、史学评论的产生、内容、观点，有了比较系统和全面的认识；二是对于唐代历史发展同唐代史学发展之间的关系有了比较具体的、深刻的认识。比如，唐代政治统一局面对唐代史学有哪些影响？唐代的门阀制度

以及唐中后期的藩镇割据又如何影响唐代史学？再如，唐初"八史"的修撰、关于"封建"的讨论在思想观念上对维护国家统一所起的作用，《贞观政要》《通典》等政治史、制度史对于当时政治生活的积极影响等问题，也有了进一步的认识。有了这样两个方面的收获，使我对唐代史学有了较多的认识，也可以说在中国史学史的研究领域里有了一个立足点。

《杜佑评传》的出版稍晚一些，是在 1996 年。为什么我要研究杜佑呢？杜佑宦海生涯 60 年，用了 36 年时间撰写了中国史学第一部典制体通史《通典》，写了二百卷。这项巨大工程产生在"安史之乱"以后，绝不是偶然的。杜佑和《通典》之所以对我有这样大的吸引力，主要是因为杜佑有明确的经世致用思想，认为他的《通典》是"实采群言，征诸人事，将施有政"，这在中国史学上是第一次，是很了不起的。再者，《通典》分九门，而以《食货》为首。他所分的九门从逻辑上讲也是很合理的，反映出他对国家政权职能的合理认识，也折射出他对社会结构的认识。杜佑还有朴素的进化观点和进步的民族史观，这都具有很高的历史理论价值。这些都是促使我写他的评传的原因。通过这本小书的撰写，使我对唐代史学和唐代史学名著的认识进一步加深了。

问：但是您的中国史学史研究并没有局限于唐代史学这个断代领域。您的研究领域很广泛，从中国古代史学到近现代史学，包括郭沫若、侯外庐等马克思主义史家您都有研究。您为什么要不断拓展自己的研究领域呢？

答：我觉得中国史学史本身是一门专史，而对于这门专史的认识仅仅停留在对一个断代的认识上是很不够的。因此，在对唐代史学作了较多研究以后，我就着意于对"通"的追求，以便对中国史学史能够有一个完整的认识。因为如果不"通"，那你就不能纵观全局，看不清脉络，也就不能揭示规律，从根本的意义上来认识中国史学史。你不"通"，也就不可能对于局部问题做出准确的认识和恰当的评论，因为你的知识有限，视角太窄，容易以偏概全。更重要的是，你不"通"，你对史学问题的认识就不能上升到理论层次，也就会影响整个学科的发展。另外，"会通"也是中国史学的一个优良传统，是不能轻视的。有了这样的认识，我可以说是自觉地向"通"的方向去追求和努力的。

当然，从"通"的方面去追求就比单纯地研究一个断代甚至只研究一部名著要困难得多，因为中国的史书汗牛充栋，一个人一生读不了多少书，所以要进行选择，这就有一定难度；另外，即使你能够读书，但由于个人功力有限，对这些历史著作理解不深，也就难以揭示其要义。尽管如此，我终于把自己的视野拓宽到唐代以外，甚至拓展到古代以外。

问：1992 年出版的《中国史学散论》是不是您在追求"通"的方面所获得的第一个成果呢？

答：这是一本论文集，它的时限上起先秦，下到当代。这里面汇集的中国史学史的文章就不限于唐代了，涉及不同时期的史学问题及史家和史书。往前推，涉及《史记》《汉书》《魏书》和关于整个魏晋南北朝时期的史学；往后推，涉及《资治通鉴》和后来的辽宋金三史，也涉及明代史学和清代史学。当然，这部论文集也收入了我对一些历史理论问题的见解。这部书的出版给我增强了信心，在理论方面的阐述使我提高了宏观地分析问题的兴趣，也受到史学界同仁的关注；在"会通"方面的努力则提高了自己对中国史学史的认识。这样我就沿着这个方向继续努力下去。1994 年 10 卷本《中华文明史》出版，这部书包含了 20 个学科，其中上起先秦、下到清末，有关史学史的各章都是我写的，这可以说是我在追求"通"的方面努力的又一个成果。我在撰写这些内容时，不是一般地讲述各个时代的历史著作，而是力图把史学同时代的关系和史学自身发展的特点联系起来，既要反映出史学史发展的总脉络，又能显示出各个发展阶段上的特殊面貌。比如，我在写魏晋南北朝史学时就概括出"史学的多途发展"的特点，写明代史学时就概括出"史学走向社会深层"的特点。

问：1999年出版的《中国史学史纲》应该说是您在追求史学史研究"会通"方面的集大成性质的成果吧？

答：我想这还不能叫作"集大成"的成果，可以看作又一个阶段性的成果吧。这部书我从20世纪80年代末开始写，到90年代末出版，断断续续写了10年。这10年来我一直沿着贯通的方向努力，这部书的出版可以说是一个小结。它与其他同类著作相比有这样一些特点。第一，在内容方面，我力图在阐述清楚中国史学发展全貌的基础上，适当突出这一发展过程中理论成就的积累，并尽可能兼顾到有关认识历史的理论和有关认识史学的理论。第二，在分期方面，不刻意探求以今天的社会发展分期观点与史学发展阶段相结合的分期方法，同时也不刻意探求从史学自身发展的过程与特点来划分它的发展阶段，我是采取长期以来人们比较习惯并易于理解和接受的时段划分。第三，我力图历史地和逻辑地来阐明中国史学的面貌，这就要在横向上把握和揭示当时的社会面貌对史学发展的影响，同时也力图从纵向上反映史学自身萌生、发展的过程，显示史学在各个时段上的特点和发展趋势。这部书是我在这方面所做努力的一个结果。

三、把史学史研究同史学理论研究结合起来

问：您有许多论著是涉及史学理论的，比如，您写过地理环境对历史发展的影响的文章。这种研究方向是不是您有意识的自觉追求呢？

答：确实是这样。这一方面是白先生的启迪，前面已经说过了；

另一方面也是我自己的自觉追求，因为我在研究过程中深刻感受到研究史学史不重视理论研究是不行的。在 20 世纪 80 年代中期，有件事对我触动很大。那是一次全国性的青年史学工作者研讨会，会上有些学者认为中国古代史学以记述见长，没有理论。我不同意这种看法，提出了"中国史学上的五次反思"的见解，这个观点后来产生了很大影响，但我当时还拿不出充分的、有力的根据来证明中国古代史学确有自己的理论，因此只能承认这方面还有待于进一步研究。这件事给我很大刺激，也给我很大启发，似乎给了我一种动力，让我关注理论问题。

1992 年，我在《历史研究》上发表了《中国古代史学理论发展大势》一文，这是我第一次对中国古代史学理论问题发表系统的认识。我在文章中把中国古代史学理论发展大致划分为四个阶段：先秦、秦汉时期是"产生阶段"，例如，《春秋》《左传》《史记》等，它们的作者已经从具有史学意识到具有自觉的史学发展意识；魏晋南北朝隋唐时期是"形成阶段"，主要标志是出现了系统的史学批评理论，如《文心雕龙·史传》《史通》等；宋元时期是"发展阶段"，主要体现在史学批评的繁荣和理论形式的丰富上，例如，《册府元龟·国史部》的序，以及吴缜、郑樵、朱熹、叶适、马端临等人的史学批评言论，都可以反映出来；明清时期是"终结阶段"，这时史学理论出现了批判、总结的趋势，也萌生了嬗变的迹象，例如，王世贞、李贽、顾炎武、黄宗羲、王夫之、赵翼、王鸣盛、章学诚等，都有这方面的成就和贡献。概括说来，中国古代史学理论的产生和发展经过了这样一个演变过程：历史意识——史学意识——史学批评——史学理论。这篇论文大致反映了我对中国古代史学理论的认识，当然这只是粗线条的，还有待进一步深化，并且要概括出具体的表现形式。

问：您说"要概括出具体的表现形式"，您后来写的一系列关于中国古代史学批评的文章和《中国古代史学批评纵横》这本书，是不是出于这个目的呢？

答：可以这样说，不过这也只是一种摸索吧。我在 1994 年出版了《中国古代史学批评纵横》(以后简称《纵横》一书，这以前曾在《文史知识》上连载了我的这方面的一系列文章，这可以看成是我对中国古代史学理论进一步的认识，也是我要摸索的具体的表现形式。在当时来看，这本书还是有一些新意的，以前没有类似的著作，它涉及中国古代史学批评的一系列范畴，如史德、史才、史学、史识、直书、曲笔、史法、史意等，也涉及史学批评的标准、原则、方法，还涉及史学批评的主体把握和社会效果，同时也谈到了史学批评对史学理论的发展以及对史学的发展所起的作用等问题。

问：用史学批评这样的方式来阐述中国古代史学理论，这的确是一个好形式。当初您选择这种形式是怎样考虑的呢？

答：我觉得，中国古代史家和学人关于史学评论方面的论著或言论非常之多，这是一个广阔的领域，其中有不少真知灼见。中国古代虽有《史通》《文史通义》这样系统的史学评论著作，而且有很大影响，但是它们并不能反映中国古代史学批评的全貌。在古代的历史撰述、史学论著、文集、笔记当中，有许多史学评论的闪光思想，而我们对它们缺乏系统的发掘、整理、阐释。这是需要我们花大力气来做的事。我在研读古代各种史学论著中，深切感受到中国古代史学的发展，除了历史和社会的推动之外，史学评论或史学批评也是史学反省的一个重要原因。从这个意义上看，对中国古代史学批评或史学评论的探讨也会有助于全面认识中国古代史学发展的过程和规律。另外，自 20 世纪 80 年代以来，中国史学界在史学理论方面有了很大进展，研究不断深入，这也促使我进一步从理论上去认识和总结中国古代史学，运用这些成果来为丰富和发展当代史学理论提供借鉴。中国古代史学理论的发展，并不全是表现在史学批评中，但往往是在史学批评中实现的，并且通过史学批评取得了自己的表现方式。

问：您用论述史学批评这种形式来探讨中国古代史学理论，这种研究途径是否得到史学界的认可呢？

答：我的这个努力在《文史知识》上开辟"中国古代史学批评纵横"的栏目以后，就有了较大的反响。在首届全国青年史学工作者学术讨论会上，有不少青年朋友和我谈到，他们从《纵横》中得到了不少启发。大陆和台湾一些学术界师友也都给予我很大勉励。《纵横》一书出版后，在史学界也引起了同行们的关注，几家报刊发表了评论，认为它拓展了中国史学史研究的领域，提出了研究中国史学史的一种新的模式，对促进史学理论研究的发展和当代史学批评理论的建设都有学术上的参考价值。应当说，这样的反响超出了我原先的想象。

问：上海人民出版社出版的《中国文化通志·史学志》是您写的，这部书好像不是用通常的体例写成的中国史学史著作，也包括史学理论方面的内容。

答：你说得对。这书是 1998 年出版的，现在上海人民出版社把《史学志》列入"专题史系列丛书"之一予以出版，并定名为《中国简明史学史》，现在已经出版。根据编者的建议，我在书中增写了部分内容，撰写了一篇比较长的学术性后记。这本书是以中国传统的志书的形式来反映中国史学的历史、理论等多方面成就的一个尝试，它的核心部分是"史"的演进与"论"的展开相结合。这书包含的内容有：中国史学发展的历程、史官制度和修史机构、史书的内容和形式、历史文献整理和历史研究方法、历史观念、史学理论、史学发展的基本规律和优良的史学传统等。全书可以说有史有论，史论结合。其中，关于"历史观念""史学理论"等方面的内容，在理论上的探索和阐述显得更突出一些。

这本书确实同我们通常所接触到的中国史学史著作有所不同，

它是一部旨在反映中国史学的面貌、成就与特点的著作。这本书上起先秦，下至 20 世纪 40 年代，力求对中国史学的许多重要领域做历史与逻辑的论述。你或许注意到，在这本书里，在关于中国史学发展的总相及其阶段性特征方面，在关于历史观念和史学理论的发掘、清理、阐释方面，在中国史学的发展规律与优良传统方面，我都提出了自己的一些粗浅的见解，反映出了这些年来我在中国史学史研究方面的思考和积累所得。

问：这部《史学志》确实有特色，它反映出了中国史学在历史观念、史学理论、史学发展规律与优良传统方面的内容，是您力图把史学史研究与史学理论研究结合起来的一个集中成果，很值得重视。我注意到，对一些史学界共同关注的一般史学理论问题您也很关注，比如，在史学的社会功用方面您就有很多论述。

答：这个问题是每个关注着史学发展，特别是中国史学发展的学者都会遇到和思考的问题。20 世纪 80 年代以来，随着外国史学著作大量引进，人们也产生了对于中国古代史学的种种误解。有人认为中国古代史学是"资治史学""劝诫史学"，似乎已经"过时"了，在现实生活中没有什么值得重视的地方。不可否认，中国古代史学确实有资治和劝诫的功能，但是它的功能不止于此，还有其他方面的功能，即使在今天也还有现实的价值。在这方面我也进行了较深入的探讨。1991 年我发表了《传统史学的现代价值》一文，从进取精神、凝聚意识、历史智慧等三个方面论述了古代史学的优秀部分在当代的现实意义，受到了学术界的关注。在这个基础上，我在 1994 年出版了《历史·现实·人生——史学的沉思》这本小书，集中论述史学的社会功能。这样的专著目前并不多见。

问：是的，我曾见到这本书，虽然只是一本小册子，但却积淀着您对这个问题的深刻的思考和独到的见解。

答：我的这本小书是以丰富的史学遗产为依据，力图阐说其中相关方面的精神财富，使今人得到启迪，从而希望它在弘扬优秀民族文化遗产、振奋民族精神方面发挥一些作用。这本书是围绕着史学的社会功能这一问题展开论述的，它从历史发展和史学发展的事实出发，依次阐述了史学与认识历史、史学与社会进步、史学与文化发展、史学与人生修养、史学与历史教育等问题。这本书用比较通俗的形式回答了"史学有什么用?"这样一个带根本性质的问题，在史学界、读书界都产生了一定的影响。

问：您的史学理论研究也涉及现实的史学活动的发展，对当前的史学工作发表了许多评论性的意见。这也是您的史学理论研究的一个特色吧？

答：20世纪80年代以来，我写过一些史学评论方面的文章，主要关注当前史学发展中的一些问题；我还写过不少书评，这是对当代史学成果的关注和评论；同时我还为一些同行的史学新著写了序言，这也反映了我对当代史学最新成果的关注；此外我还发表了不少史学札记和短论。1998年安徽教育出版社将我在这方面的文章和评论结集出版，书名为《史学与史学评论》。这本书可以看作一位史学工作者以其平常的心态和真挚的情感对社会生活的参与，表明其对现实的历史运动的关注，尤其是对当前史学发展的关注。我觉得，参与意识与责任意识应该是每一个有责任感的史学工作者的旨趣和追求。学术工作者的出发点和归宿不应该只限于个人的范围和书斋的局限，它应该同社会联系在一起，这当然也包括中国史学史研究。基于这样一种认识，我把探索中国传统史学的精神本质同对当前史学工作发表评论性的意见看得同样重要，这就促使我不断地去从事这方面的工作，这样也就把我个人的研究同社会、同他人联系在一起了。

问：2005年1月，北京师范大学出版社出版了您的新著《中国史学的理论遗产》。我觉得这本书的特色在于它集中了您对中国古代史学理论问题的思考，这么说是不是合适呢？

答：这本书是一本专题性质的论集，是我近 20 年来关于中国史学的理论遗产研究的部分所得。近些年来很多史学界同仁都认识到，历史学的理论研究要进一步深入，就应该在唯物史观基本原理的指导下，总结和吸收中国古代史学、近代史学和中国马克思主义史学的理论遗产，借鉴外国史学的积极成果，用中国的风格、语言，来撰写多种形式的理论著作，把中国历史学的理论研究推向新的阶段。这些年来，我致力于把史学史的研究与史学理论遗产的研究结合起来，这本书在一定程度上反映了这个结合的轨迹，它既包括历史理论问题的研究，也包括史学理论问题的研究。它的上篇以问题为中心，或做系统的探讨，或做专题的研究；中篇和下篇分别以史家和史书为依据，从理论的角度探讨其特点，做专门的评述。不过，对于探索中国古代史学丰富的理论遗产来说，这本书也仅仅是一个开始，这方面的研究任务还是十分艰巨的。

四、关于学术机构的工作和学术前景的看法

问：您从 2000 年起担任了北京师范大学史学理论与史学史研究中心的主任和中心学刊的主编，请您谈谈这个研究中心以及它正在进行的学术工作。

答：我们这个研究中心所依托的学科点是白寿彝教授 1961 年创建的中国史学史编写组和 1980 年创建的史学研究所，具有长久的历史积累和广泛的学术影响。研究中心作为历史学二级学科研究单位，以历史学的理论和历史学的历史为研究对象。研究中心的工作致力于把史学史的研究同史学理论的研究更紧密地结合起来，把中国史学史的研究同外国史学史的研究进一步结合起来，把史学遗产的研究同当代史学发展的研究相互结合起来，形成更合理的学科分支结

构，尤其是在中国史学史与史学理论研究、中西史学比较研究两个方面，展现出中心显著的特点和突出的优势。中心目前承担着 8 个教育部重大研究项目：一是陈其泰教授主持的"中国马克思主义史学理论成就"；二是刘家和教授主持的"中西历史、史学与理论的比较研究"；三是我主持的"中国古代历史理论研究"；四是刘北成教授主持的"17 世纪至 19 世纪中叶中西史学比较研究"；五是吴怀祺教授主持的"中国古代史学思想研究"；六是胡逢祥教授主持的"中国近代史学思潮研究"；七是何兆武教授主持的"20 世纪西方主要史学流派研究"；八是庞卓恒教授主持的"马克思主义唯物史观和历史学理论研究"。这些研究项目的设计和开展，对于学科建设来说，都是非常重要的。

研究中心成立以来举办了多次学术研讨会，如 2001 年 11 月在北京举行的"唯物史观与 21 世纪中国史学"全国学术研讨会；2002 年 10 月在北京举行的"新中国史学的成就与未来"全国学术研讨会；2003 年 10 月在北京举行的"20 世纪中国史学与中外史学交流"国际学术研讨会；2004 年 10 月在浙江温州举行的"史学遗产与民族精神"全国学术研讨会。今年 10 月在安徽芜湖举办"理论与方法：历史比较和史学比较学术研讨会"。此外还举办了一些中型学术研讨会，如"中国近代史研究的回顾与前瞻"学术研讨会、"历史教育与素质教育"学术研讨会等。对这些学术会议，国内重要报刊均予以报道，在学术界产生了较大影响。这样的学术活动我们还要继续开展下去。

北京师范大学史学理论与史学史研究中心所做的这些工作和取得的成绩，都是在本校史学研究所和历史系同志们的共同努力下，在全国史学界同行的关心和支持下取得的。研究中心作为全国史学工作者进行学术交流和学术研究的平台之一，我们应当努力把工作做好，也希望继续得到各方面同行的爱护和帮助。

问：史学理论和史学史学科的建设和发展，经过老一辈学者的努力开创以及您这一代学者的继续奋斗，已经取得了非常突出的成就。您对这个学科的现状和前景有什么看法和希望？

答：20世纪80年代以来，从全国来看，史学理论和史学史的研究都比"文化大革命"前有了很大的发展，也取得了很好的成绩，我们大家都有这样的认识和感受。但是，社会在不断进步，学术工作包括史学工作也应不断发展，不断有新的成绩被创造出来。从这个意义上说，我以为史学理论和史学史的研究仍然面临着许多艰巨的工作和课题。从现状来看，史学理论及史学史这门历史学的首位二级学科，还没有被史学界置于应有的位置来对待，甚至还没有被一些高校历史学科的院系列入教学计划，有的历史学科院系至今没有这个专业的教研室。这种现状，反映出人们在思想认识上和实际工作上都存在着忽视或轻视史学理论及史学史这个二级学科的倾向，这显然不利于这门学科的健康发展，进而也影响到整个历史学科的发展。这是因为，不论是历史学的理论，还是历史学的历史，对于历史学科来说它们都是基础性的东西。理论作为学科的指导性的原则和方法，学科史作为学科的发展源流和学术积累，无疑都是本学科的基础。对于这一点，我们大家都有进一步提高认识的必要。与此相关的，还有一个更重要的社会问题，那就是历史学究竟有什么用处？这里，我想说一句发自肺腑的话：如果我们不能从学科的理论和学科的历史结合上来探讨这个问题，那么就很难向人们说明历史学究竟有什么用处。这些年来，历史专业的人才没有受到社会应有的重视，有的历史学科的院系在萎缩，我们史学工作者是不是也有一定的责任呢？

此外，从学科建设和学科发展来看，我以为不论在学科理论方面，还是在学科历史方面，都有不少有待提高、有待深入、有待开拓的领域。如历史学的理论，包括历史理论和史学理论这两个相互关联又有所区别的领域，都有待于深入的研究。比方说，唯物史观的基本原理和历史理论体系的建设，就是一个非常重要的课题。又比方说，中国马克思主义史学的理论成就，对中国史学的理论遗产的发掘、清理、阐述等，也都是很重要的课题。再如历史学的历史，对中国少数民族史学的发掘和研究，大家已经有所关注，也有一些研究成果问世，但总的来说，这方面的工作还仅仅是起步。又如对于外国史学思潮和流派的认识，还有待于从介绍、评述走向深入的研究，甚至可以尝试着用中国的学案体写出这方面的专门著作。还有，在研究方法上，为了更好地推进中外史学家对话，使外国同行更多地了解中国史学，开展中外史学的比较研究也是很有必要的，等等。以上这些方面的研究，有的已经取得了一定成绩，有的也开始受到重视，我们要总结其中的经验、问题，也要摸索继续发展的路径。

问：谢谢您花费这么多时间和我一起来回顾您个人的治学历程，讨论史学理论及史学史学科发展中的一些问题。我想，您的这些谈话和见解，对于从事这门学科研究的同行，尤其是对于中青年同行来说，肯定会有所启发。祝愿这个学术领域在 21 世纪兴旺发达，也祝愿您在这个领域取得更多的成果！

答：我要谢谢你采用这种访问的方式，使我有机会来回顾自己的治学道路、研究心得和今后努力的目标。俗话说，学如逆水行舟，不进则退。这话对所有人都适用，对我也不例外。我还要继续努力，争取不断有新的长进。我相信，在全国同行的共同努力之下，再经过一二十年，史学理论及史学史这门学科，当有更大的成就和更新的面貌。

理性地对待过去 坚定地面向未来

——瞿林东先生谈 20 世纪中国史学 *

马艳辉　曹守亮

　　问：瞿先生，首先感谢您给我们这个机会，向您请教有关 20 世纪中国史学的问题。我们都注意到，您的《中国史学史纲》一书，近日已由北京出版社在内地第三次印刷，同时上海人民出版社出版了您的《中国简明史学史》，而年初北京师范大学出版社还出版了您的《中国史学的理论遗产》一书。在这三部书中，反映了您研究中国史学史的两个特点：一是力求古今贯通，二是注重理论遗产。您能不能谈一下，您是怎样在坚持对中国古代史学研究的同时，还对 20 世纪中国史学进行研究的？

　　答：我很高兴同你们一起讨论 20 世纪中国史学的有关问题。我首先要说明的是，我最初研

　＊　载《历史教学问题》2006 年第 1 期。

究的是中国古代史学史。你们也都知道，我的第一本史学史的著作是《唐代史学论稿》，出版于 1989 年。当初，我是想以研究唐代史学为起点，以它作为一个研究领域的基础。这样，向上伸展可以研究魏晋南北朝史学，向下延伸可以研究宋元史学，总之，是把研究重点放在古代史学史上面。20 世纪 80 年代中期，由于理论问题被史学界所关注，而理论问题多涉及 20 世纪中国史学，涉及马克思主义史学的许多问题，所以我逐渐对 20 世纪中国史学发展有所关注。严格说来，我对 20 世纪中国史学研究得是很不够的。最早和白寿彝先生合作写了《马克思主义史学在中国的产生和发展》一文，发表在《史学史研究》1983 年第 1 期上面，是为了纪念马克思逝世一百周年而撰写的。后来，由于大家对理论问题都比较感兴趣，这也激励了我对 20 世纪中国史学发展更加关注，因而也陆续发表了一些研究心得。

一、关于 20 世纪中国史学发展总相的认识

问：我们也注意到您发表了很多关于 20 世纪中国史学的研究成果，比如，您收在《中国史学史纲》一书中，作为附录的两篇文章《中国史学：20 世纪的遗产与 21 世纪的前景（论纲）》及《百年史学断想》，还有 1999 年发表在《安徽大学学报》上的《新中国史学五十年的理论建设》、2000 年发表在《历史教学》上的《20 世纪中国历史学》（上、下），2002 年发表在《南开大学学报》上的《唯物史观与中国史学发展》等。我们还注意到陈其泰先生等撰写的《二十世纪历史考证学》一书，就是您主编的"二十世纪中国史学研究系列"中的一种。这部书已经引起了史学界的积极反映，这个研究系列也开始受到史学界的关注。尤其是您作为编纂工作委员会主任，负责编纂的"二十世纪中国史学名著"丛书，在史学界有广泛的影响和好评。请问从整个中国史学发展的角度，您是怎样看待 20 世纪的中国史学的整体面貌的？

答：这里有一个基本的出发点，是要着眼于史学与历史的关系。这就是说，20 世纪的史学与 20 世纪的历史究竟是什么关系。我写过一篇小文叫《20 世纪中国史学发展的历史条件》，谈到了这个问题。我始终认为，离开了 20 世纪中国历史发展的实际，无法来判断 20 世纪中国史学。这是一个常识问题，我们在讨论问题时不应忘记了这个普通的常识。当然，史学也有它自身发展的脉络，可是这个脉络归根到底还是受到历史条件的影响。那么 20 世纪中国历史有什么特点呢？这是一个经历了许多重大转折的百年历史。我们从具体事件上讲，从辛亥革命、五四运动、中国共产党的成立，到全民族的抗日战争、第三次国内革命战争。这时期的史学，大多直接或间接受到这些重大事件的影响，带有深刻的时代烙印。新中国成立后，迎来了一段朝气蓬勃的历史局面，但是后来出现了曲折，有反"右"运动、大跃进、"文化大革命"，中国历史走了很大的弯路，史学也走了很大的弯路。直到改革开放，中国历史走上了正确的轨道。在这一时期，由于改革开放推动了中外文化的交流，中外史学的交流也活跃起来，史学出现了新的面貌。同时，由于改变了以阶级斗争为纲的路线，确立了以经济建设为中心的国策，所以历史学在这样一个大环境中重新找到自己的位置，克服了过去在以阶级斗争为纲的局面下的史学的某些缺陷。总之，不能离开 20 世纪中国历史的具体状况，去谈 20 世纪中国史学的面貌。也就是说，我们要把 20 世纪中国史学放到 20 世纪中国历史的环境中去考察，去认识它的整体面貌及其细部。我想，这是我们认识 20 世纪中国历史学的基本原则：史学和社会的密切关系。这也应该是 20 世纪中国历史学的一个基本问题。因此，我是不赞成脱离历史环境去讨论史学问题的。

问：瞿先生，根据您的研究和认识，您认为应该如何评价 20 世纪中国史学？

答：在 20 世纪中国史学的发展过程中，不论成就也好，弯路也好，以至于缺点、错误也好，都要放在一定的历史条件中去考察。根据这样一个原则，我们是否可以认为，20世纪中国史学的主要成就，是近代以来进化论的观点引进中国史学界，被用来指导研究历史；接着是马克思主义传入中国，唯物史观也被用来指导研究历史。这两种新的历史观在思想界、史学界产生了很大影响，使人们对历史的认识有了一种新的观念。在这两种历史观当中，唯物史观是科学的历史观，用唯物史观研究历史使20世纪中国史学走向了科学的道路。这是我对20世纪中国史学的一个基本的认识。

当然，在这一时期，有一些学者并没有运用唯物史观来研究历史，但也取得了很大的成绩。这是因为从中国的史学传统来说，乾嘉时期历史考证学的延续和西方的历史实证研究相结合，产生了新历史考证学，取得了很大成绩。还有一些用进化论研究历史的学者，我们称之为新史学学派，同样取得了很大的成绩。我曾对20世纪中国史学有过简捷的概括：20世纪中国史学最显著的进步是历史观的进步，最主要的成就是中国通史编纂的成就，最重要的经验是史学和社会的结合，最严重的教训是史学不能失去自己的独立品格。我现在仍然认为这四句话的概括是可以成立的。

问：在刚才您所讲的注重全局、从整体把握20世纪中国史学的基础上，您认为应该如何梳理20世纪中国史学的脉络、概括其趋势？

答：我们今天来回顾中国史学在20世纪这一百年中的历程，怎么对其进行深入的研究？首先，是不是再考察一下我们前面所讲的史学和社会的关系这个前提，在把握全局的前提下，考察20世纪中国史学发展的基本趋势。这个基本趋势，我想从它和社会密切关系当中去探讨，也就是说社会怎样影响到史学的变化、变革、进步，这是可以深入研究的。其次，是要从中国史学自身发展的客观规律，来检讨它在20世纪当中的趋势。历史学自身发展的趋势和规律，我们可以参考白寿彝先生对史学史研究概括的四个要点：历史理论、历史文献学、历史编纂学和历史文学。这应该反映出史学自身的要求。在 20 世纪中，随着社会的变化，在前一个重要因素的影响下，史学有些什么重要变化，这是我们考察趋势的又一个方面。再次，还要同 20 世纪中国史学不断地跟外国史学发生联系，这比之于 19 世纪联系要多得多。因此这种趋势还要从中外史学的交流当中去考察。对外来的东西与我们自己的优秀遗产，我们应持什么态度？在这一过程中我们有什么经验、有些什么教训，它也反映出史学发展的趋势。最后，还要认识 20 世纪中国史学的主要思潮相互之间的关系，它们之间地位的变化。从这些重要因素的综合中来揭示 20 世纪中国史学发展的脉络和趋势。在我看来，目前对于这个问题可能还没有一个广泛的共识。一个原因是研究得不够，另一个更重要的原因是许多同行对这方面的研究重视不够，或者说兴趣不大，这就影响到我们对 20 世纪中国史学发展趋势的深刻认识。我们现在应当重视这个问题。只有认清了史学发展的趋势，我们才能给自己定位，才能够明确努力的目标，才能谈到今后发展的道路。大家都知道，巴勒克拉夫写过《当前史学主要趋势》，重视趋势，这是一个很要紧的问题。我们现在恰恰对此研究得很少，我认为在这方面是要加强的。

问：瞿先生，从 1924 年李大钊出版《史学要论》至今，中国马克思主义史学已有 80 多年的历史了。您怎样看待中国马克思主义史学在 20 世纪中国史学发展过程中的地位和作用？

答：我们说中国马克思主义史学有 80 多年的历史，一个界标就是李大钊 1924 年出版的《史学要论》。马克思主义史学在 20 世纪对中国史学究竟产生了什么影响？我想这实际上是在问：中国马克思主义史学在 20 世纪中国史学中究竟有什么价值，或者说，唯物史观对中国 20 世纪史学产生了什么作用？

关于这个问题，过去我也发表过文章，讲到唯物史观作为科学的历史观，给中国学者提供了正确认识历史的理论武器，这就形成了中国马克思主义史学。马克思主义史学的一个很重要的特点就是讲人类社会怎样从野蛮进入文明，而在文明时期，它经历了怎样的发展过程，这个过程有什么样的阶段性，每个阶段有什么特点，有什么规律性。这就是我们通常所说的历史发展中不同的社会形态从低级走向高级的过程，这种历史观使我们对中国历史有了全新的认识。从史学上看，对历史的认识，古代史家也提出过一些真知灼见，也探讨过国家是怎样形成的，但是有些问题他们是无法解释的。比如，人们在一个社会中处于不同的生产关系中，这种不同的生产关系从根本上导致了人们的差别。这是过去人们不能够揭示的，更无法去解释一种新的生产关系如何代替旧的生产关系。中国马克思主义史学给 20 世纪中国史学注入了新的活力，帮助人们认识了历史到底是怎么开始的，怎么发展的。这个发展过程有些什么阶段，每个阶段有些什么特点，其间有何规律可循。这样，我们对社会历史就有了一个合理的认识，或者说有了一个科学的认识。更详细的说明，你们可以参考我在《唯物史观和中国史学发展》这篇文章中所讲到的几个要点。

二、关于 20 世纪中国史学几个重要问题的认识

问：瞿先生，我们发现这样两种研究现象。一是把 20 世纪中国史学以 1949 年新中国的成立为界分为两个部分，有的学者侧重于 20 世纪前半期的研究，有的学者则侧重于 20 世纪后半期的研究。二有的学者注重对 20 世纪的非马克思主义史学的研究，有的学者则对中国马克思主义史学研究更感兴趣。这使 20 世纪中国史学研究在取得了一些重要成绩的同时，也给人一种彼此割裂的、甚至是对立的印

象。您是怎样看待这种现象的？

答：对 20 世纪中国史学的研究，当然有不同的视角，每个研究者也有不同的兴趣。他可以自主地选择他有兴趣的研究阶段、研究领域，这都是可以理解的，也是正常的。我要说明的是：不论研究者的兴趣何在，都要有全局意识。20 世纪中国史学是一个整体。在这样一个整体当中，人们可以有所选择地进行研究。正是因为它是一个整体，所以在研究中就应该从全局出发，或者如同我们通常讲的那样，要"左盼右顾""瞻前顾后"。这样才能有一个全局意识，把自己的研究领域放在全局当中进行考察，因为事物总是相互联系的。

关于 20 世纪中国史学以 1949 年划分为两个阶段进行研究的问题，是不是可以这样看：1949 年新中国成立，这是 20 世纪中国历史上的重大事件，中国人民站起来了，这是很重要的。从意识形态来看，马克思主义在新中国大地上广泛传播，成为国家的指导思想。在这种情况下，自然科学、社会科学都以辩证唯物论和历史唯物论为指导，中国史学的面貌也发生了极大的变化，和 1949 年以前的史学有很大的不同。从这个意义上讲，把 20 世纪中国史学分成两段来研究是可以的。但是我们也应该注意到，1949 年前后的史学并不是截然分开的。如老一辈的马克思主义史学家郭沫若、范文澜、侯外庐、翦伯赞、吕振羽等，主要都是从 30 或 40 年代开展自己的研究的，新中国以后他们仍在继续研究。另外，还有一批史学家比如像顾颉刚、陈垣、陈寅恪等，这一批史学家在新中国以后也仍然继续从事研究。他们都取得丰硕的成果。这就要求我们既看到 1949 年前后历史环境不同，史学有很大的不同，同时我们也必须看到 1949 年前后的史学存在着密切的联系。

问：您认为造成上述研究中出现某种割裂的现象是怎样产生的？

答：谈到这种现象产生的原因，我想这是一个关于全局和局部的关系问题。研究某一个局部、方面，从学术研究来讲，是一种兴趣，一种视角，一种选择。那么，在全局意识这样一个理念的指导下，要考虑到相互之间的关系，这样的研究就会健康地发展。如果说不是从全局出发，那么只看到某一方面研究的价值和意义，而忽视或否定另一方面研究的价值和意义，就会走向偏颇，就不可能对 20 世纪中国史学有正确的看法。当这种情况出现的时候，我们考察它的原因，从学理上讲，能否全面地看问题是一个基本原因。再一个原因就是研究者的价值取向和方法论。从历史经验来看，史学界过去出现过片面性的问题。今天，应该尽可能地避免片面性，努力做到全面地看问题。比如说，过去认为只有马克思主义史学是合理的，其他史学都是不值得一提的，这种看法显然是不全面的。那么今天不能因为中国马克思主义史学走过弯路，存在一些缺点，就认为马克思主义史学是不合理的，这也是一种片面性。刘知幾讲"才""学""识"，能不能从全局的角度看问题，这就是史识问题。学术研究贵在专精，研究者应有一个研究得比较深入的领域，但是如果脱离了整体，这种深入也就受到了限制。脱离了整体，就很难做到对局部有恰当的定位，这个道理是很明白的。

问：现在，史学界对中国马克思主义史学的评价出现了不同的看法，您是怎样看待中国马克思主义史学在发展过程中存在的教训？

答：我记得，唐代史家杜佑曾提出不能"将后事以酌前旨"的论点，即不能用后来的事情去指责前人。我在《中国史学史纲》中讲到过这个问题。9 世纪的人都认识到这个道理，我们今天应该超过古人。在看待历史时，我们要有一点理性精神。如果没有理性精神，看待 20 世纪中国史学，总是会带有这样那样的偏见。这种偏见在五六十年代有过，否定一切非马克思主义史学的成就；那么今天否定马克思主义史学的成就，是不是也是一种偏见呢？当然也是。我们不应该走历史的回头路，应该真正从历史教训中得到启发，从而张扬理性精神。应当看到，中国马克思主义史学给我们留下的成果是丰厚的。老一辈马克思主义史学家关于中国通史的研究和撰述、关于中国社会史的研究和撰述、关于中国思想史的研究和撰述以及其他专史的研究和撰述，都给我们留下了宝贵的财富。他们在治史的理论和方法论方面，也给我们留下了丰厚的遗产。对于这些，我们研究得很不够。我过去写过《论郭沫若的史学理论遗产》《侯外庐的史学理论遗产的历史价值》等文章，但是我写得还很肤浅。对于另外的老一辈史学家，我们同样也应该进行研究。这是一方面。另一方面，中国马克思主义史学虽然有光辉的成就，但教训还是很严重的。这主要是由教条主义、简单化、片面性造成的。过去有人讲"穿靴戴帽"，不是把理论作为指导思想，而是把它作为研究的结论，用各种各样的事实来证明这个结论。这样，历史就被僵化了，甚至被曲解了，历史成了理论的注脚，历史学的发展必然受到了限制。同时，再加上史学与政治的混淆，也使人们对许多问题的研究成为禁区，或者有一些认识不能够得到充分的发表。这些都给历史学带来了严重的损害。今天对这些问题，有相当一部分史学工作者有了比较深刻的认识，认识到过去的简单化、片面性、教条主义对学术研究所带来的危害。经过 20 多年的拨乱反正，有了很大的改观。一些坚持运用唯物史观研究历史的同行，正在逐步地走向更加健康、更加成熟的学术道路。这里，说来说去，就是一个实事求是的精神，一个理性的精神，对谁来讲这都是应该遵循的。

正如刚才我讲的，因为在 20 世纪中国历史走了一些弯路，马克思主义史学在这样一个历史环境中也走了一些弯路，这也是不难理解的。我们一方面要看到 20 世纪中国史学面貌由于新的历史观，特别是唯物史观的引入，在性质上和成就上与过去相比有很大的不同；另一方面要看到它走过一些弯路，从不太成熟的阶段逐渐走向比较成熟的阶段。我们这样来看问题，就会看得全面一些。的确不错，在马克思主义史学发展的过程中有过严重的教训。比如说，当政治上出现了偏差的时候，尤其是"左"的思潮出现的时候，这种思潮也影响到历史学，其直接的表现就是政治和学术的混淆，如阶级斗争理论在历史研究中的夸大，这是无可讳言的。但是这个教训还有另外一个原因，就是人们接受一个新的事物的时候，要有一个由浅入深的过程。当中国最早的一批马克思主义史学家接受马克思主义的时候，对马克思主义史学的认识、理解需要一个发展过程，不是一朝一夕就能够达到完全合理的程度的。我想这是任何一个人在接受任何一个新事物时，都会有这样一个发展过程的。

问：有人把中国马克思主义史学的某些失误或教训归结为与现实社会结合的过于紧密，您如何看待这种说法？

答：关于中国马克思主义史学，我刚才已经讲到了它走过一些弯路，有曲折、有教训，对于这些问题，我们应该做理性的认识。所谓理性的认识，就是要认识到马克思主义史学在中国的产生和发展是和中国的革命、中国的建设事业紧密相连的，也就是说是和中国的历史实际、中国的历史前途紧密相连的，就像中国古代的史学、近代的史学是同中国古代的历史实际、近代的历史实际相联系一样。马克思主义史学与社会实践的结合并不是它本身固有的特点，历史学从它产生的时候起就是和社会结合在一起的。大家都读过《史记》，《史记》从传说中的黄帝一直写到汉武帝，《史记》130 篇是脱离社会的吗？它是和社会密切联系在一起的。近代以来史学家研究边疆史地、研究外国史地，都是和当时中国处于民族危机的形势联系在一起的，和救亡图强的现实联系在一起的。梁启超不是马克思主义史学家，梁启超大声疾呼："悠悠万事，惟此为大。"他认为：在当时，只有史学才能唤起民众，使中华民族振兴起来。这说明他也认为史学是和社会联系在一起的。马克思主义史学与中国革命有着必然的联系，这并不奇怪。任何时候的史学都具有它的社会属性和实践的目的，只是马克思主义史学或者马克思主义史学家把这个观点更明确地写在自己的旗帜之上罢了。

有些朋友对此表示怀疑，甚至予以指责，我认为这主要是对于历史学的学科属性不太了解的缘故。当然，也不排除有的朋友是不愿意承认这一点的。不论何种原因，从科学的、求实的态度来说，都应当理性地看待这个问题，看待历史学的属性的问题，即一是求真，二是致用。人们过去不能够理性地看待马克思主义史学以外的史学，说它们都是落后的、甚至是反动的，今天人们已经认识到这个看法是不对的，应该理性地看待它们。现在有许多同行事实上已经这样做了。历史的经验告诉我们，不用理性的态度对待马克思主义史学，同样是片面的，是不对的。其实，不只是对待马克思主义史学如此，研究任何问题都应该有实事求是的态度，都应该有理性的精神。

问：现在有人提出"文革史学"的说法，您认为这种说法的依据是什么？这种提法是否可以成立？

答：从原则上讲，不存在所谓"文革史学"。因为"文化大革命"本身是政治，这个政治与一般的政治不一样，它是从意识形态到社会实践包括全国的社会生活，都搞乱了。从学科整体上看，"文化大革命"当中没有史学；从理论上看，马克思主义被践踏了、曲解了，马克思主义被一些人按照教条主义的轨道发展到登峰造极的地步。那个时候，学术界包括历史学界，都没有存身的余地了。当时，历史学家基本上都被打倒了。我们很难想象，一个社会里会存在没有历史学家的历史学，这是不可思议的。也许人们会说，当时有"儒法斗争史"，这不是"史学"吗？对于这个问题，我思考了很久，也修正了我过去的一些说法。我认为，准确地说，"儒法斗争史"不是史学，是"四人帮"政治的一种代名词，它是借用了历史学的语言，打着历史学的旗号，而包装在里面的实质是政治。所谓"从古到今贯穿着一条儒法斗争的线索"，贩卖的是一种反动的政治。从这两个意义上讲，我不认为有所谓"文革史学"。因此，"文革史学"的提法，是不妥当的，是没有根据的。

这里，我想指出两点：第一，不能把根本不存在的所谓"文革史学"作为"文化大革命"时期马克思主义史学的代名词，以此来"证明"马克思主义史学的错误，这显然是不能成立的；第二，不应当把"儒法斗争史"的泛滥看作史学成为"显学"的标志或时代，并以此"证明"史学不必关注社会。这显然也是不能成立的。首先，"儒法斗争史"不是史学，这一点应当明确。其次，历史学的属性一是求真，二是致用。我过去写过文章，论证求真与致用的辩证统一关系，发表在《社会科学战线》这家杂志上，这里就不多讲了。

如果说"文化大革命"当中，还有一些历史学家在"不合法"的情况下（至少是在不正常的历史条件下），仍然对马克思主义坚信不疑，对历史学坚定执着，仍然在坚持自己的研究工作的话，这种情况是存在的。显然，也不应把这种情况称之为"文革史学"。但这种情况表明，即使在那个是非颠倒的年代，还有一些真诚的史学工作者，在艰难的情况下进行研究工作。这种现象，证明了历史学家本有一种精神力量，也证明了历史学的生命力是扼杀不了的。

三、关于 20 世纪中国史学批评

问：瞿先生，您刚才着重谈了如何进行理性地、科学地评价中国马克思主义史学的问题。我们觉得事实上这已经涉及史学批评问题了。现在有一些史学界的朋友，认为时下的史学界太过于沉闷。您能否就 20 世纪中国史学对史学批评与史学发展的关系，谈谈您的看法？

答：史学史是一门反省的学科，是历史学自我反省的学科，史学批评也是一种反省。不论是研究史学批评的，还是被别人论述到的，都是在这个总的反省范围之内。在这个问题上，我们要有一种自觉的认识，即史学批评是史学发展的内在动力之一。史学的发展当然主要是社会发展的驱动，客观历史发展的驱动，但是史学自身也不是被动的。它自身的活力之一就是批评，就是反省。同时我们还要注意到，史学批评是促进理论发展的重要途径。没有史学批评，历史学的理论发展就会受到很大的影响。从历史上看，这个问题是很清楚的。司马迁对《春秋》的评论，班彪、班固父子对《史记》的评论，范晔对《史记》《汉书》的评论等，这都是在提高人们的认识。直到刘知幾写出《史通》，全面评论他以前的史书和史家，人们对史学的认识就大大提高了。我们知道，在史学批评史上，《史通》的地位是非常重要的。我想，古今道理是一样的。

现在历史学界的朋友对于史学批评大多不满意，各方面都不满意。那么不满意的地方在哪里呢？一个是没有太多的商榷，没有太多的切磋。这种情况如果说是"沉闷"的话，确实如此。我们知道，过去有两句话是"百家争鸣，百花齐放"。为什么要"百家争鸣"呢？没有商榷，没有争鸣，怎么能够发展呢？大家都平平静静的，你讲你的，我讲我的，学术怎能发展，理论怎能提高？有人说当今中国无书评，这当然说得绝对了一点，好的书评还是有的，只是为数不多。再一个是人们对理论的兴趣比较淡薄，这是当前史学研究、历史研究当中的重大问题。不关注史学界的重大问题，势必形成理论上淡薄的现象，这种情况对于史学发展是不利的。如果我们真正认识到批评是史学发展的内在活力之一，是理论发展的活力之一的话，今天我们就应该开展正常的史学批评。

问：您说"应该展开正常的史学批评"，那么怎样才是正常的史学批评呢？

答：关于史学批评，我常常想起白寿彝先生的一些文章，一些论说。白寿彝先生讲，要关心当代人的著作，要开读书会，多写评论。评论的出发点是与人为善。评论不是吹捧，评论也不是挑眼。评论是切磋学术，目的是发展学术，发展史学。白先生讲得很好：写评论，要站在作者的立场上，用商量的口吻来表达看法，比如说："你这个问题，要是换这样一种说法，是不是更好呢?"这样提出问题的话，既指出了别人的不足之处，也表明了你的观点，读者又容易接受，作者也可以理解。要真正开展批评，就要有一种和谐的气氛，今天我们讲和谐社会，这个和谐社会，我看也包含一种学术上的和谐气氛。同行之间展开史学批评，是为了求得真知，求得史学的发展。至于人们经常说到的学术中的不正之风，如果我们大力开展了在和谐氛围中的评论和批评，不正之风也就会逐渐消退。这要许多人的努力才能做到。我过去写过一些评论，总的来说，不是很尖锐的，但是也还提到了老一辈学者的论著中存在的不足，甚至错误，我和他们之间的学术友谊是很深的。这是为什么呢? 因为我是善意的。我不赞成那种盛气凌人的、教训人式的批评，当然我也不赞成没有原则的吹捧。我想这还是白寿彝先生所说的，既不是吹捧，也不是挑眼。要营造这样一个好的氛围，要有许多人带着平常心的心态来参与评论工作，这个气氛一旦形成就会对历史学产生极大的影响，这一点我是深信不疑的。

四、关于建设 21 世纪具有中国作风和中国气派的历史学

问：现在，中国历史研究领域的学者多从如何借鉴外国史学的理论、方法和范式来思考、反省自己的研究，而外国史的研究者则在一定程度上强调了如何从中国史学，尤其是从中国古代史学中汲取有益的营养来进一步形成中国史学的特色和风格。您认为应该如何评价 20 世纪的中外史学交流?

答：一些中国史学工作者对外国史学的理论、方法、模式有浓

厚兴趣，并且积极地借鉴，这是很必要的。当今时代是一个信息时代，整个世界比以往任何时代的交往都更加密切。研究外国史的学者提出来，要继承中国史学的优秀遗产，这也是非常正确的。我曾经讲过，中国史学的优秀遗产在 20 世纪长期得不到重视，白寿彝先生在 20 世纪 60 年代发表的《谈史学遗产》一文以及后来发表的系列文章，可谓凤毛麟角。大约到了 20 世纪 90 年代中期，才渐渐听到人们说要继承中国史学优秀遗产。白寿彝先生在 60 年代提出重视中国史学遗产，说明他的远见。最近在纪念中国人民抗日战争和世界反法西斯战争胜利六十周年时，有这样的文章，说到抗日战争期间中国共产党对于民族文化遗产的重视。这一点，我们在《毛泽东选集》中早已读到过。可见，这不是一个新问题，只是过去人们没有意识到这个问题的重要。今天提出这个问题，从历史上看不是一个新问题，但我们从史学发展来看，人们真正认识到这个问题的重要是 20 世纪 90 年代才开始的，这是认识上的进步。

我们应该怎样把握中外史学交流的原则呢？这个原则是什么呢？中国的史学工作者首先应当对本民族的优秀遗产有一定的修养，在这个基础上，要有开阔的胸襟和器识，能够接受各种外来的新的东西，而不是固守已有的东西。这就要求我们一方面在发展学术中面向世界，一方面在面向世界的过程中发展自我，而不要失去自我。所谓不失去自我，最根本的就是本民族的历史文化的修养和气质。研究中国史的学者借鉴外国史学的积极成果，研究外国史的学者继承中国史学的优秀遗产，这都非常重要，但前提是要把握好原则。这是一个基本的立足点。

问：在当今经济全球化趋势的影响下，您认为我们应该如何建设 21 世纪具有中国作风和中国气派的历史学？

答：从实际情况来看，21 世纪史学已经经历过几年的时间了。从 20 世纪 80 年代开始，中国历史学便处于活跃的时期。主要表现为思想的活跃、研究领域的活跃，研究方法的多种多样，以及中外史学交流的活跃。对这样一个局面，要予以充分肯定。当然，在活跃的局面之下，也有值得关注的问题。21世纪中国史学更加呈现出一种多元发展的趋势。在这种趋势下，如何更好地发挥马克思主义史学的作用？这个作用是一种引导的作用，积极的作用。在这种多元发展的现象中如何体现出马克思主义史学的主流地位？这是21世纪中国史学面临的首要问题。

从学术前景上说，许多史学工作者认为唯物史观是科学的历史观，既然是科学的历史观，它就应该作为研究历史的理论指导。这并不意味着又回到教条主义、简单化、片面性那里去，而是如何更加理性地看待唯物史观及其运用。我说这个问题是有历史依据的。我们可以想一想，老一辈马克思主义史家的研究成果到底给了我们什么样的收获？我想这个收获就在于帮助人们正确的、全面的、辩证的认识我们这个民族所走过的道路。科学的历史观、民族观、国家观，以至于正确的人生观，都可以从这里反映出来，产生巨大的教育作用。这是马克思主义史学给予我们的。如果对自己民族的历史十分茫然，或者有种种误读，那是不可想象的。马克思主义史学也告诉我们如何正确认识外国的历史和现实。

还有，我们不应该排斥其他历史学家的贡献，但是我们要看到马克思主义史学给予我们的东西确实是最基本的，这就是唯物史观的魅力。那么马克思主义史学如何才能够发挥更大的作用，发挥引导的作用或者说是主流的作用呢？这就要在总结经验教训的基础上，开拓新的研究领域，拿出新的成果。这个新的成果怎么获得？以往所走过的弯路，是把理论作为研究的出发点，不是把它作为指导。研究的出发点应该是材料。现在我们认识到，创造性的历史研究是要把唯物史观的基本原理同研究对象紧密地结合起来，做出新的理论概括。这样就可能有新的创造，也一定会有新的创造。在这个结合的过程中，我们不仅要认识到马克思主义史学是科学历史观指导下的史学，还要认识到中国古代史学的优秀遗产可以用来丰富中国马克思主义史学。我们也要认识到，马克思主义史学不是封闭的，中国马克思主义史学应该有一种信念，吸收外国史学的积极成果，使自己变得更加丰富、厚重。中国有句古话，"它山之石，可以攻玉"。马克思主义史学也是这样，尽管它是一种科学的历史观指导下的史学，但是它也有必要吸收其他史学的积极成果。这一点在认识上跟过去有很大的不同，甚至有根本的不同。

如果我们不这样做，不以中国马克思主义史学为基础继承中国史学的优秀遗产，不吸收外国史学的积极成果，就可能出现别的情况，可能会推崇外国史学的某一个思潮或某一种流派，也许在这方面可以和外国同行对话，但最终会走到哪里去呢？最终能不能形成具有中国特色、中国气派的历史学呢？那就很难说了。20世纪80年代，白寿彝先生在陕西师范大学有一个演讲，题目是《关于建设有中国民族特点的马克思主义史学的几个问题》，他从六个方面阐述了他的看法：第一，关于历史资料的重新估价问题；第二，史学遗产的重要性；第三，取鉴于外国历史的问题；第四，历史教育的重大意义；第五，历史理论和历史现实的问题；第六，史学队伍的智力结构问题。这反映出老一辈学者的心愿。我们可以吸取、借鉴外国学者的积极成果，但是不要失去自我。学了人家的东西之后，有了提高后，并不丢弃自己的本色，只是变得更加富有内涵。换言之，丰富了自己而不是失去了自己。我们吸收古代优秀遗产也是这样，吸收以后，不是把自己变成复古的人了，而是把自己变得更有经验了，更有智慧了。

在21世纪里，我认为只有青年人，才有可能成为在比较广泛的领域里与外国学者进行对话、沟通、切磋的人。21世纪是中国现在和未来几代史学工作者展现才华的年代，史学这个舞台主要靠中青年同行扮演主要角色。我在1996年写的《中国史学：20世纪的遗产和21世纪的前景》里面讲到了21世纪的学者应该具备什么样的条件。我当时是这样想的，这样写的：他们应成为新型的史学家，应有较高的马克思主义理论修养和中国学问的根底，应对外国历史和外国史学有相当的理解，应在专精的基础上努力向通识发展，应具有较高的古代汉语的修养和现代汉语的表述水平及外国语水平，应善于同外国同行合作而又具有中国作风和中国气派。我认为，对于这样的憧憬，第一，要明确我们的方向；第二，应该有充分的信心。方向明确了、端正了，信心建立起来了，那么获得更大的成绩，是毫无疑问的。我希望青年朋友对这些问题进行思考。在当前这样一个很好的历史环境中，年青一代史学工作者一定是大有作为的。

我讲的这些，不一定都对，供你们和史学界朋友们参考吧。讲得不对的地方，也希望大家批评。

从"断"到"通"：勾勒理论发展脉络

——访历史学家瞿林东*

郑 讴

　　建设有中国特色的马克思主义历史学。从根本上说就是要用马克思主义的观点，即唯物史观来看待中国史学，重新解释历史现象。

　　中国史学之连绵不绝，史籍之卷帙浩繁，在人类四大文明发源地中堪称仅见。而在中华文明的浸润之下，中国史学又焕发出自身的独有特色和民族光彩。其中，中国史学史研究较为集中地体现了这一特色。自梁启超第一个提出撰写中国史学史专著的设想以来，中国史学史不断在演变中发展、进步。从个案到整体，从微观到宏观，从断代到贯通，从史的阐述到理论探索，在看到成绩的同时，也引起人们对前路的思考。近日，

　　* 载《中国社会科学报》，2012 年 11 月 21 日，第 A04 版。

记者采访了北京师范大学资深教授瞿林东，瞿先生以亲身研究经历为例，向我们展现了他对中国史学史、历史学理论、中国马克思主义历史学等问题的所思所悟。

一、中国古代史学是有理论的

《中国社会科学报》：您在著作中提到，自20世纪80年代起对"中国古代史学没有理论"这种说法进行反思，能谈一谈当初的想法吗？

瞿林东：1978年，党的十一届三中全会重新确立了解放思想、实事求是的思想路线，史学界也开始从理论上进行反思。批评教条主义、简单化和片面性，成为20世纪80年代中国思想界很重要的一项活动。这一时期，大量西方史学的理论著作陆续涌入中国。对于那个时代的年轻人来说，西方史学的理论就好比吃快餐一样新鲜，于是便有人开始用西方史学的理论比照中国的史学，认为"中国古代史学没有理论"，这种看法在当时影响很大。我是学史学史的，对此深受刺激且备感无奈。中国古代史学是有理论的，但自己却说不出来，因为我和同行们没有着手研究。后来，我就开始有意识地较多地关注中国古代史学发展中的理论形态。

在研究过程中，首先碰到的就是理论形态方面的问题。历史学主要有两种理论形态，一个是关于客观历史的理论（历史理论），一个是历史学这门知识或这门学科自身的理论（史学理论），而研究者往往容易将历史学的这两种形态混淆起来。人们虽然经常说历史学理论，但实际上大多数场合说的是客观历史的理论。为什么会产生这种情况？因为唯物史观是对客观历史发展理论的最高概括，这就容易以此代替历史学知识的理论。我的老师白寿彝先生在1983年主编《史学概论》并反思过去的时候，也说这个问题曾使他感到困惑。

《中国社会科学报》：所以，区分历史理论和史学理论是您理论研究的一个新起点？

瞿林东：是的。在《史学理论研究》的前身《史学理论》1987 年的创刊号上，我曾写过一篇题为《史学理论与历史理论》的短文，对二者的区别和联系做了分析；而在这之前的 1986 年年底，中国社会科学院世界历史研究所的陈启能研究员曾写过一篇《历史理论与史学理论》。后来我才知道，1982 年尹达先生在一次演讲中已提出过这个问题。

那么，接着要做的就是分别对两个领域进行梳理与研究。1992 年，我发表了《中国古代史学理论发展大势》一文，对中国古代史学理论从纵向上做了梳理和概括。1994 年出版了《中国古代史学批评纵横》一书，这本书从史学批评的角度讲问题，也可以说是一个新的领域。从中国史学发展角度看，史学批评与史学理论有直接关系，由批评提出问题，从而推动理论的发展。随后于 1998 年出版的《中华文化通志·史学志》中分别写了史学理论与历史理论的发展情况。当时采用的是"历史观念"，而不是"历史理论"。随着研究的逐渐深入，我又在 1999 年出版的《中国史学史纲》一书中，进一步加强了关于各历史时期的历史理论与史学理论的概述。

二、走出"碎片化"关注整体

《中国社会科学报》：您对中国史学史研究的现状做何评价？

瞿林东：改革开放以来，中国史学史研究取得的成绩非常突出。在 1961 年召开的全国文科教材会议上，北京大学周一良先生提出，其他学科都讲自己的历史，唯独历史学不讲自己的历史，于是参加会议的史学家们就决定要编写中国古代史学史、中国近代史学史和西方史学史教材。1978 年恢复学位制度后，中国史学史培养出了一批专业人才。发展到今天，仅中国史学史著作就至少有二三十种，断代和专题研究也有很多，应该说取得了很大成绩。

《中国社会科学报》：我们了解到，现有的大量史学史研究仍是讨论某个历史学家的思想、著作及其价值，在取得很大成绩的同时是否也面临一定的研究瓶颈？

瞿林东：这的确是个问题。目前来说，这样的研究无疑是必要的，但若总是这样研究下去，就会使我们对于中国史学整体发展面貌的研究关注不够。更重要的一点，就是理论研究不足。不足到什么程度呢？比如说，1938 年，翦伯赞先生出版了一本名为《历史哲学教程》的书，从历史学角度谈历史哲学问题，到今天，国人还没有能超过他的。1989 年，白寿彝先生主编的多卷本《中国通史》第一卷《导论》出版，以唯物史观为指导，结合中国历史的发展讲了九个重要问题，包括多民族统一国家的问题、地理环境和历史发展的关系问题、生产力和科学技术对于社会进步的关系等。这部书出版已经 20 多年了，到现在也没有同类著作面世。

所以说，理论研究不足、宏观研究不够，整体水平就难以提高。现在的历史学研究多少呈现出几分"碎片化"的发展趋势，史学史虽然还没有到这个地步，但多少也有些让人感到千篇一律、程式化和思维定式的印象。这样下去，学术向前推进的步伐就会缓慢了。

三、关注研究外国史学的中国历史学家

《中国社会科学报》：您认为推进中国史学史研究的进一步发展有何新的方法和研究路径？

瞿林东：针对这个问题，我曾写过一篇文章，主要探讨中国史学史研究新的路径在哪里。文中我提了三个问题，一是重视理论研究。现在古代历史理论虽然有了专著，但也仅仅是开始。再说，站在更高层次上讲，像翦老那样提高到历史哲学上进行认识，还有很

大的差距。二是贯通的专题研究。因为中华文明没有中断过,史学工作者完全有条件这样做。三是比较研究。目前的比较研究开展起来仍很困难,首先是语言问题,其次要探讨怎么切入,即选择一个适当的角度展开研究而不能生硬比较;从宏观的视野下考察各自的优点和不足,然后才能说如何互补,要做到这一点很不容易。

最近我又在《史学月刊》上发表了一篇文章:《积极面对当今中国史学的多途发展》,主要是为了强调这样一个思想——我们在研究中国史学的过程中,有意无意地忽略了那些研究外国历史和史学的中国历史学家。从我自己来说,就有逐渐淡化的趋势,研究近代史学的时候还能注意到魏源、黄遵宪、王韬等人,到 20 世纪前半期也还写了一点,而 20 世纪后半期就很少写到研究外国问题的中国历史学家了。这影响了我们和外国同行的对话。如果我们把研究外国历史和史学的中国历史学家写进中国史学史,外国同行会很感兴趣,同时也增加了中外史学家对话的可能性。这也是我们需要加强研究的一个方面。

四、"未尝离事而言理"

《中国社会科学报》:2011 年,您主编的三卷本《中国古代历史理论》正式出版,不少同行认为这部著作填补了中国史学的一项空白,对此您怎样看?

瞿林东:我和我的同事们非常感谢史学界师友们的评价和鼓励。记得在 2004 年,我发表过一篇题为"略论中国古代历史理论的特点"的文章,这实际上就是说中国古代史学是有理论的,而且有自身的特点和存在形式。中国古代历史理论不仅存在于正史的史论中,而且有许多专门讨论历史问题的文章(如从理论角度分析某个朝代的兴亡)和著作。比如唐朝初年,虞世南写过一本小书叫《帝王略论》,以问答形式对唐朝之前帝王的功过是非加以评论，过去没人把这看作理论；又如，三国时期有学者刘邵写了一本书叫《人物志》，文学研究经常提到这本书而史学界却讲得不多；即便是王夫之的《读通鉴论》《宋论》，一般也没有从历史理论的领域对其做出适当评价。由于过去有人用西方近代历史哲学来衡量中国古代史学，自然就觉得这不是"理论"。

中国古代历史理论，还有一个非常明显的特点：因为中华文明没有中断过，所以对于诸如天人关系、古今关系、时势以及"理"和"道"的思考等重大历史理论问题，一直到现在人们仍在讨论阐发，我将这一特点称为"探索的连续性"。这种探索的连续性，使人们的认识不断深化。此外，中国历史学家在讨论理论问题时多与相关的史事相结合，即在叙述史事的过程中发表看法。章学诚在《文史通义》中指出"古人未尝离事而言理"，中国古代历史理论的这一特点，使其便于人们对理论的理解，这是中国史学民族风格的反映。《中国古代历史理论》一书确是多年来研究的一个成果，但这也仅仅是开始，中国的史学遗产太丰富了，要在这方面有进一步突破，还需要继续努力若干年。

五、以现代理解梳理古代文献

《中国社会科学报》：刚才您已经从多方面谈到中国古代历史理论问题，能否请您介绍一下有关中国古代史学理论的研究情况？

瞿林东：谈到史学理论，首先要从我的专业中国史学史研究谈起。作中国史学史研究，首先需要选择一个断代作为基础或专长，我的基础是唐代史学。我的老师白寿彝先生曾写过一本截止到唐初的教材，叫作《中国史学史教本》上册，当时我的想法就是接着往下完成老师的研究。《唐代史学论稿》是我的第一部学术著作。这本书出版后，我就开始往纵向发展。1999 年《中国史学史纲》一书出版，当深入中国史学史研究的时候，理论问题便无法回避。所以总的来说，我是在向"通"的方向的发展过程中，逐渐深入理论的层面。

相对来说，人们没有像否认历史理论那样过分地否认史学理论，因为在中国史学上有几本讲史学理论的书。一本是唐朝史学家刘知幾写的《史通》，还有一本是清朝史学家章学诚写的《文史通义》，加上近代以来又有梁启超的《新史学》《中国历史研究法》及其《补编》等，给人留下了深刻印象。这些著作理论性比较强，人们不好否定。但是，仅有几个"点"，还不足以显示史学理论发展的脉络，前面提到 1992 年我发表的那篇文章，就是力图勾画出这个脉络。

1995 年起，我负责主编《中华大典·历史典·史学史分典》的工作，就把自己积累的看法运用上去了。同时，我还认为只讲史学史不全面，也应加入有关的理论，时任总主编的任继愈先生也表示了同意。当时，编这个典没有任何参考，特别是要按照现在对历史学的理解对古代的文献进行分类，这在以前是没有做过的。所以当时我把这个分典分为三个大的部类：历史理论、史学理论、史学史。而关于史学理论，我又将它分为四大类：即史学功用、史学方法、史学批评和史家修养，每个大类又有若干小类。《中华大典》里包含了许多原始资料，每条资料都有一个标目。中国史学要实现更大的发展，理论研究真的需要一点勇气才行。

六、中国化不应回避社会形态研究

《中国社会科学报》：您一直以马克思主义唯物史观为指导进行史学研究和创新，请谈谈在中国史学史研究和历史学的理论研究中，马克思主义唯物史观的作用？

瞿林东：老一辈学者包括郭沫若、范文澜、吕振羽、翦伯赞、侯外庐等在马克思主义史学领域做了许多工作。改革开放以来，尹达、刘大年、白寿彝等也多次强调，要重视建设有中国特色的马克思主义历史学。简单一些理解，就是马克思主义史学的中国化。因为马克思主义史学是一个世界性的现象，在西方尤其是英国非常突出，目前在国际上，马克思主义史学依然是一个重要的学派。

建设有中国特色的马克思主义历史学，从根本上说就是要用马克思主义的观点，即唯物史观来看待中国史学，重新解释历史现象。这个任务非常繁重。第一，中国的史书都有其历史价值，但也有其时代局限性，如何对这些史书及所反映的历史现象进行重新解释是重要的任务之一。第二，马克思主义的基本观点如存在决定意识、事物都是普遍联系的等，倘使将其与中国历史事实相结合，就有可能写出超越前人的历史著作。在这个问题上，老一辈历史学家已经做了很多工作，现在我们要做的是什么呢？首先还是要对马克思主义经典著作有所了解。

加强马克思主义理论修养，在这个问题上我深有体会。举例来说，关于史学和社会的关系，尤其是和政治的关系，现在很流行一种看法，即史学应远离社会，不应提倡史学为政治所用。我是学史学史出身的，我知道史学的产生在很大程度上就是因为政治的需要。因此，史学与政治的关系从马克思主义的观点看，就是经济基础决定上层建筑，经济基础和上层建筑决定了意识形态。史学是意识形态的一部分。从这个观点来说，政治对史学提出一定的要求是合理的。但是，这个合理性是有限度的。对于历史学来说，这个"度"就是不能破坏它的学术品格，最根本的就是不能损害它的真实性。如果损害了这一点，便违背了二者之间的合理关系。

第三，就是如何建设有中国特色的马克思主义历史学的问题，即唯物史观的根本原理怎样与具体的中国历史事实相结合来阐述中国历史进程的问题。这个问题我们现在也面临一个困惑，就是有些研究者回避社会形态学说，不讲奴隶制、封建制之类的社会形态。我认为这不值得肯定，而应当在原来研究的基础上继续探讨五种生产方式和各个时期的中国的关系。不同的观点均可以讨论，但是从人类社会发展来讲，这几种形态大致上是存在的，有的甚至是递进关系，仍是我们考察人类历史进程的理论依据。

我所认识的中国史学史

——瞿林东教授访谈录[*]

刘开军　王　姝

一、治学经历与学术传承

刘开军（以下称刘）、王姝（以下称王）：瞿先生，您好！谢谢您接受我们的拜访！我们读过您的不少著作，也十分关注您近年发表的一些文章，受到许多启发，但仍然有一些问题想请教您，以便进一步提高我们对本专业的认识。

瞿林东（以下称瞿）：我很高兴同你们交流，就有关专业问题进行讨论，但我要说明的是，你们对这次访谈不要有过高的期望值，一来我曾接受过几次类似的采访，有些问题都讲过了，这次

＊ 载《史学史研究》2014 年第 1 期。

可能谈不出多少新意;二来当今史学发展头绪繁多,史学史研究也面临一些新问题,对于这些问题我也在思考当中,需要和同行们共同讨论,这样才能推进我们的认识。我们从哪儿谈起呢?

刘:我们对您的治学道路十分关注,很想从中得到一些启发。您从 1964 年跟随白寿彝先生读中国史学史专业研究生,从那时算起,至今已整整 50 年了。这对您来说,一定有着不寻常的意义。从您的一系列学术著作中可以看出,您的研究领域贯通古今,而成果之间的联系又很紧密,好像它们之间是相通的,这是否同您规划自己的治学道路有关呢?

瞿:这个问题实际上包含两个方面,一个方面是有关学习的经历,另一个方面是有关治学的规划。我先说说自己的学习经历。你们讲到我 1964 年跟随白寿彝先生读研究生至今已有 50 年了,听起来颇有一点历史沧桑之感,真是如同前贤说的那样:"子在川上曰:'逝者如斯夫!'"在历史面前,人的一生显得多么短暂。正是因为这样,人的一生要过得有意义才是。从这一角度来看,我们又总是时时感到历史的脚步是那样的从容和不知疲倦,坚持不懈地走向远方,这给人们带来激情、希望和勇气,这就是人生的道路。从我自己来说,新中国成立前因家境困难,直到新中国成立后,我 13 岁时才有机会到南京上了小学。2013 年夏天,我的中学同学相聚于南京一中,纪念我们初中入学 60 周年。聚会的主题是:"入学满甲子,相聚叙晚情。"同学们个个都掩饰不住内心对岁月流逝的感慨和在自己的岗位上勤奋、拼搏几十年而天然生成的那种自豪与激情。

由于你提到了 50 年,使我联想到这个 60 年,可能把话题扯远了,还是讲讲 50 年前开始读中国史学史专业研究生的一些想法吧。在五年的大学本科学习中,我喜欢中国古代史和世界近代史两门课程。对中国古代史有兴趣,有两个原因,一是我的古汉语基础还算可以,平时也喜欢读点古文;二是在我读本科的那些年,学术界关于中国古代史上的许多问题展开了热烈的讨论，这对同学们很有吸引力，我也深受这些讨论的影响而产生了兴趣。

我之所以对世界近代史有兴趣，一个重要原因，是老师们在讲述世界近代史时，很自然地联系到马克思主义产生和发展的历史，学生们在学习历史的同时，也或多或少接触到马克思主义产生和发展的背景及相关的经典著作。其实，这里面也包含着对理论的兴趣。回想起来，这对我们后来的教学、科研都有很大的影响，至今我还很怀念那一段学习生活。

你问的"规划自己"和"治学道路"关系的问题，从认识的自觉性来说，是一个漫长的过程。我之所以报考中国史学史专业研究生，坦率地说，主要是受到了白寿彝先生学术魅力的影响。1962年，白寿彝先生出版了《学步集》。我读他的文章，总感到思路开阔，其中蕴含着发人深思的思想内涵，有一种吸引人的理论魅力。1963年，白先生又为我们这个年级（1959级）开设了中国史学史课程。白先生讲课不是很生动，但有思想上的启发性。我报考中国史学史专业研究生，还有另外一个原因，这就是1961年全国文科教材会议把史学史定为高校历史专业的必修课。从这个意义上看，它是一个新兴的专业。记得1964年考研时，六门考试科目中有"语文"一科，其中包括写一篇作文。作文有两道题目，可以任选一道：一是"科学工作者为什么必须重视语言修养"，一是"展望我国的科学（可结合报考专业来写）"。我选择了后者，并大胆地加上一个副标题"谈中国史学史的兴起"，大意是论述中国史学素来发达，故应加强史学史的研究。考试后，我忐忑不安，总觉得不应该这样"冒失"地加上副标题。后来从白先生那里得知，这篇作文是北京师大考区中得分最高的两篇作文之一。这反映了我对中国史学史专业的最初认识。至于怎样"规划自己"，怎样思考和安排自己的"治学道路"，那是十几年以后才有机会考虑和摸索的。

王：读您的书和文章，总是感受到其中既有冷静的思考，又有激情的流露，使人信服而且爱读。您说"规划自己"和"治学道路"的关系是一个漫长的过程，可以谈谈您是怎样摸索着前进的吗？在这几十年的学术经历中，您又是怎样做到始终保持旺盛的学术热情的？

瞿：刚才这个问题还没有说完，你又提出了学术研究中思考与激情的关系。在我看来，如果说规划和道路是有关"做什么"的问题，那么思考和激情就是有关"如何做"的问题，或者说是以什么态度去做的问题。这两个方面是紧密联系在一起的。

你刚才使用"摸索"这个词，我认为用得很好。白先生在《中国史学史》第一册的《叙篇》中有"我的摸索和设想"一章，或许你是受此影响而使用"摸索"一词的吧。我之所以赞同你用"摸索"一词，因为它反映了人们在学术研究的道路上，一般都会有一个从不自觉到自觉的过程，从不系统到有系统的过程，从感性认识到理性认识的过程，其中始终贯穿着"摸索"和追求。对于一个学人来说，一旦停止了摸索和追求，他的学术生命也就终止了。从这个意义上看，"摸索"一词，平实，深刻，永远是动态的，永远是"进行时"。

我很理解你们关注"规划自己"和"治学道路"的关系。其实，这并没有一个一成不变的模式，往往是因人而异。当然，在许许多多的"异"中，也还可以找到某种相同或相通的因素。我想，要有明确的研究领域，要有矢志不渝的坚守精神，要有提出新问题的勇气，要有学术上的全局意识，要有"学，然后知不足"的心态。在这五个方面中，首先碰到的是要有明确的研究领域，对这个问题我想多说几句。大多学有所成的人，都会有自己感兴趣的、明确的研究领域。这个研究领域不是空想的而是实实在在的，是可以通过深入研究而有所收获的，是可以作较长时间"开采"而总有所得的，是有可能发掘新问题而存在创新研究的预期的。这里，我们需要注意的是，不能因为有了一个明确的研究领域并能坚持不懈地耕耘，就不思开拓，不求进取，不考虑这个领域所处的全局，这显然会限制自己学术研究的发展。换句话说，坚守一个研究领域，不断做出成绩，但绝不要故步自封，要有开拓进取的精神，尤其要关注相关学术发展的全局性问题，并根据自己的专长和能力，发表有关全局利弊得失的见解。这样做，一方面可以培养我们对学术发展趋势的观察和判断能力，另一方面也是史学史专业研究不脱离当代史学发展的品格和要求。要做到这一点很不容易，但我们不能没有这方面的意识和追求。

至于说如何保持旺盛的学术热情，根据我个人的感受，它首先源于对史学的热爱，把研究史学视为生活中的重要部分，甚至是自己生命价值的重要部分，这是一种内在的动力，也是一种恒力。同时，它也源于对史学在社会中的位置的认识，即一个民族不能没有史学，一个国家不能没有史学。唐人刘知幾对此有深刻的见解，认为史学"乃生人之急务，为国家之要道"。有了这样的认识，就会产生一种责任感，也可以说是一种天然的义务，这就是过去常用的一个词，叫作"天职"。这两个方面的结合，会迸发出一种旺盛的学术热情，而当你渐渐认识到、感悟到史学工作确为社会所需要时，那么这种旺盛的学术热情是不会"冷却"的，也是不会衰竭的。

刘、王：您关于学术上的"摸索"、研究领域与学术全局的关系，以及学术热情的根源这些问题的理解和阐说，对我们的启发很大，我们将以此来鞭策自己。

刘：从您刚才的谈话中我们了解到，白寿彝先生对您的治学道路与学术旨趣有很大的影响。您一直非常重视研读白先生的著作，并发表许多相关的文章。2001年，您出版了《白寿彝史学的理论风格》，这是第一本研究白寿彝先生史学思想的论集。2012年，您又出版了《白寿彝与20世纪中国史学》，较之前书，这本书内容更为丰富，把白寿彝先生的史学研究与20世纪中国历史学的进程联系起来，揭示了白先生学术的精髓。您说这是您"学术上的使命"。按照我的理解，您实际上提出了一个继承"家学"传统，建立中国史学史研究的白寿彝学派的问题。在我们看来，这是一个很有价值的课题。明清之际的思想家黄宗羲作《明儒学案》，强调"学有宗旨"，是"其人之得力处亦是学者之入门处"。这是道出了家学、学派对于学术传承与发展的重要性。不知道我这样理解是否正确，想请您谈一谈关于史学传承与发展过程中的"家学"问题。

瞿：刚才我已经讲到，在报考研究生前，已经对白先生的著作比较关注。要说直接的学术影响，那应从 1964 年考取了研究生时算起。从那时起至今 50 年，其间，我的学术生涯有三次大转折，都同白先生有直接的关联。第一次，就是 1964 年考取白先生的研究生，我自己很高兴，许多同学也对我表示祝贺。在此后的岁月里，人们的生活发生了很大的变化。直到 1977 年春节后，我去拜望白先生，并说："十年没有见到先生了！"白先生立刻纠正说："不是十年，是十一年了！"我听了这话，顿时内心一阵心酸，也一阵激动：这就是师生之情啊！当年我已经四十岁了，学无所成，我很胆怯地问先生今后应着重读哪些书。白先生不假思索，说："当然是读史学史方面的书！"于是，这次见面，就成了我学术生涯中的第二次转折。这是在我从 1973 年起一直讲授中国古代史，并对地方史、地方民族关系史有了一点认识后，又回到十几年前做研究生时的学习起点。从这时起，我开始着手做一些这方面研究的准备，决心把中国史学史作为今后治学的重点。回想起来，当年老师一句话的分量是多么重啊！第三次转折，是白先生通过北京师范大学把我从内蒙古民族师范学院(今内蒙古民族大学)调回母校，从事中国史学史的研究和教学工作。在十几年中的这三次转折，都同白先生有关，同中国史学史专业有关，这在我的思想上和治学道路上所产生的影响，是无法用语言来表达的。

这里，我只就白先生一些重要的学术观点对我的影响，讲一些认识。首先，白先生十分重视历史遗产和史学遗产的总结和继承。我读研究生时的第一门课程，是学习"毛泽东同志关于批判继承历史遗产的理论"。当时，我参与"中国史学史编写组"的学术活动，大家学习、讨论了五十多天，最后还写出了书面总结。这在我的思想上产生了深刻的影响。我们回过头来看，白先生撰写的《谈史学遗产》和《关于中国史学史研究任务的商榷》两篇文章，就是他在理论指导下写出的重要文献。这种言教与身教相结合的做法，有很大的感召力。20世纪80年代初，白先生发表系列的谈史学遗产的文章，在学术界产生了广泛影响，我从中再次受到教育和启发，于是写了一篇学习心得（姑且看作"评论"吧），题目是《史学遗产与史学研究》，讲述了自己的一点新的感受。听白先生讲，楚图南先生给他打电话，夸奖了这篇文章。这对我是一个鼓舞。

其次，白先生关于中国历史的一些论断和阐述，也是我们关注并认真学习的。20世纪70年代末、80年代初，我在担任中国古代史课程教学时，读到白先生发表的《中国历史的年代：一百七十万年和三千六百年》，文中对中国历史的分期和阐述，给我很大启发，也成为我后来看待和讨论有关中国历史问题的一种参照。我对中国历史分期问题没有专门研究，但这并不妨碍我选择学术上的参照。这种参照，在一定程度上，既有检验自己学术观点的作用，也是深化自己学术思想的一种推动力，甚至于可以促使自己的学术思想向着有体系的方向发展。

最后，就是白先生的民族、民族史、民族关系史思想，是一个完整的体系，我们应当高度重视。具体说来，白先生关于中国历史是统一多民族的历史的论述，关于少数民族地区历史发展在中国历史中所处重要地位的论述，关于中国历史上民族关系主流的论述，关于中国史学上有撰写多民族历史的传统的论述，关于加强少数民族史学研究的论述等，都具有重要的指导意义。我们倡导并举办了全国少数民族史学研讨会，我们在史学理论与史学史研究基地设立了中国少数民族史学研究的重大课题，这两件事对推动少数民族史学研究的发展产生了积极作用。我们经过十年的努力，集体攻关，撰写并出版了五卷本《历史文化认同与中国统一多民族国家》，受到各方面的关注和好评。这表明，我们是自觉地遵循白先生的民族思想体系来从事研究工作的，我们今后还要继续努力。

白先生还有一个论点是关于史学价值方面的，他认为史学在教育上具有重要的意义，史学工作者首先要从史学中受到教育，然后再用史学去教育社会公众。他强调说："史学工作者应当出其所学，为社会服务。"这是白先生关于史学的社会价值的核心认识。我近年出版的那本论集《史学在社会中的位置》，也可以看作对白先生史学思想在这个方面的继承和发挥。

至于你提到的我的那两本关于白先生的书，它们在内容上有衔接，但在它们出版时我的心境是不同的。前一本书，是为了纪念先生逝世一周年而编辑、出版的。我从1981年回到母校，在先生身边工作二十年，先生突然离去，这使我悲痛而茫然，故先生辞世周年之际，出此小书，以寄缅怀之情。而编辑、出版后一本书，我的确把它看作我的"学术上的使命"。我们这个时代，在历史学领域需要鸿篇巨制，更需要思想创新。白先生是善于提出新的学术观点的学者，在学术思想上有许多值得后人阐发并加以发扬之处。我自己的理论修养不够，但我的确认识到白先生在这方面的贡献。对于我的这本论集，我主观上是把它视为"学术上的使命"，客观上看却是难以完成这一"使命"的，只是希望它能引起后学的关注，进而做深入的研究，这是学术传承、创新和发展的需要。还有你说到的"学派"问题，我的看法是，从积极的方面来看，排除了门户之见的学派对学术发展是有益的，应当提倡，但学派的形成是一个自然发展的过程，当然，相关学人的自觉意识也是重要的。

二、从历史学的历史到历史学的理论

王：您从 20 世纪 80 年代开始从事中国古代历史理论的研究，提出了许多重要的学术观点。2011 年，您主编的三卷本《中国古代历史理论》出版，这部一百多万字的著作，不仅向中国史学界展现了我国古代史学所取得的理论成就，也为外国同行了解中国古代富有民族特色的历史理论打开了一扇窗口。这是您在中国古代史学的理论与历史研究领域的一大创获。记得 2011 年您应邀到华中师范大学作学术讲座，您在讲座开始时说，这次讲座是您在四分之一个世纪后的"答卷"。这里包含着怎样的学术背景？您能具体谈谈这方面的情况吗？

瞿：20 世纪 80 年代，中外史学交流出现了一个新的热潮，其中一个突出的表现是许多西方的历史哲学、历史理论著作被介绍到中国来，在史学界引起强烈反响，一度形成所谓"理论热"。在这样一个思潮中，人们在反思中国史学时，有些青年朋友提出一种看法认为中国史学是"叙述史学"而缺乏理论。1986 年夏天，在华中师范大学举办的一个全国性青年史学工作者研讨会上，也有人向我表述这种见解。我不赞同这种观点，因为中国既有丰富而宏伟的历史巨著，怎么会没有理论呢？我在没有准备的情况下，提出了中国史学上有"五次反思"的看法，讲得很概括，同时我也承认现在还不能充分证明自己的观点。这件事对我是一个"刺激"。此后，我在 80 年代末和 90 年代初，在撰写《中华文化通志·史学志》的过程中，特意设立了"历史观念"与"史学理论"两章，对中国古代史学上的历史理论与史学理论分别做了论述。同时，我在为《文史知识》撰写"中国古代史学批评纵横"的专栏文章时，着眼于问题与范畴，摸索着中国古代史学批评对史学理论的产生、发展所发挥的推动作用。这组专栏文章经中华书局结集出版后，有许多正面的反应，说明中国史学中的理论遗产是有自身魅力的。我在《历史研究》上发表的那篇《中国古代史学理论发展大势》，本是在一次史学理论讲习班上的讲演提纲，经过三个半天讲下来后，讲习班的青年朋友们说这又为史学史开辟了一个新的研究领域，鼓励我把提纲写成文章发表出来，这对我也是很大的鼓励。这篇文章又经《中国社会科学》英文版予以发表。总之，在史学界许多同行的鼓励之下，我增强了信心。

对中国古代历史理论作整体的、有系统的研究的念头，萌发于20世纪90年代中期。这有两个原因，一个原因是，我参与撰写的《中华文明史》已经出版，我执笔的史学史各章按时代划分，编入这书的第二至第十册；我撰写的《中华文化通志》中的《史学志》已经完稿；我的两本论文集《唐代史学论稿》和《中国史学散论》也在此前出版了，这都为研究理论问题做了一定的准备，初步具备了从史学的历史向史学的理论方面发展的条件。另一个原因是，想约请两位年岁差不多的同行，共同为史学界做一点有意义的事情，但终因缺乏研究经费而搁置下来。这个研究课题，直到2001年列入北京师范大学史学理论与史学史研究中心的重大项目，经过集体的努力，历时十年，于2011年出版了《中国古代历史理论》。它被一些研究中国史学的同行誉为"填补空白"之作。一位研究外国史学的研究员说："有了这三本书，我们同外国朋友讨论问题时，底气更足了！"对于学术前辈与一些同行的勉励，我和所有参与撰述这书的作者都十分感激，并以此鞭策自己。2011年秋天，我有幸应华中师范大学历史文化学院的邀请作讲座，有感于岁月的流逝和研究工作的艰辛，虽然是事隔四分之一个世纪后的"答卷"，但我真心地认为，这份"答卷"远不能看作一个句号，中国古代历史理论遗产还有很大很大的开掘空间。

关于怎样看待中国史学的理论遗产问题，我看一是不应以近代西方的历史哲学、历史理论为标准来衡量中国古代史学的理论存在；

二是应当看到东西方文化传统、思维方式、语言风格的差异，由此而形成的理论形态的异趣，而不可轻率道其"有""无"与"是""非"；三是中国史学家在关注外国史学的理论成就时，同时也要注意发掘中国史学的理论遗产。总之，我们要以一种平和的、合理的心态来看待它们的存在与特点。我在 2004 年发表的《略论中国古代历史理论的特点》一文，表明了我的一些看法。

你们关注我的治学道路，从我上面讲的这些事情，你们可以看出，从《唐代史学论稿》《中国史学散论》到《中国史学史纲》，从《中国古代史学批评纵横》《史学志》，到《中国古代历史理论》，大致反映了我从研究中国史学的历史走向研究中国史学的理论的路径。

刘：您不仅重视历史理论和史学批评，马克思主义史学也是您重点关注的研究领域。20 世纪后半期以来，马克思主义史学引领中国史学的发展，取得了辉煌的成就。北京师范大学历史学院史学研究所一向坚持以唯物史观为指导研究历史与史学。2013 年，您和几位中青年史学工作者合作撰写的《唯物史观与中国历史学》一书出版，书中阐述了唯物史观所具有的学术魅力与史学贡献。您能就这本新著给我们说点什么吗？

瞿：如果从李大钊算起的话，中国马克思主义史学已经有近百年的历史。百年之中，马克思主义史学工作者代代相承，马克思主义理论与方法论指导下产生出来的历史著作不绝于时，成为中国近现代史学发展道路上一座新的里程碑。这首先在于马克思主义的唯物史观所构建起来的基本理论和方法论，在全面解释人类社会历史进程方面，还没有一种完备的、有体系的理论和方法论能够替代它。同时，马克思主义史学也十分重视材料，郭沫若的《中国古代社会研究》一书，不就是通过运用甲骨文、金文和其他先秦文献以及考古学成果来解释中国古史的吗？侯外庐等所著的《中国思想通史》五卷六册，所包含的材料也是十分丰富的。有人把马克思主义史学的创始者称作"史观派"，是不确切的。大凡严肃的史学家，不能没有历史观点，也不会不重视材料，这应是关于史学的一个基本常识。人们要真正辨别的，一是什么观点更恰当、更近于正确；二是哪些材料更有价值、被运用得更准确等。

我自己在马克思主义史学修养方面很不够，但有两条我是自觉地一面坚持、一面改进的。第一，在我进入大学历史系后，我所受到的教育，是马克思主义史学的教育，我要坚持这个大方向，并在学术研究中总结经验，不断改进，使自己更符合马克思主义史学的要求；第二，我恪守师门的治学宗旨，遵循白先生的治学原则，即以马克思主义唯物史观作为研究工作的指南。还有一点很重要，中国马克思主义史学从来不讳言史学同社会的关系，以至于史学同政治的关系。在看待史学同政治的关系时，一要看政治的性质，二要看是尊重了、维护了史学固有的品格，还是损害了、玷污了史学固有的品格。在中国近现代史学发展中，马克思主义史学有自身的优势，也有自身的特点。我写过一篇文章，叫作《论中国马克思主义史学的史学观》，反映了我在这方面的一些思考。这篇文章发表在《上海大学学报》，还在该校学报论文评奖中荣幸获奖。2010年，它又被收入于沛研究员主编的《马克思主义史学理论论丛》第一辑。

我和几位中青年学者合著的《唯物史观与中国历史学》，重点讨论唯物史观同中国历史学发展的关系，而不是重点讨论唯物史观同中国历史研究发展的关系，前者着眼于学术发展趋势或者说着眼于学科建设，后者着眼于历史研究中的一些重大的、具体的问题。这二者有联系，但其区别是显而易见的。希望大家在审读此书时，注意到这一点。我和一些年长一点的同行都认为：马克思主义理论是有巨大吸引力的，马克思主义史学也是有自身的生命力的，我希望有更多的青年史学工作者参与到马克思主义史学中国化的建设中来，以推进中国史学的发展。

王：通过您的讲述，我们感受到马克思主义理论的吸引力和马克思主义史学的生命力，但近 30 多年来，各种西方史学理论与方法纷至沓来，在史学界有很大影响。在这种情况下，像我们这些缺乏马克思主义理论修养的青年史学工作者，应当怎样学习、运用马克思主义的理论来研究历史、研究史学，不断推进马克思主义史学的中国化？

瞿：有这样的想法和问题很好，我以为这是学术上有宗旨的表现。我对你提出的这些问题，只能是试着讲一些粗浅的看法，因为马克思主义史学这条道路，也是因人而异，大多是逐步摸索出来的。首先，还是要从思想上解决一个认识，即马克思主义是什么？为什么要以马克思主义唯物史观指导研究历史和史学？建议你先读一读李大钊（守常）所写的《史学要论》，这本书篇幅不大，写得深入浅出，平实易懂。与此相结合，读一读白先生主编的《史学概论》中的第九章，即"马克思主义史学在中国的产生和发展"，粗线条式地了解中国马克思主义史学发展史。

其次，接触老一辈马克思主义史学家的著作，学会同他们"对话"，如郭沫若的《中国古代社会研究·自序》、范文澜的《中国通史简编·绪言》、侯外庐的《侯外庐史学论文选集·自序》等，这可以了解老一辈马克思主义史学家的心声和追求。侯外庐的《韧的追求》是一本很有启发性的书，不妨找来一读。

最后，可以考虑有规划地选读马克思、恩格斯的原著，这一步是最重要的。我个人认为，一定要有两三本经典著作作为理论根基，如马克思的《〈政治经济学批判〉序言》，恩格斯的《路德维希·费尔巴哈和德国古典哲学的终结》《家庭、私有制和国家的起源》等，以及马克思、恩格斯关于历史唯物主义的通信。同时，也可选读其他一些著作中的篇章和段落，如恩格斯的《反杜林论》《自然辩证法》等。随着时间的推移，读的经典著作的范围越来越宽，对经典作家的思想的理解也就越来越深刻，并日益感受其魅力所在。

所谓马克思主义史学中国化，或者说具有中国特色的马克思主义史学，是不是可以从两个方面来看。一方面是，用马克思主义理论来研究中国历史、中国史学，使马克思主义史学具有中国的内容。另一方面是，用中国固有的语言风格、中国学者的气派阐述马克思主义史学的学术成果。我这样理解，不知是否恰当，你们可以参考。

以上这些，都是一个长期努力的过程。俗话说："千里之行，始于足下。"只要我们迈出第一步，坚持走下去，一定会有所成就的。

三、研究史学遗产与建构话语体系

王：自梁启超提出"中国史学史的作法"到现在，中国史学史学科已经走过了近 90 年的历程，经历了一些特征鲜明的发展阶段。听说一些中国史学史研究者在一起交流时，感觉到这些年来的史学史研究模式在现有的基础上似应有所变化和改进，从而进一步提升史学史研究的学术水平，但怎样变化和改进却难以说得清楚。近二三年来，您接连在《史学月刊》《天津社会科学》《河北学刊》等刊物上发表文章，讨论中国史学史研究的创新问题，对这个问题提出了自己的想法，请给我们介绍一下您的相关思考。我们很想知道，是什么促使您不断突破过去的研究路数？您提出这些新的想法的源泉来自哪里？

瞿：这个问题提得好，可以说，这是中国史学史研究者都要思考的问题，因为它的确是如何推进中国史学史研究所面临的新问题。

在分析这个问题之前，我认为有必要指出，对于初学者或者说对于年轻的同行们来说，作个案研究与熟悉中国史学史发展的全过程，是不可或缺的基础。只有有了扎实的个案研究的功底，才不会走向无根之谈的误区；只有熟悉中国史学史发展的全过程，才能对每一个个案研究的成果做实事求是的、近乎准确的定位，不会走向过分夸大或过于贬低的误区。

近百年来，中国史学史研究几起几落，真正有了长足的发展，是从 20 世纪 70 年代末 80 年代初开始的。而这个发展，同 20 世纪 60 年代初，在北京、上海、广州等地学术界举办的关于史学史研究与撰写的大讨论，有密切的关系。这些讨论为其后的发展做了思想上、理论上的准备，甚至也做了专业人才的准备，意义重大。回顾这 30 多年来的研究，出成果，出人才，都是空前的。随着岁月的积累，研究队伍的扩大，面对其他学科的进步和国内外学术的发展，史学史研究者在总结、反思的基础上，提出了你所问到的类似问题。

说到"研究模式"，这同研究对象与表现形式的关系有密切的联系。比如，考察一部史书，大致上会讲到它的编撰、内容、思想及价值；评论一个史家，大致上会讲到他的经历、治学范围、主要成就及评价。这种研究模式可能还会长久地存在，对于初学者和年轻同行更是如此。当然，如果我们思考的是如何推进中国史学史研究深入发展，这种研究模式就难以胜任了。在同大家讨论的基础上，经过思考，我提出了这样一些想法：第一，做贯通的专题研究；第二，做中外史学比较研究；第三，做中国史学史上或当今中国史学发展中提出的重要理论问题研究；第四，做中国史学家关于外国历史和外国史学的研究等。同时，还应当关注外国史学家对中国历史和中国史学的研究。这些问题，有的也不是什么新问题，关键是要有这些方面的"问题意识"。新的问题，新的视角，新的理念，都有可能促进研究模式的变化。

至于中国史学史方面的专书，仍可以按照时代顺序撰写。就目前所见到的专书来看，按时代顺序写的居多，但在分期或分段方面，各书也有区别，甚至是很大的区别，不妨都翻阅翻阅，以比较其长短得失，从中获得启示和经验。中国史学史的专书，还可以按照问题来写。我在这方面的尝试是《中华文化通志·史学志》。中国古代的志书，包含一方之史和一方之山川、人物、风土、人情等丰富的内容。用这种体裁来写史学史，的确是一个尝试。此后，我又出版了《中国简明史学史》和《中国史学通论》，前者按出版社的要求，脱胎于《史学志》而略有变化；后者更近于按问题梳理，一一论述。如果以这三本书同我的另一部书《中国史学史纲》做比较的话，虽然内容上有交叉，但在表现形式上是有显著区别的。总之，不论是按时代，还是按问题，只要有新的认识、新的问题，都是可以尝试的表述形式。其中，我以为按问题进行研究和撰述，或许会成为当今大家更多关注的形式。

我之所以考虑这些问题，讲一点自己的看法，可能是因为我对全局想得多一些，对学科建设、学术发展想得多一些罢了，没有什么特别的原因。再说我的这些想法也未必都符合实际情形，只是供大家做参考而已。

刘：晚清、民国以来，中国史学逐步走向近代。在这一过程中，我国史学家非常重视对于西方史学理论与方法的译介与吸纳，这是很有必要的。不过，这里似乎也存在着一个问题，即我们在较长时期内跟着西方史学走，而对于中国史学遗产的研究相对欠缺。我们在建构中国史学话语体系方面还有许多地方未尽如人意。您在二十年前出版的《中国古代史学批评纵横》和前几年出版的《中国史学的理论遗产》，再到新近出版的《中国古代历史理论》，都在一步步地探索建构中国史学的话语体系。随着中国史学的发展，这个问题越来越引起学术界的关注。您在这方面是否还有许多想法呢？

瞿：从中外史学关系来看，20 世纪以来，中国史学受外国史学的影响，远远超过中国史学对外国史学的影响。20 世纪 20、30 年代，中国史学受西方史学的影响；五六十年代受苏联史学的影响；80 年代以来，在更大的范围内受西方史学的影响。这些影响有好的方面，也有负面的作用。好的方面是中国史学家开阔了眼界，了解了一些研究历史的新方法，对新材料的发现和考古学成果更加重视，同时也引进了西方的近代进化论用以解释历史。这对中国史学走向近代起到了推动作用，顾颉刚先生早年在《当代中国史学》一书中对此有过一些论述。通观20世纪以来百余年的史学发展，中国史学始终存在一个如何"走出去"的问题。就本质上说，中外史学还未能形成一种"平等对话"的关系。问题究竟出在哪里？当然，语言是一大障碍，但并不是唯一的障碍。我认为还有一个重要障碍，是我们对中国古代史学固有的优势缺乏自信，而缺乏自信的一个重要原因是缺乏研究。我们必须承认近代西方文化包括近代西方史学有其先进性，有许多值得学习和借鉴的地方，但这并不等于丰富的中国史学遗产在近现代史学发展中已经完全失去了它的历史价值和现实意义。在20世纪漫长的岁月里，丰富的中国史学遗产几乎被人们忘却了。直到1961年全国文科教材会议召开时，中国史学史教材的编写问题，作为政府行为被提出来，才引起人们的关注。1962年，白先生的《谈史学遗产》一文，提出了关于史学遗产的研究、阐释的初步设想。1981年，白先生连续发表"谈史学遗产答客问"系列文章，由此拓展了研究史学遗产的路径。事实证明，我们要构建中国史学的话语体系，脱离了有2000多年积累的史学遗产和优良的史学传统，是不可想象的。从世界范围来看，这是中国史学所拥有的独一无二的学术资源，也是世界史学的重要部分，中国史学工作者有责任研究它、阐述它，把它的精华传播到世界各地，使人们得以认识这一笔珍贵的精神财富。如《尚书》所蕴含的历史借鉴思想，《左传》优美的叙事，司马迁《史记》"究天人之际，通古今之变"为核心的历史哲学，刘知幾《史通》的史学批判精神和史学审美意识，杜佑《通典》凸显的国家职能和社会结构的历史与逻辑相一致的历史认识论，司马光《资治通鉴》以"国家盛衰""生民休戚"为中心的历史撰述思想，王夫之

《读通鉴论》以经世致用为宗旨的史学观，章学诚《文史通义》极具思辨色彩的说文论史所包含的深刻见解等，在世界史学发展史上，都应有各自的位置，为人们所重视和研究。倘若中国学人果真能使这些史学家及其思想精华、皇皇巨著"走出去"，这将是中国史学话语权的一个重要部分，也是推进中国史学话语体系建构的路径之一。

至于我撰写的和我主编的那几本书，前面已经讲到，它们只是反映了自己治学的旨趣和意向，它们表明，关于中国史学史研究的深入，离不开对理论的追求，既包含历史理论即史学家对客观历史的认识，也包含史学理论即史学家对自身研究对象——史学的认识。中国史学话语体系的建构是中国史学家群体的共同追求，是需要一定的时间和积累才能逐步做到的。

王：既然中国史学话语体系的建构是中国史学家群体的共同追求，那么建构话语体系的核心是什么呢？围绕中国史学话语体系这个目标，史学工作者在理论上和历史撰述上应当做怎样的努力？

瞿：从中国史学史这个学科来讲，首先要有构成体系的概念和范畴，这些概念和范畴是中国史学史学科的理论支柱。我们讲中国古代史学家的历史理论，离不开天人古今、时势理道这些概念和范畴；我们讲中国古代史学家的史学理论，总要说到德、才、学、识，信史，致用，资治，劝诫这些概念和范畴。从史学史拓展到历史，就中国马克思主义史学的历史来看，社会发展、社会形态、生产力和生产关系、阶级和阶级斗争、经济基础和上层建筑、人民群众和杰出人物、国家和法以及意识形态等，也是一些基本概念和范畴。没有这些理论上的支柱，话语体系是建立不起来的。

在这里，有两点是值得注意的。第一，要清醒地认识到概念和范畴绝不是教条，不能用它来剪裁史学的内容或历史的内容，它们本是从实际中抽象出来的，因而对于它们的运用是把它们返回到实际中去，用以说明新的实际并进一步丰富自身的内涵。在这方面，中国史学是有过严重教训的，我们不应当重蹈覆辙。

第二，要有问题意识，尤其要敢于提出具有共性的问题并发表自己的认识，进而引发同行的研究和讨论，不断获得新的认识，社会影响也随之扩大。如此循环往复，日日新，又日新，不仅拥有越来越多的话语权，也使话语体系的构建更加完善起来。现在的问题是，外国学者提出了问题并阐述了自己的见解，中国学者起而响应，不论是"跟着讲"还是"接着讲"，都是直接、间接地为外国学者丰富话语体系。这种情况应有所改变，因此，提出具有普遍意义的新问题就显得十分重要。

费孝通先生有几句名言："各美其美，美人之美，美美与共，天下大同。"这位中外著名的社会学家把这几句话概括为"文化自觉"。中国史学工作者，尤其是年轻的史学工作者，应当有这种自觉和自信。东西方文化传统不一样，人们的思维方式不一样，在文字表述上的差异也非常大。西方学者重逻辑是优点，中国学者重事实也是优点；西方学者重思辨是优点，中国学者重简捷也是优点，在这些方面，我们一定要有这种自觉和自信。

四、社会应当重视史学在社会中的位置

刘：中国史学历来有经世致用的优良传统；司马迁说："居今之世，志古之道，所以自镜也"，"述往事，思来者"。清人龚自珍强调："欲知大道，必先为史。"毛泽东把史学的作用提到更高的位置，他在 20 世纪 30 年代所写的《中国共产党在民族战争中的地位》一文中指出："指导一个伟大的革命运动的政党，如果没有革命理论，没有历史知识，没有对于实际运动的了解，要取得胜利是不可能的。"这表明，经世致用的优良传统是贯穿古今的。最近读到您 2011 年在商务印书馆出版的《史学在社会中的位置》一书，从这书的自序来看，

您认为史学在当今社会中的位置还有加以强调的必要，请您就这个问题做一些分析。

瞿：许多人都说重视历史，为什么？因为历史积淀着人类创造的文明，从这个意义上说，一切人类的文明都是历史的产物。作为文明的承担者，人（不包括有偏见和精神不正常的人）本应重视历史，这是理所当然的，这是从普遍的意义上说的。如果从人的切身利益来看，历史中蕴含着前人的经验和教训，理想和智慧，对后人具有启示和教育作用，你所引用的司马迁和龚自珍的话，说的就是这个意思。但是，应当注意的是，司马迁和龚自珍的话里，都包含着"史学"的意思，即人们是通过史学家写出来的史书而认识历史中所蕴含的"道"的。既然如此，那么凡是表明重视历史的人，都应合乎逻辑地重视史书和与此相联系的史学活动，一言以蔽之，都应重视史学。然而事实并非如此。在现实生活中，"重视"历史而轻视史学的现象，是普遍存在的。其实，这并不是一个复杂的学理问题，而是人们忽略了一个普通的常识，即人们之所以能了解历史，认识历史，甚至懂得历史，一个主要途径就是史学。换言之，历史学的第一个重要的社会功能，就是使人们通过史学得以认识历史，进而懂得向历史学习，从历史中寻求聪明和智慧，致力于当前的和未来的事业。

许多年来，在不同的场合所见到的和听到的种种不同的"重视"历史、轻视史学的人和事，我的内心总是不能平静，总是希望人们因为重视历史而不轻视史学。白先生在大家祝贺他九十华诞的大会上说过一句话："不重视史学，不是一个民族的光荣！"老先生说话的口气可谓温良恭俭让，可是当我们细想这句话时，不难窥见先生内心深处那种期待，期待我们这个民族是一个既重视历史又重视史学的民族，或者说是一个因重视历史而重视史学的民族。我的那本论集《史学在社会中位置》不是一本系统的著作，而是一本反映我这些年来对社会的期待，对史学在社会中有一个合理位置的期待。

王：中国史学还有一个优良传统，就是重视历史撰述的文字表述的审美要求。古人说过："言之无文，行而不远。"刘知幾评史书讲"叙事之美"，顾炎武和章学诚也都强调史文的表述功夫。白寿彝先生提出了"历史文学"的概念，以"准确""凝练""生动"为史文表述的标准。我们在读您的著作中，深感您的文风平实但不平淡，流畅但不浮华，读来有一种吸引力。这种文风是我们青年史学工作者欠缺的。当前史学界在文风上存在哪些问题？请问一个史学工作者怎样才能写出一手好文章？

瞿：是的，对于史书的文字表述的审美要求，的确是中国史学上的一个优良传统。刘勰《文心雕龙·史传》篇说："辞宗丘明，直归南董。"这里就高度评价了《左传》的文辞，可见这个优良传统形成的久远。刘知幾说的"国史之美，以叙事为先"，不仅明确地提出了文字表述的审美观念，而且把这种审美的要求置于重要的位置。宋人吴缜把"文采"列为作史的三原则之一，而梁启超又继承了吴缜的观点，认为"文采"是史家具有"史才"的突出表现之一。白先生提出"历史文学"这一概念，并在区别两种历史文学的基础上，结合历史学的传统，认为"历史文学是指真实的历史记载所具有的艺术性的文字表述"。白先生从写人物、写语言、论战争、表世态等几个方面举例说明中国史学重视历史文学的传统。他还认为，顾炎武论"文章繁简"也是这个传统的表现。此外，他还谈到文史关系而尤其强调"文中见史"的特点。尽管"文中见史"的情形已超出了"史学家对于历史的文字表述"的范围，但这是值得史学家关注的。一方面是文史关系的密切，一方面是"文中见史"的"史"同样值得史学家重视。由此可见，白先生所说"历史文学"的范围是很广泛的。

近30多年来，文史学家对"历史文学"的探讨，发表了许多文章，讨论中也出现了一些歧异；同时，由于文学研究者讨论的是文学、艺术作品，而史学研究者讨论的是"史学家对于历史的文字表述"，为了不至于被误解、被混淆，我们在讨论中国史学上的历史文学传统时，是不是可以同时表明这是一个史学审美的问题，这也是进一步指明了中国史学上"历史文学"传统的性质。

说到当前的文风，看得重一点，似可用七个字概括：浮躁，随意，修养差。"浮躁"往往表现为用夸张的语句把研究对象的价值及本人所做的研究结论，一并予以放大、抬高。"随意"的表现是遣词造句的草率，以至于炫耀庸俗，如某电视媒体的一则广告词中说到"仁者见仁，智者见智"时，一群孩子接着说"核桃仁""杏仁""花生仁"之类的话。孔子倡言的"仁"在这里竟然同"核桃仁""杏仁""花生仁"之类的词语直接联系起来甚至等同起来，这种践踏文化的行为，不应当理直气壮地对它大声说"不"吗！还有，一个"给力"被发明出来，一时间成了时髦，处处被套用，弄得人们头晕目眩，这种一风吹的随意性使人啼笑皆非。"修养差"的表现是用语失范，这种事例俯拾皆是，而且是一些最基本的用语，"其间"常被误作"期间"，"既然"常被写成"即然"，而"即使"又被写成"既使"，"作客"写成"做客"等。这种"修养差"的事例看来是"小事"，但若把这些"小事"积累起来，那就是反映民族素质的大事了。我以为，整肃文风是全社会的大事，因为文风也是学风的一种反映。

青年史学工作者的确应当在培养良好的文风方面下些功夫。"文章千古事，得失寸心知。"我体会这句话的意思是，古往今来，关于文章的进退得失，其中的甘苦忧乐，作者本人是最清楚不过的了。因此，自古以来，有许多学人在探索文章之道。前人说的"文以载道""文贵天成""文章当有益于天下"等，都可以看作对于文章本质与功能的认识。结合专业来说，在当今，一个史学工作者要学会写文章、写好文章，我有几点肤浅的体会：第一，要有一定的理论修养，这是决定文章得以"明道"的关键；第二，要有强烈的社会责任感，对于写文章的社会目的要有明确的认识；第三，要有时代感与历史感相结合的思想境界，使专业的特点与社会价值蕴含在文章之中；第四，要努力写得平实、流畅；第五，勤于训练，善于反思，在感悟与勤奋中不断提高撰述水平。"文贵天成"是很高的目标，上述几点的综合同"心得"结合起来，或许是走向这个目标的路径。当然，写文章尤其是写好文章，是长期积累才能做到的。由于不断积累，方可"闳于其中"，有了"闳于其中"，自可"肆于其外"，这是一个学人终生追求的目标和境界。在这里，信心和恒心是最重要的。

刘：学习中国史学史，使我们懂得，历史研究要为公众提供正确的历史知识与启发人的历史智慧。顾颉刚先生、吴晗先生等史学家都非常重视历史知识的普及。吴晗主编的《中国历史小丛书》与《外国历史小丛书》在当时受到广泛的欢迎。近十多年来，"说书"似的讲史和五花八门的庸俗"历史读物"充斥于社会。一方面是公众对于历史知识的渴求，另一方面专业的史学工作者在这股历史炒作中，处于尴尬的境地。面对这种形势，史学工作者是不是应该写一点大众爱读的历史读物呢？如果要想在这方面有所作为，史学工作者应当从哪里入手？

瞿：这是近年来一个普遍性问题，也是时时使人感到不安的问题。从国家和民族的层面看，历史是神圣的；从总结前人的经验教训看，历史是严肃的。因此，史学工作不论采取何种形式，面对哪些社会群体，都应维护和坚守这种神圣性和严肃性，这是一切史学活动都应遵守的基本的职业操守和社会道德原则。

老一辈史学家十分重视普及历史知识，因为他们深知这是提高全民族素质所需要的，这是他们的基本出发点。当下的网络媒体所开办的什么"讲坛"，平面媒体出版的某某人讲什么，也是这个基本出发点吗？恐怕不是。前者为的是"收视率"，后者为的是"经济效益"，这是事物的本质所在。十分清楚，这是两种不同的出发点，不可同日而语啊！

几年前，《社会科学战线》杂志在北京举办座谈会，探讨在新形势下如何传播正确的历史知识和各种媒体的社会责任等问题，给人们许多启发。近日，我在《光明日报》(2014 年 1 月 15 日第 14 版)上读到一篇题为《历史读物的庸俗化不可取》的文章，该文指出：在史学的繁荣中也夹杂着一些脱离历史本真的趋向，即史学研究和表述的庸俗化趋向。历史知识的庸俗化，如果任其发展，不仅有违于学术的本真，而且误导读者，影响大众心理，尤其是成长中的年青一代。从群众路线的角度出发看问题，当前我们应该特别强调史学为人民服务的功用。需要历史研究者下大功夫，在真实性的基础上，表现历史的多样性，讲求表述的生动性，从而使更多的历史读物为大众所喜闻乐见，等等。这些看法都很好。我认为，平面媒体以开座谈会的形式发表一些针对把历史读物庸俗化做法的批评文章，很有必要。这样做的目的，不是针对某人或某事，而是在提醒社会公众不要受庸俗读物的误导。有一种观点认为，大众媒体的任务之一，就是给大众带来娱乐。不错，在文化多元发展的今天，娱乐固然是不可缺少的。同时也要看到，在娱乐化素材十分丰富的今天，一定要把祖国历史加以曲解、涂改而加入"娱乐"的行列吗？当然不可以！如果有更多的媒体以开座谈会讨论问题并发表座谈纪要的做法，或者发表把历史庸俗化趋向的批评文章，形成一种积极的、健康的氛围，进而遏制这种不良趋向的发展，是十分必要的。史学工作者在专业方面承担着普及和提高的双重责任，即在普及的基础上提高，在提高的指导下普及。在当前，史学工作者在普及历史知识方面，应该并且能够大有作为，这可以从以下几个方面着手。一是要提高对于普及历史知识重要性的认识，积极开展有关这方面的评论，扩大优秀历史读物的社会影响，批评庸俗"历史读物"的不良学风及其危害，以此提高公众的鉴别能力和阅读水平。二是编辑、出版近代以来史学家们撰写的名篇，可以提名"中国历史名篇汇萃"，如郭沫若的《替曹操翻案》、翦伯赞的《内蒙访古》、竺可桢的《中国近五千年来气候变迁的初步研究》、白寿彝的《司马迁寓论断于序事》等，都可视为入选的名篇。三是史学工作者通力合作，撰写一部大型的、既反映当代学术水平又深入浅出的《中国史话》，向公众传播正确的历史知识。四是营造有利于史学工作者致力于通俗历史读物撰写的良好氛围与评论机制，去掉所谓"不是研究成果"的"紧箍咒"。当然，做好这几个方面的事情，要靠社会的力量、群体的合作、媒体的支持和史学工作者个人的努力。总之，在这方面我们要面对现实，增强信心，努力工作，终究会有收获的。

刘、王：谢谢您给我们谈了这么多问题，使我们深受教益，有些问题我们还要深入思考，慢慢消化，一定会有更多的启示。祝您在新的一年里身体健康，万事如意！

瞿：你们的这次采访，促使我想到很多问题，有老问题，也有新问题。对这些问题的思考和再思考，对于我来说，都是进一步学习的机会。我所讲的这些关于中国史学史的认识，未必都很中肯，有的认识是我近年来才触及的，还需要进一步深入思考，思考是无止境的，学术的进境也是无止境的。1964年2月，我报考并被录取为白寿彝先生的研究生，至今整整五十年。这是一种巧合。我真诚地谢谢你们对我的采访，也请你们转达我对《史学史研究》编辑部的谢意。

在断代和会通之间

——瞿林东先生谈中国史学史研究[*]

瞿林东　周文玖

一、从《唐代史学论稿》谈起

　　周：瞿先生，您好！感谢您做出安排，接受《北京师范大学学报》编辑部委托我对您进行的学术专访。我读到的您的第一本书是《唐代史学论稿》，直到现在，我依然认为《唐代史学论稿》中的每一篇论文都是很精湛的，这本书仍是学习唐代史学的很有价值的参考书。您在这书的《自序》中谈到，您40岁时的学术履历表仍是空白，于

　　* 载《北京师范大学学报》（社会科学版）2016年第2期。
　　受《北京师范大学学报》编辑部的委托，周文玖携博士研究生刘玲同学于2015年9月28日、10月12日、10月19日三次至北京师范大学资深教授瞿林东先生办公室，就先生的学术历程、学术成就、学术旨趣以及白寿彝先生的治学精神和学术遗产等问题进行专访。现将访谈内容整理如下。被访者以"瞿"表示，访问者以"周"表示。

是决心"破釜沉舟"，以研究中国史学史为业，并首先选择唐代史学作为研究领域。此后，您的论文、著作频频发表、出版，无论是数量还是质量，在您那辈学者中都是突出的，也让后辈学者受到鼓舞。从过去您的一些闲谈中，我逐渐感觉到，您在《自序》中的说明还是太谦虚了。事实上，您跟白寿彝先生做研究生时，已经具备了很好的学术功力和很强的论文撰写能力。"文化大革命"期间，虽然学术研究停滞了，但您在艰苦的环境下，却一直坚持发奋读书，并在1979年以后写了不少有关地方史的文章，在当地颇有影响。因此，当全国的学术研究走上正轨，您就很快步入学术界。我这样理解，不知您是否赞同；可否再为我们详细谈谈您的治学历程？

瞿：这个问题对我来讲确实很重要。因为研究唐代史学，可以说是我学术研究的第一步。那我们就从《唐代史学论稿》这本书开始谈吧。《唐代史学论稿》这部书，1989年出版；时隔25年后，高等教育出版社2015年出版了增订本，补充了1989年之后我陆陆续续写的八、九篇关于唐代史学的文章。为此，我非常感谢高等教育出版社！初版约30万字，增订本是45万字。另外，国家社科基金有一个"外译"项目，2015年全国评出300种书，《唐代史学论稿（增订本）》也入围了，而最后被确定"外译"的，只有一百多种。不管怎么说，这本书对我来讲是很重要的。我去台湾参加学术会议，台湾的学者跟我说，"我们知道大陆有个学者叫瞿林东，就是从这本书开始的"。这是因为，它是当时大陆第一本关于断代史学研究的著作。你说"每一篇都很精湛"，这是过誉了。现在看来，有的文章是比较深刻的，有的文章还是稍微浅了一点。总的来说，每一篇都写得比较认真，比较踏实。今天看来，确实还有它的参考价值。

关于"破釜沉舟"，要从"文化大革命"结束之后白先生让我再回到史学史上来说起。1977年年初，我去看白先生。我那时已经40岁了，而且跟先生也有多年没见面了，所以就不好直接向先生请教"该研究什么问题"，只好委婉的请教问先生："先生您看我今后读点什么书啊?"白先生当即明确指出，说："那当然还是读史学史的书!"听了他这一句话，我就决定了下一步该怎么走——回到史学史上来。当时，我在内蒙古通辽师院教中国古代史，从 1973 年开始一直没有间断过，但白先生说了这句话，使我明白了老师的意思，所以把民族史、断代史研究的可能都排除了，决心回到史学史这个领域。记得 1978 年，上海古籍出版社出版整理本《史通》，两块八毛钱，我跑了三趟新华书店，才下决心买下来，因为当时经济上很困难。

白先生只说了那一句话，我也不好意思再问："史学史从哪里开始研究呢?"我就考虑，如果研究史学史，那很可能从司马迁《史记》开始，因为司马迁在史学史上地位高，影响大。当时我手头有一本中华书局出版的司马迁《史记》研究目录索引，我一看，成果这么多，目录都有一本! 要把它们都看了，很困难，有的资料也无法找到。这样我就放弃了从中国史学早期阶段进行研究的计划。因为对唐代历史比较感兴趣，所以我决定从唐代做起。这一决定还有一个考虑，20 世纪 60 年代初，白先生写的《中国史学史教本》只写到"刘知幾的史学"，于是我产生了一个朴素的想法，想继承老师的事业，从唐代开始往下写。还有一点也很重要，就是通过我的初步的学术调查，发现唐代史学研究的成果不多，只有刘知幾的研究受到关注，还有三四篇研究杜佑的文章，确有很多领域可以开垦。为什么是"破釜沉舟"呢? 这是当时真实的心境。因为自己在 40 岁的年纪才选定一个研究领域，时间已经不允许我再犹豫不决了，所以说是"破釜沉舟"啊，成也是它，败也是它，绝不犹豫了。这篇《自序》谈的"窗前，灯下"，"酷暑，严寒"等，确实也感动了不少年轻人。书中的文章都是在条件比较艰苦的时候写出来的，所以这本书对我来讲很重要。

你说的"尽管条件极其艰苦，却一直坚持发奋读书"，那是因为在潜意识里有一个信念，就是"不能给老师丢脸"，所以不敢放松，哪怕做的事情与史学史无关，也要努力做好。从我自己来说，也一直有读书、作文的习惯。你讲到我"写了一些关于地方史的文章"，我今天都还在向博士生们强调，这是一种对待工作的态度，即"不因其小而不为"，这是为所在地方出力的机会。我们研究史学史，到地方去，就应该与地方需要结合起来。这对我们自己的专业可能不重要，但对地方却很重要。

我写的那些关于地方史的文章，可以说是在偶然的机会把我的积极性激发出来了。1979 年，新中国成立 30 周年前夕，内蒙古《哲里木报》的总编希望推出一些比较有分量的文章，就派人跟我约稿。什么是"有分量的文章"？谁都不好界定。我就建议，作一篇关于哲里木地理沿革和历史概况的文章。因为我曾经在 1975 年参加过吉林省博物馆考古队和吉林大学考古专业师生在通辽市进行的一次文物普查活动。在这前后，由于工作的需要，我对哲里木的地理沿革和历史概况做了初步的摸索。在普查活动过程中，也见过一些遗址、实物，像辽金古城、金代界壕、唐三彩、定窑瓷器、汉代大铧犁等。《哲里木报》来约稿，我就在《哲里木报》上发表文章，每篇有个小标题，连载了十多期，总题目叫作《哲里木历史纵横谈》，一下子"出了名"。上到盟委书记，下到百货商店的售货员，都愿意读那些文章。我的同事到市里买东西，就有人问他们："你们通辽师院瞿老师写的那个《纵横谈》，后面还有没有啦？"盟委书记在一次会议报告里讲："希望以后能有更多的同志，像瞿林东老师那样，来关注我们哲里木的历史。"我因此进一步认识到，要把我们学到的知识，运用到需要的地方，是很有意义的。你说"写了不少有关地方史的文章，在当地颇有影响"，这话不错。这也是我人生中值得回忆的一段历程，我把它简称为"草原记忆"。

说到这一段历史，我有很多话可讲，毕竟在那里工作了 13 年。值得庆幸的是，没有放弃学术。"文化大革命"一结束，能够较快地步入正轨。当时我也下了很大的决心，觉得时间都耽误了，不抓紧不行，从而赢得了两三年的时间，这在最早的起步阶段是很重要的。

周：所以我觉得，您跟很多同辈同行不一样的地方，就在于您在做研究生的时候，学术的思路和基础就已经有一定厚度了。

瞿："厚度"谈不上，只是具备了一些适应的能力。关于这一点，我回想自己的过去，觉得大学的基本训练非常要紧。我的大学训练，有几点让我印象很深刻。

一是选修课的开设，这是白先生的教育思想。他主张缩短两门通史课的课程，开大量的选修课。选修课有两个好处，一个好处是通过促进青年教师开选修课，推动他们的科研能力的提高。选修课的内容比通史、断代史要深刻得多，可以激发青年教师的科研动力。另一个好处是可以拓展学生的视野，他们可以根据自己的兴趣去自主选择课程。而且当时的选修课没有现在这么多的作业，学生不会因为作业而失去对课程的兴趣。

二是学年论文和毕业论文的设置，起的作用非常大。我们本科是五年制，第四学年要交一篇学年论文，为毕业论文做准备，第五学年再交一篇毕业论文。撰写论文之前，系里会公布一些老师出的选题，学生根据自己的兴趣自由选择。

周：您当时选的什么论文题目？

瞿：我选的论文题目是《论春秋时期各族关系》，这是赵光贤先生出的题。十几年后发表出来时，叫作《论春秋时期各族的融合》。这个题目是四年级时出的，总体目标是要研究中原的诸华、诸夏同东夷、南蛮、西戎、北狄各族的关系。但是我在四年级没有做完，只做了"诸华、诸夏与北方狄族的关系"。赵先生觉得我做得还不错，所以毕业论文就要我接着做。那篇毕业论文，我写了三万字，好像是全年级最长的一篇，而且这个题目也没有人做过。后来听一位老师跟我说，当时在关于学生毕业论文的总结会上，白先生特意提到了这篇文章。

这篇文章是在四五年级时写成的，用了很多精力，自己很珍惜，所以文章的草稿我一直留在身边，所谓"敝帚自珍"吧！以后到内蒙古，下乡劳动，我住在大队保管员的办公室，白天下地干活，晚上就把文章草稿拿出来重新整理。整理后的文章不足三万字，约两万六千字。1980年，我把它寄给《学习与探索》编辑部。这篇文章在1981年《学习与探索》第1期发表了。也是在1981年，我回到北京，就把这期杂志送给赵光贤先生，说："赵先生，这是18年前您指导的我的毕业论文。"赵先生很高兴，还要求他当时指导的研究生研究春秋时期前后的民族关系。我的体会是，如果我们认真对待这个学年论文和毕业论文，那是极好的提高机会。这个过程仍然是一个读书的过程，要读《诗经》《左传》《国语》等书，还要阅读清代人的研究成果，如顾栋高的《春秋大事表》、江永的《春秋地理考实》等。现代学者如马长寿、蒙文通的著作，也在阅读范围之内。这些阅读，直到今天我都在受益。

周：您能结合唐代史学中的一些具体问题，谈谈您在研究过程中的心情和感受吗？

瞿：好的，我们似乎说得太远了。我当时的心情，在《唐代史学论稿》自序中有清晰的表述，概括起来就是八个字，"下定决心"和"奋起直追"。所谓"决心"，就是确定研究领域或者研究方向；所谓"追"，就是"追"回那逝去的岁月。这就是研究唐代史学起步时的心情。

我研究唐代史学的步骤，大致有三个环节：一是做"唐代史学编年"，大约有十万字，同时积累了一些问题；二是研究和撰写专题，从札记到长篇论文；三是对唐代史学做整体概括。在这方面的考虑，当时是自觉的和明确的。

至于研究过程中的感受，总的看来是被一种兴奋的情绪所笼罩着。为什么会这样呢？一是自己下了决心，思想集中；二是被研究对象所激动，如《隋书》史论与总结历史经验的关系，《南史》《北史》同民族交往与国家统一的关系，柳宗元史论的境界和价值，杜佑《通典》的旨趣、结构和史论，中晚唐史学家对史学认识的深入，等等，对这些问题的探索、撰写，不能不让人感到兴奋。

周：那您是否也曾经遇到过困难？您是怎样克服这些困难的呢？

瞿：当然遇到过困难，也产生过困惑，这是避免不了的。首先是资料方面的困难，如查阅《全唐文》，是到北京图书馆柏林寺分馆翻阅尘封已久的《全唐文》；阅读《通典》，用的是万有文库的本子，字很小；有的书，要到"丛书集成初编"中去耐心查找……当然，更大的困难还是研究中遇到的困难。如研究唐代谱牒之学时，就想弄清它跟魏晋南北朝时期的谱牒之学的关系，于是写信请教厦门大学的韩国磐先生；有人质疑我写的《韩愈与〈顺宗实录〉》一文时，我写了答辩文章，为了检验我的文章是否有答辩分量，我把文章寄给河北师院（今河北师范大学）的胡如雷先生和辽宁大学的陈光崇先生，请他们批评、指正；在起步之初，我也曾把自己的研究计划向漆侠先生请教过；等等。所有这些，都得到了积极的回应和有力的支持与鼓励。我在当时就是这样来"克服"困难的。回想起来，我十分感谢这些给予我帮助的学术前辈。

二、追求史学史的"通"

周：中国史学史上有断代和会通两种学术旨趣，从您的治学路径看，您对中国史学史的研究，开始阶段主要用功于唐代史学，以后逐步追求史学史的"通"，出版了20世纪独力撰写的部帙最大的中国史学史专著《中国史学史纲》；另一个比较明显的轨迹是从重点研究史学史到重点对史学理论的探讨。这些变化您是有计划进行的，还是有其他因素？研究中国史学史对建立具有中国特色的史学理论体系具有怎样的意义？

瞿：在研究工作开始阶段，确定一个比较稳定的研究领域，是一种自觉的行为，当时就觉得不能盲目地、没有章法地进行研究，所以选择了唐代史学。

从专注于唐代史学，到追求史学史的"通"，也有几个原因。第一，是学术研究自身的规律。简单说来，唐代史学有源也有流，探其源而究其流，这是"通"的自然规律。第二，当初决定研究唐代史学时，也有一个模糊的考虑，就是可以上下延伸，往上可以研究魏晋南北朝史学，往下可以研究两宋史学。第三，激发我走向"通"，还有一个客观原因，就是当时我们史学所没有一部贯通的"中国史学史"，这对我来说是一个极大的精神压力。

走向"通"的道路，是很不容易的，这是主、客观因素综合作用的结果。我认为，迈向"通"这一步，从学术发展上来讲，是对的。我的第一篇文章是1978年发表的，《唐代史学论稿》是1989年出版的，其间相隔了十一年。1999年，出版了《中国史学史纲》。从1978年到1999年，这之间经历了21年。前十年集中做断代研究，后十年转向"通"的研究。这就是从"断代"走向"贯通"的一个漫长的过程。

20世纪90年代，是我摸索着走向史学史之"通"的年代。这10年中，我是自觉地、有时也是被"逼"着朝着"通"的方向努力。回想起来，大致有这样几条路径。一是写"中国古代史学批评纵横"系列文章。看起来，这个系列文章是按专题或范畴来写的，但不论是专题还是范畴，为了说明问题，也需要上下贯穿，前后联系，无疑是包含着"通"的诉求。二是写《中华文化通志·史学志》。这是按志书的体例来写中国史学史。在具体处理上，我首先写了中国史学发展的基本脉络，这当然是要求上下贯通的；而大部分内容是按较宏观的专题来写，因每一专题内涵丰富，故其中有更大的空间来贯穿古今的"通"。有了这两条路径，第三条路径就显得"顺利"一些，这就是 90 年代末撰写的《中国史学史纲》。这些年来，不少读过《中国史学史纲》的朋友反映，《中国史学史纲》在"通"的基础上还突出地显示出史学发展的阶段性特点，给人以深刻的印象。

我想着重说的是，"通"是专史的首要的要求，同时也是致力于有关大型学术工程的重要条件，这一点我多少有一些体会。如我主编的《中华大典·历史典·史学理论与史学史分典》（三卷本）和《中国古代历史理论》（三卷本），一是文献整理，一是理论研究，它们都以不同的表现形式贯穿着"通"的理念，这也可以看成是章学诚所说的"史意"的一种反映。

总之，重复地说，"通"，一方面使你的知识更丰富，另一方面也使你的研究有更加准确的定位。"通"的另一个意义，是你参与或主持一个重大学术工程的知识基础和思想基础。如果没有"通"的思想和大致"通"的知识储备，你无法驾驭一个重大的学术工程。前贤讲究的"通识"，是我们在治学上追求的目标之一。

为什么说研究中国史学史，对建立具有中国特色的史学理论体系具有重要的意义呢？这是因为，不研究学科发展史，就难以概括出它的理论问题。理论问题是在研究学科发展史的过程中发现的。史学史研究是提出问题的基础、土壤。在这个基础上，才能概括出史学发展的重大理论问题，总结出规律性的东西。所谓"理"在"势"中，就是这个道理。

史学史研究要求我们在研究到一定深度的时候，要向理论方面发展，这也是一个规律。我们是不是可以这样认为：中国史学史的研究对于建立具有中国特色的史学理论体系是具有根本性的基础作用的。要反映出"具有中国特色"，就必须对中国史学有相当深入的认识；只有对史学史有深入研究，才能提出理论问题。比如说，史家修养，孔子、孟子讲"事、文、义"，到刘知幾讲"才、学、识"，到吴缜讲"事实、褒贬、文采"，再到章学诚、梁启超，这条线索非常清楚。其他主题也是如此，比如体裁、体例，杜预、刘知幾都讲过；再如史法、史义，从范晔、刘知幾、叶适直到章学诚，这些我们都能梳理下来。这样写出来的史学理论，应当是"具有中国特色"的。

我们还有一个传统，是我经常说的"未尝离事而言理"。这就是说，不离开史学发展来讲理论，读者会比较容易理解。西方学人讲逻辑，这是西方的特色；"未尝离事而言理"，是中国的特色，二者可以同时存在。

周：1987 年，您在《史学理论》（现《史学理论研究》的前身）发表《史学理论与历史理论》的文章，这是较早对史学理论和历史理论做出自觉区分的文章，这篇文章虽然篇幅不长，但对中国的史学理论及史学史学科建设影响很大，请回忆一下您写这个文章的初衷。以后您对中国古代史学批评、中国古代历史理论分别探讨且取得丰硕的成果，是不是建立在这样概念区分的逻辑基点上进行的？

瞿：从"会通"的观念来看，从史学史研究走向史学的理论研究，这也是一种会通，是提升了一个层次的会通。你说的这篇文章之所以产生，一个直接的原因是为了呼应陈启能教授的一篇文章。他在 1986 年 12 月 3 日的《光明日报》上发表《历史理论与史学理论》，提出了当时人们在研究理论时需要思考和探讨的问题。他的观点大致是："历史理论"与"史学理论"仅一字之差，但是研究对象是不一样的。他指出，"现在我们讨论的问题，多数是关于历史理论的，较少涉及史学理论"，进而指出，"要把这两个问题搞清楚，加强史学理论的讨论"。

1987 年，《史学理论》创刊，陈启能教授希望我能在创刊号上发一篇文章，因为长文章来不及写，他希望我在"史学沙龙"栏目写一篇文章，文章不需要太长，四五千字即可。我为了呼应他在《光明日报》上发的《历史理论与史学理论》，就写了这篇《史学理论与历史理论》。他是从西方史学的角度进行阐述的，我就从中国史学的角度来说明问题；他的阐述和近现代史学结合得比较密切，我就和古代史学联系紧密一点。这是文章问世的直接原因，但是我形成对"历史理论"与"史学理论"这两个概念加以区分的意识，要比这早一点。我早先读李大钊的《史学要论》，李大钊特别强调："历史理论如果没有建立起来，历史学这门学科是不能成立的。"此外，1983年我参与白寿彝先生主编的《史学概论》一书的撰写。白先生说，他在"文化大革命"前开过"史学概论"这门课，但讲的是历史唯物主义。对这样的讲法他并不满意，并为此而困惑。再者，列宁曾提出，马克思以前的历史理论有两个缺点。列宁用了"历史理论"这个词，我脑中一直留有印象。所以，陈启能教授的文章一发表，我就很清楚他要表达什么，我可能补充什么。

此后，我就更加注重这个问题的发掘了。在三卷本《中国古代历史理论》的"导言"里，我考察了恩格斯关于历史理论的一些观点。恩格斯在马克思墓前的讲话里说到，"历史唯物主义"和"剩余价值学说"是马克思对人类的两大贡献。在另一处，他换了一种说法，说马克思的"经济理论"和"历史理论"是他的两大贡献。看来，你的判断是对的，从1987年以后，我确实有一种把"历史理论"与"史学理论"明确区分开来进行研究的自觉意识。我出版的《中国古代史学批评纵横》《中国史学通论》，显然是沿着史学理论的思路进行研究的结晶，而2011年出版的我主编的三卷本《中国古代历史理论》探究的则是古代史家关于客观历史的理论认识。而我主编的《中华大典·历史典·史学理论与史学史分典》[①]，也是以历史理论、史学理论、史学史三个部分分类编纂的。

---

① 参见瞿林东主编：《中华大典·历史典·史学理论与史学史分典》，上海：上海古籍出版社，2007年。

当然，今天我们所做的工作，所取得的一点成绩，也只是个开始。中国的史籍太丰富了，不论是研究中国的"历史理论"还是"史学理论"，都还有大量的工作要做。

三、全面看待 20 世纪中国史学

周：您对 20 世纪的中国历史学研究表现出了浓厚的兴趣，发表了大量文章，出版了《20 世纪中国史学散论》一书。1996 年河北教育出版社委托您主持选编了大型丛书《20 世纪中国史学名著》，内收 20 世纪 30 多位史学家的 50 多部著作，您还特别重视将马克思主义史学家的著作选入其中，表现了与当时忽视马克思主义史学思潮的不同旨趣。研究 20 世纪中国史学，您认为值得注意的问题有哪些？如何评价中国马克思主义史学的地位？如何处理马克思主义史学与其他史学流派的关系？

瞿：这个问题问得好！无论是从史学史研究的角度，还是从史学理论研究的角度，20 世纪中国史学都是非常重要的。首先，从史学史之"通"的要求来讲，20 世纪中国史学也在"通"的范围之内。其次，虽然从继承史学遗产的角度我们讨论中国古代史学更多一点，但若论中国史学与当前的历史运动有什么样的关系，20 世纪中国史学的影响要更加直接一些。不过，这个问题包含的内容十分丰富，我可能难以说得周全。

我曾经在一篇千字文里对"二十世纪中国史学最显著的进步"做了概括。这篇千字文发表在 1997 年 9 月 18 日天津《今晚报》上。《今晚报》当时设立过一个栏目，叫"日知录"，每篇一千字左右。栏目向我约稿，我很认真地对待这件事，就写了《二十世纪中国史学最显著的进步》这篇千字文，我的基本观点是：

二十世纪的中国史学，从世纪开始时就有"新史学"的提出，如今将要走过一个世纪的历程。百年之中，学派林立，名家辈出，硕果纷陈，或推重方法，或讲求史料，或倡言史观，林林总总，可谓辉煌。今天，人们面对百年史学，不论是回顾，是总结，是批判继承，是重新评价，该从何谈起呢？尽管见仁见智在所难免，而学术史的研究毕竟是严肃的事业，需要人们严肃对待；同时，史学同任何事物一样，其发展也必有基本的和本质的方面，也需要人们认真对待。基于这一认识，我以为，从中国史学发展之总的进程来看，从史学的本质属性来看，历史观的进步是二十世纪中国史学最显著的进步；认清这一点，是把握二十世纪中国史学的关键。

　　我提出这个基本观点有三个根据。第一，历史观的进步是史学发展的趋势之一，而近代进化论和唯物史观是 20 世纪中国史学在历史观上的两次根本性的变革。第二，"新史学"的倡导者梁启超和唯物史观的倡导者李大钊都强调历史观的重要，因为历史观决定了史学的思想走向。第三，历史观影响着人们对历史的不同解释，进而影响到人们从这种不同的解释中获得对历史的不同认识。

　　两年后，我应《深圳特区报》之约，在该报发表《彰往察来：中国史学百年回眸》一文（1990 年 10 月 17 日）。我的《20 世纪中国史学散论》一书漏收了这篇文章，这里我们不妨说说这篇文章。当时我是这样想的：回顾 20 世纪中国史学，一是要考察史学自身的发展，二是要注意到史学在历史变动中的变化，三是史学在发展中的得失利害。当然，三者之间是密切联系的。这里，我们围绕"得失利害"的相关问题回顾一下。当时，我提出这样几个问题来和读者尤其是同行共同思考：20 世纪中国史学最显著的进步是什么？20 世纪中国史学最突出的成就是什么？20 世纪中国史学最重要的经验是什么？20 世纪中国史学最深刻的教训是什么？

20世纪中国史学最显著的进步是什么呢？关于这个问题，上面提到的那篇"千字文"已经讲到了，就不再重复。这里要说的是，20世纪中国史学在历史观上的进步表现为两个发展阶段，即从古代历史思想之积极成果即朴素的唯物观点和朴素的进化观点到近代进化论，从近代进化论到马克思主义唯物史观。前一个阶段完成于20世纪初；后一个阶段完成于20世纪三四十年代，并在50年代得到广泛传播。这两个阶段都是中国史学上具有根本性质的变革，前者改变了国人对于历史的观念，而后者则使历史学走上了科学发展的道路。关于进化论和唯物史观如何引入，如何传播，如何确立，如何改变史学面貌，论者多有阐说，足资参考。在悠久的中国史学发展史上，尽管历史观也在不断地进步；但是，在20世纪百年中，历史观出现两次根本性变革，是前所未有的。

那么，20世纪中国史学最突出的成就是什么呢？是中国通史的研究与撰述。20世纪中国史学的成就异常辉煌：从世纪之初新史料的发现推动了新历史考证学派的兴盛，到世纪之交许多新的研究领域的开拓，历史学在各个分支学科方面，在各个研究方向上的成果举不胜举。反映这方面成就的专书、论文和综述多有论列，年鉴、目录、索引等工具书则有详尽的展示。这里，我们从最基本的但也是最宏观的方面来做出判断：20世纪中国史学最突出的成就是什么呢？答案是：在近代或现代的意义上开辟了对中国历史和世界历史做整体性研究与撰述的道路。这在关于中国通史的研究与撰述上尤为突出。这里说的"整体性历史"，一是纵向上的发展，二是横向上的展开。有的研究者给"通史"做了这样的定义："取古今史实之全部，而为概括之记述，以求时间之递嬗、空间之联系为原则者，是谓之通史"；通史"主于联贯，其文贵简要有序"（金毓黻《中国史学史》）。中国史学有重视作通史的优良传统，被章学诚誉为"通史家风"。但通史之作，真正具有近现代意义的整体性的认识与研究，却是 21 世纪的事情。这一标志，便是新型的通史、断代史、专史研究与撰述的兴起和发展。从历史学的角度来看，考古学、文献学、年代学以及其他许多新兴学科，都是为了用来进行整体性历史研究和历史撰述的。这在 19 世纪及以前是做不到的。

我们知道，历史学的根本任务，是要使人们全面地认识历史发展的进程和规律，并善于从历史运动中汲取经验和智慧，增强对历史前途的信念，更好地投身于当前的社会实践，积极地去创造美好的历史前景。正因为如此，在 20 世纪中国的艰难曲折、奋斗不息的历史道路上，关于中国通史的研究和撰述，始终伴随着百年史学的发展历程：从梁启超、章太炎、夏曾佑、邓之诚、吕思勉、周谷城，到范文澜、吕振羽、翦伯赞、郭沫若、白寿彝等史家，百年之中，从未中断。他们的设想和著作，已深深地铭刻在 20 世纪中国史学发展的纪念碑上。从世纪之初梁启超、章太炎关于中国通史的编撰方案，到世纪之终白寿彝先生主持的 12 卷本、22 册、1200 万字的《中国通史》巨著的问世，可谓硕果累累，使 20 世纪中国史学家们的"通史家风"大放异彩。我们可以认为，范文澜开创的《中国通史》的出版，白寿彝主持的《中国通史》的出版，以及其他一些中国通史著作的出版，反映了 20 世纪许多有良知、有见识、追求进步、有历史责任感的史学家们的夙愿。这从范文澜曾经写下的一段话中，可以窥其心声：

> 通史的工作是这样艰难的，要认真做好通史，就必须全国史学工作者很好的组织起来，分工合作，或研究断代史，或研究专史，或研究少数民族史（没有少数民族史的研究，中国历史几乎无法避免地写成汉族史），或研究某一专题，局部性的研究愈益深入，综合性的通史也就愈有完好的可能。以局部性的深

入来帮助综合性的提高，以综合性的提高来催促局部性的再深入，如此反复多次，庶几写出好的中国通史来。

中国人民需要好的中国通史，这是因为中国各民族人民千辛万苦，流血流汗，一直在创造着自己的祖国，创造着自己的历史。既然是自己创造的，产生热爱祖国，热爱历史的心情，也是很自然的。①

史学家的艰辛、责任和精神境界，都渗透于字里行间。总的说来，以我个人的浅见，研究 20 世纪中国通史编纂学的发展，在很大程度上就是把握了 20 世纪中国史学发展的脉搏。

那么，20 世纪中国史学发展中最重要的经验是什么呢？对于这个问题，归根结底就是：史学应该关注社会。从史学史的发展来看，自史学产生以来，莫不如此。其程度的差别，主要在于史学家的自觉意识、科学原则与价值取向，以及社会公众对于史学如何看待与回应。在这方面，不论是"新史学"、新历史考证学，还是马克思主义史学，都有相通之处。其特点虽不尽相同，而本质并无区别。新中国成立之前，反侵略、反压迫、爱国图强，是史学音符上的最强音。新中国成立以后，研究和撰写统一的多民族国家的历史，维护国家统一、民族团结，振兴中华，是史学家们的共同目标，这是一条宝贵的经验，不应因有教条主义的曲折和十年"文化大革命"的浩劫而有所疑虑。在这个问题上，马克思主义史学历来高擎鲜明的旗帜，其产生、发展、壮大，都是同中国革命、建设与改革相伴相随、相依相存的，并由此确立起自身的科学性和社会性相统一的原则。

现在来说说，20 世纪中国史学在发展中的最深刻的教训是什么？百年史学，成果多，经验多，教训也多；记取最深刻的教训，一言

① 范文澜：《关于中国历史上的一些问题》，《范文澜文集》第十卷，石家庄：河北教育出版社，2002 年，第 267～268 页。

以蔽之曰：要善于识别借用"历史科学"的旗帜和术语而篡改历史真相、践踏史学尊严的反学术、反科学、反社会、反进步的骗术。"文化大革命"期间，真正的历史学被压制、被排斥，而这种骗术却得以横行无忌，其后果是社会生活、史学发展都遭到严重损害，这是一个历史性的教训。"前事不忘，后事之师"，史学工作者和社会公众从这个深刻的教训中增强了自己的辨别能力，也增强了捍卫史学尊严和科学品格的意识。从这个意义上讲，任何教训都会成为人们走向未来、创造新的业绩的精神财富。

今天，我们对于20世纪中国史学上的一些重要问题还要进一步加以认识。这就是你讲的："如何评价中国马克思主义史学的地位？"这是一个非常重要的问题。马克思主义史学发展到今天，面临的第一个问题就是：新中国成立后十七年（1949—1966）的史学如何评价？这是一个根本性的问题。有人说，这个时期的史学是政治史学，史学是政治的婢女，或者政治的注脚。这就把17年史学都否定掉了，把马克思主义史学都否定掉了。我个人认为，新中国成立初的马克思主义传播是一种先进的历史观的传播；在这个历史观的指导下，经过对许多重大问题的讨论，人们对历史的认识达到了一个新的阶段。在讨论中，不可避免会有一些错误的、不合适的观点出现，但它们都在推进人们的认识。认识不统一是很正常的，但总体而言，认识是在提高的。我经常这样想，如果没有那个时候的讨论，我们对于历史的认识不可能达到今天这样的高度。对马克思主义指导下的17年史学做简单的否定，是不妥当的。

我们面临的第二个问题是：经过拨乱反正、改革开放的这么多年，我们用唯物史观指导中外历史的研究，有进步，也有问题。说有进步，主要是指产生了一批代表性的成果；说有问题，是指对历史理论关注不够。

在17年时期，主流观点是，马克思主义史学是唯一科学的史学，其他都是"资产阶级史学"，不承认历史观的多元性。现在，我们还是要大力发展马克思主义史学，在多元史学同时发展的情况下，扩大马克思主义史学的影响，让它产生更大的作用，这是我们当前的任务。对于马克思主义史学以外的其他各种流派的史学，第一要有包容心，第二要通过讨论和商榷，共同探讨一些问题，这样各方在认识上就可以更接近一些。对于马克思主义史学，光说它"有用、科学"还不行，要在讨论中证明它的见解确实是高明的。何兹全先生曾说过："辩证唯物史观使人聪明"，他是用他的方式在坚持唯物史观。如果我们能多一点像何先生这样对马克思主义史学的坚持，那对马克思主义史学的发展是有帮助的。

我们现在缺少批评和商榷的气氛。学术争论，应该是一种平等、商榷的气氛。应像白寿彝先生说的，要学会站在对方的立场上来考虑问题。我们现在还差得很远。白先生曾在《史学概论》中这样形容20世纪30、40年代的史学："在齐流并进的情况下，马克思主义史学显示出了它的生命力。"这是我们应该坚持的态度和信念。当然，对于个别外国学者错误的说法，我们还是要据理驳斥。

憧憬21世纪的中国史学，最值得我们三思并下大气力去研究的问题，莫过于在唯物史观指导下如何进行新的创造。一则是唯物史观的基本原则应该坚持，因为目前还没有任何科学体系能够取代它来指导我们合理地认识历史；二则是唯物史观并不排斥人们在理论上的创新，因为它从来就认为原则并不能代替具体的研究及其结论；三则是这种创新不是空洞的教条和"体系"，而是把唯物史观的有关基本原则同具体的研究对象结合起来，才具有坚实的基础，才可能提出新的有说服力的理论认识。

20年前，我曾写过一篇文章《中国史学：20世纪的遗产与21世纪的前景（论纲）》，在这篇文章的最后，我诚恳地向年轻的史学工作者提出希望。我想在这里再次表明我的这种心情。

21 世纪的中国史学，要造就出一批能够同世界各国史学家对话的新型的史学家。这些新型的史学家，应有较高的马克思主义理论修养和中国学问的根底，应对世界历史和外国史学有相当的了解，应在专精的基础上努力向通识发展，应具有较高的古代汉语的修养、现代汉语的表述水平和外国语水平，应善于同外国同行合作而又具有中国作风和中国气派。因此，我们应当有一种探索造就新型的史学人才模式的自觉意识。中国史学会会长戴逸教授把"在改革开放中成长起来的一代"史学工作者，称为"探索的一代"①。

是的，这是跨世纪而展宏图的一代史学工作者，希望在他们当中能够涌现出一些这样新型的史学家。②

我相信，21 世纪的中国史学，将会有更加辉煌的成就。

四、从研究史学走向关注历史和现实

周：您主编的五卷本《历史文化认同与中国统一多民族国家》，在学术界受到高度赞誉。2014 年教师节，习近平总书记来北京师范大学，在学校科研成果展区，特别翻看了这部书，称之为"一部好书"。从主编的角度看，您当初怎么确定了这样一个选题？这部书与您从事的史学史研究有怎样的关系？

瞿：我主编《历史文化认同与中国统一多民族国家》这部书的直接起因，是我校申请"211"工程院校时提出来的。"211"一期工程没有文科，二期工程才有文科。"211"工程非常强调"标志性成果"，学校在申报的过程中，就把哲学系、历史系、史学所联合成一个单位，课题内容是"历史与哲学"，作为申报的项目之一——"中国历史与哲

---

① 参见向燕南：《世纪之交的史学回顾与前瞻——访中国史学会会长戴逸先生》，载《史学史研究》1996 年第 1 期。

② 参见瞿林东：《中国史学：20 世纪的遗产与 21 世纪的前景》，载《北京师范大学学报》1996 年第 5 期。

学研究"。校长召集我们几个单位负责人开会,设计"标志性成果"。当时,我代表史学所参加这个研讨,就提出了"历史文化认同与中国统一多民族国家"这个课题。当然,这是一个直接的原因。

至于我为什么要提出"历史文化认同与中国统一多民族国家"这个题目,思想渊源可以追溯得很远。譬如,可以追溯我在 1975 年写的一篇文章《统一多民族国家的历史见证》,甚至可以追溯到 1964 年我的大学毕业论文《论春秋时期各族的融合》(发表于《学习与探索》1981 年第 1 期)。更重要的是读了白寿彝先生的书,吸收了他的民族观和民族关系史的论述。这几个方面的综合影响,使"统一多民族国家"成为我的一个非常深刻的思想认识。还有一点很重要,就是对学科属性的理解:研究史学,归根到底是为了说明历史,是为了服务于现实,这是中国史学的经世致用的优良传统。在这个问题上,我自认是有明确的认识的。20 世纪 80 年代,我写研究杜佑《通典》的文章时,就十分强调杜佑自称"时撰《通典》,实采群言,征诸人事,将施有政"的撰述宗旨。

《历史文化认同与中国统一多民族国家》这部书的著述宗旨,就是从历代的史学家所写的历史著作里面,去发掘人们是如何认识民族关系的,对于那些刀光剑影、和平往来的历史,他们是怎么想的。史学家的著作是我们的主要发掘对象,同时,我们也关注思想家、政治家在这方面的有关言论。现在我们读到当时的一些言论,都禁不住拍案感叹。比如,唐太宗,他在贞观二十二年召集大臣,讨论他的治国之道。他问大臣:"我的才能比不上古代那些有名的帝王,但是我的功业为什么比他们大?"大臣们说了很多,但言不及义。唐太宗于是说:"你们说的都不对,我的功业之所以大,有五条经验",最后一条就是"自古皆贵中华,贱夷、狄,朕独爱之如一,故其种落皆依朕如父母"①。这就是说，他把正确看待和成功地处理民族关系作为自己成就功业的重要原因之一。还有唐代的杜佑，他的民族史观很了不起。他说，人们都看不起夷狄，实际上，"古之中华，多类今之夷狄"②，古代的中华和现在的夷狄是一样的，都很落后；只是因为中华所处的地理条件比较好，经常出"圣人"，"圣人"不断改革，将不好的习俗都淘汰掉了，而夷狄所处的地方，地理条件差，难得出"圣人"，改革就很少。杜佑用地理环境解释文明发展进程，是很合理的。他的这些言论，距离我们现在的认识，也就只是一步之遥，这很了不起。这些思想遗产应该发掘出来，它是直接与我们史学史相关的。统一多民族国家是一个历史的产物，我们今天不仅要从历史事实上，还应该从思想层面来揭示它的发展过程。如果今天有更多的人能够认识到这一点，对于进一步巩固各民族的团结和国家的统一局面，是很有意义的。

周：您说的这一点很重要，我们史学工作者都应当有您所说的这种时代意识。您能把《历史文化认同与中国统一多民族国家》的撰述主旨讲得具体些吗？

瞿：好的，那就借着你采访的机会，我把《历史文化认同与中国统一多民族国家》一书的主旨和根据，再扼要地说说。中国自古以来是一个多民族国家，自秦汉以来更是一个不断发展的、统一的多民族国家，这是一个客观存在，也是一个历史发展过程。我们今天来认识这个客观存在和发展过程，主要有两种考察方法：一种方法是考察历史上各民族的历史及各民族之间关系的历史；另一种方法是考察历史上人们在历史文化认同这个问题上思想观念的历史。许多年来，学术界对前一种考察方法运用较多，并有一些研究成果面世，

①　司马光：《资治通鉴》卷一百九十八，太宗贞观二十一年，北京：中华书局，1956年，第6247页。

②　杜佑：《通典》卷一百八十五《边防》序，北京：中华书局，1988年，第4979页。

具有很高的学术价值和现实意义。对于后一种考察方法，学术界运用较少，研究成果自然就要少一些，这是需要加强研究的方面①。当然，这两种考察不是截然分开的，但考察的侧重点毕竟有所不同。鉴于上述情况，我们采用了后一种方法，用以进一步探讨中国历史上各民族历史文化认同的传统。

为了明确考察的对象和重点，我们可以从历史认同与文化认同两个领域进行探讨。这里说的历史认同，主要指关于血缘、地理、治统的联系与认识；而文化认同，主要指关于心理、制度、道统的影响与传承。这里说的"治统"，主要指政治统治的继承性；"道统"，主要指思想传承的连续性。清顺治八年（1651 年），顺治皇帝祭告黄帝文中有这样两句话："自古帝王，受天明命，继道统而新治统。圣贤代起，先后一揆。功德载籍，炳若日星。"康熙元年（1662 年），康熙皇帝"御制"祭黄帝文中也说："帝王继天立极，功德并隆，治统道统，昭垂奕世。"②由此可以看出，出身于满族的清朝皇帝也都表明，他们是继承了黄帝以来的政治统治，同时也继承了周公、孔子以来的思想传统。看起来话语很简单，其实思想内涵却无比丰富。从今天的观点来看，这可以看作对历史认同与文化认同的高度概括。在中国历史上，这种认同有其久远的传统。清朝皇帝，从顺治开始，都祭祀炎黄。他们不断地重修历代帝王庙，不断增加供奉的帝王，他们承认自己是炎黄"治统"的继承者，这就是一种历史文化认同。

---

① 参见国家民族事务委员会政策研究室编：《中国民族关系史论文集》（上、下），北京：民族出版社，1982 年；费孝通主编：《中华民族研究新探索》，北京：中国社会科学出版社，1991 年；黄爱平、王俊义编：《炎黄文化与中华民族》，北京：中国人民大学出版社，1996 年；陈连开主编：《中国民族史纲要》，北京：中国财政经济出版社，1999 年；费孝通主编：《中华民族多元一体格局》，北京：中央民族大学出版社，1999 年；翁独健主编：《中国民族关系史纲要》，北京：中国社会科学出版社，2001 年，以及林甘泉：《夷夏之辨与文化认同》，载《传统文化与现代化》1995 年第 3 期，等等。

② 李学勤、张岂之总主编，曲英杰主编：《炎黄汇典》祭祀卷第三册，长春：吉林文史出版社，2002 年，第 387 页。

说清朝不属于中国历史，岂非天方夜谭，怎么能说得通呢！

中国历史上民族间的历史文化认同的观念、思想，同任何事物一样，也有一个萌生、成长、发展的过程。为了把这个过程反映出来，《历史文化认同与中国统一多民族国家》一书依照历史的顺序为基本体例，全书五卷按照"四个阶段"和"一个背景"撰写。四个阶段各为一卷，它们是：历史文化认同的趋势与统一多民族国家的形成（第一卷）、历史文化认同的深入与统一多民族国家的发展（第二卷）、历史文化认同的扩大与统一多民族国家的巩固（第三卷）、历史文化认同的升华与统一多民族国家从危机走向新生（第四卷）。这里，我们用了四个关键词，即趋势、深入、扩大、升华，基本上反映了中国历史上历史文化认同这一传统的发展脉络，至于"一个背景"，即"在世界背景下的考察"（第五卷）。这就是说，我们不是孤立地讨论中国历史上的历史文化认同的传统，而是把这个重要历史现象置于世界历史背景加以说明，使之更鲜明，更有说服力，更有历史意义。

这里，我还要强调的是，这部书从立项到出版，经历了十一个年头，是依靠集体的心血和智慧才得以实现的。尤其是第五卷讲"世界背景下的考察"，是在刘家和先生的倡导并主持下所撰写出来的，使这部书有更开阔的视野和更突出的学术价值与现实意义。

你还问道，我主编的这部书，同我研究中国史学史有什么关系，在这里，你提出了一个具有实质性的问题。我在前面讲到"追求史学史的'通'"的问题时，已涉及这个问题，即"通"对于参与或主持一项大的学术工程是重要的前提条件之一。而就中国史学史同中国历史的关系来说，后者是人们认识到的中国历史的发展过程，前者则是对这一过程的记录、撰述与解说。张岂之先生在给我的一封信中说：《历史文化认同与中国统一多民族国家》一书，是你们把白先生的中国史学史研究的知识和理念用予观察、研究中国历史所得到的结果（大意）。这不仅道出了此书的一个特点，也指出了史学史研究与历史研究的辩证关系。进而，我们可以认为，从研究史学走向关注历史和现实，是史学史研究的最高追求。

当然，我们在论述历史文化认同传统的时候，也不能不注意以下两点。第一，在中国历史上，也存在着与各族历史文化认同趋势相悖的言论和思想，但历史已经证明，这些言论和思想并不符合与顺应中国历史发展的潮流。第二，19世纪中期以后，中国受到殖民主义、帝国主义的侵略，国人震惊，眼界和思想都发生了极大的变化，国家观念、疆域观念、民族观念、文化观念等也都发生了极大的变化，中华民族的历史文化认同的优良传统从而进入了一个新的发展阶段。

《历史文化认同与中国统一多民族国家》这本书在撰写过程中，也遇到一些困难，史料浩如烟海，不仅有史学史领域的史料，还有思想史领域的史料，也需要下功夫去发掘。总之，就是要把与"历史文化认同"相关的思想遗产发掘出来。我希望史学界的朋友，尤其是史学界的年轻的朋友们，把"历史文化认同与中国统一多民族国家"这篇"大文章"写下去！

五、关于"家学"传承的思考

周：您跟随白先生学习、研究多年，您能否给我们这些晚辈，尤其是青年学子，讲一讲白寿彝先生的治学精神和学术遗产；同时，也请您谈谈对"家学"传承的看法。

瞿：你提的这个问题很重要。作为白先生的学生，应当有很好的回答才是。但问题太难回答，尤其是做准确的概括。我虽然写了不少文章，但觉得难以有中肯的表述。这里勉强说说，我们一同讨论吧。

白先生的治学精神，可以用他自己的两句话来说。他说："史学工作者要有一种精神追求，要追求历史感和时代感的统一。"这就是说，我们研究历史和史学，不能仅仅为了说明某个问题，还要与时代结合，为现实服务，参与当前的历史运动；仅有历史感是不够的，还要有时代感，反映时代所提出的问题。1983年，在一次关于史学理论的座谈会上，他说，"我国老一辈的马克思主义史学家们，是回答了他们所处的那个时代的现实所提出的一些重大问题"①。这个问题是什么呢？就是历史学与社会主义现代化建设的关系。这就是历史学同全民族的历史教育的关系。他最早讲这番话是在中华书局成立六十周年时，电视台对他进行采访时说的。这是第一点。再一点，就是他说的"史学工作者出其所学为社会服务"。这两句话，或许可以反映出白先生对史学的一种本质的看法，也可视为他的治学精神。

关于白先生的学术遗产，我写过好几篇文章。我想，他给我们最重要的遗产，就是他能够从历史发展的全局提出问题。这就是我在一篇文章中说的"通识与器局"，比如，史学史，他提出史学发展的一条规律——每一个重大的历史事变之后，都会有与之相联系的历史著作问世。他探讨民族问题，也是从全局来看。什么是民族关系的主流？他说，主流是冲突与和好交替进行，但总的来说，民族关系是越来越密切，各民族共同创造了我们国家的历史。他能够在观察历史全局或者发展趋势的过程中，发现问题，提出问题，说明问题。比如，他讲国家的统一和民族的统一，从发展趋势来看，首先是民族内部的统一，其次是某一个地区多民族的统一，再次是全国多民族的统一，最后是社会主义制度下多民族的统一。他提出了封建社会内部分期的精辟见解，认为，地主阶级作为主要矛盾的主要方面，它的变化更能说明问题的本质。所以他提出了"世家地主""门阀地主""品官地主""官绅地主"，用以作为划分封建社会的内部

---

① 白寿彝等：《开展马克思主义史学理论研究》，载《世界历史》1983年第3期。

分期的主要标志。对于整个中国历史，他也有他的看法。夏朝缺少考古材料，所以他讲得较少。他认为，商周是奴隶制时代，西周时奴隶制从繁盛走向衰落，东周初年到春秋战国是奴隶制向封建制的过渡时期，秦统一标志着封建制在全国的建立。1978 年，白先生在《北京师范大学学报》上发表了《中国历史的年代：一百七十万年和三千六百年》。我当时还在外地工作，看到他的文章后就请人用原始的打字机打印出来，油印后发给学生。为什么呢？因为中国历史的年代问题实际上是中国历史的分期问题，这是认识中国历史的一个大问题。

概括说来，白先生留给我们最重要的学术遗产，就是在思想方法上，要从发展趋势、整体格局去看待某一个具体问题，避免就事论事的认识误区。至于他对历史的看法、对史学的看法，可以从《民族宗教论集》《中国史学史》第一册、《中国史学史论集》等著作中清楚地反映出来。他在《中国史学史》第一册里讲到了分期问题，讲到了理论问题，还讲到了他的思考，比如，将来的史学史要怎么发展、断代的史学史要怎么写、要加强少数民族史学研究等。这些问题，很多都是他的未完成事业，要靠后辈去做。他留给我们的学术遗产和思想遗产是很丰富的。

周：我前些年在一篇文章中看到这样一种说法，认为白先生晚年与其把 20 年时间花在编纂大型的《中国通史》上，不如完成自己设想的多卷本《中国史学史》。这跟过去我从施丁先生得来的看法不同。记得我跟您读博期间，白寿彝先生还在世，一次我给施丁先生送他为纪念白寿彝先生诞辰 90 周年做的文章校样，顺便请教他有关白寿彝先生学术的问题。他非常赞同我说的白寿彝先生把《中国通史》视作其最高学术追求的看法。我知道您协助过白先生编纂《中国通史》，而且撰写了《中国通史·导论》卷的重要章节，其间，与白寿彝先生接触自然很多，对这个问题，我想请教一下您的看法。

瞿：从学术专长来讲，白先生的专长是在民族史尤其是回族史研究、民族理论研究和史学史研究这几个领域；从学术贡献来讲，是主编《中国通史》贡献最大。他的民族史研究有时候涉及现在的民族关系，也有很大贡献，但《中国通史》的贡献是代表全民族的，代表国家的，要解决的是"如何认识中国历史"这个根本问题。

白先生主编《中国通史》，是受刺激而有所为的。20 世纪 60 年代，他去国外访问。国外学术界的友人就跟他说："我们跟新中国很友好，我们要跟年轻人讲中国历史，可是你们没有中国通史。"他心里不好受，就说："我们要编。"大概是 20 世纪 70 年代初，周恩来总理主持了一个出版工作会议，强调中国通史还是要写的。1974 年前后，白寿彝先生又出访相同的国家，同行又问起这个问题。白先生说，当时无言以对，但口头上还得讲："我们正在编。"他感到，新中国成立以来，还没有一部贯通的《中国通史》。他觉得自己作为一个史学家，应该对我们祖国的历史作一个明白的交代。1975 年，他组织"中国通史编写小组"，并得到了学校的支持。

白先生计划主编三种"通史"——小型的、中型的、大型的。先写中型的，然后可以扩充为大型的，浓缩为小型的。中型的初稿写出来之后，约两百万字，因种种原因没有出版。后来就开始写"小通史"，即《中国通史纲要》。写完以后，集体逐章逐节地讨论。哪一句不合适，哪一处标点不合适，都要提出来。1980 年，"小通史"出版了，很有一些影响。在"小通史"的基础上，白先生又组织班子，编撰"大通史"，即多卷本《中国通史》。1981－1983 年他都在组织队伍，因为每一个断代都要找人，所以组织起来很困难。首先要确定分卷主编，这虽然很困难，但也得到了广泛的支持。史念海、陈光崇、徐喜辰、斯维至、高敏、杨钊、龚书铎、王桧林这些先生，都是参加了的。可以说，"大通史"是带着一种使命感来写的。《中国通史》是为了说明我们这个民族是怎么发展过来的、要往哪里去、现今处在一个怎样的时代等，是要总结出一些经验出来，并加以合理的说明。这是"大通史"在白先生心中的地位。

至于中国史学史的研究，白先生 1986 年出版《中国史学史》第一册，我认为他是把后面的事情都规划好了。尽管别人不能替代他，但他的学生们，可以按照他的学术思想体系去实现他的规划、继承他的遗产，并不断地加以发展。2006 年已经出版的六卷本的《中国史学史》，可以讲一种实现。其中第一卷是白先生亲手所撰。第二卷到第六卷，出于他的学生之手，自不能与他本人所撰相比，他不一定都满意。但是，他的学术思想是贯穿其中的。如果换一种视角来观察，当某一种学术研究形成了"家学"传统，这也可视为学术发展上的成就。

归根结底，白先生对于中国历史学的最大心愿还是《中国通史》。这也许不是他最早的规划，但确实是他晚年的崇高追求。《中国通史》有几个优点，一是体例上的创新，创立"新综合体"这种形式。二是反映出各个断代史的新的学术成就，像苏秉琦先生"重构中国远古的历史"，当是最前沿的成果。各个断代部分，都请了当时的名家，他们都是成就很突出的学者。可以说，从形式到内容，到新的学术研究成果，都反映了 20 世纪 90 年代的新进展。三是规模大。四是理论性强，其《导论》卷，以唯物史观为指导，阐述中国历史上的一些重大理论问题，堪称一本历史理论著作。在这些方面，《中国通史》还是很难超越的。这样大规模的、具有学术性、理论性的《中国通史》，如果没有一个有见识、有魄力的总主编，没有一个强有力的队伍，是完不成的。戴逸先生说，《中国通史》是 20 世纪中国史学的"压轴之作"，是中肯的评价。

总之，白先生在民族史与民族理论、中国史学史、中国通史这三个领域都有杰出的学术贡献，但是地位是不一样的。关于民族理论，白先生的见解是全面的、深刻的。关于中国史学史，他在新中国成立前研究成果的基础上，大大地开拓了中国史学史研究的深度和广度，使史学史成为一个影响比较大的学术领域。而"大通史"则被誉为20世纪中国史学的"压轴"之作。

周：您在上面的谈话中提到了"家学"传统，刚才我也问到了这个问题，您可以谈谈关于"家学"传承的问题吗？

瞿：当然可以。重视"家学"是中国学术的传统之一。当然，现今我们所讲的"家学"，已不是章学诚说的"《春秋》家学"，这是章学诚最推重的家学；也不是章学诚所说的司马谈、司马迁与班彪、班固父子传承的家学；而是接近于章学诚所说的第三种家学，即"史家著作成书，必取前人撰述，汇而列之，所以辨家学之渊源，明折中之有自也。"这几句话，出自章学诚的《永清县志·前志·列传序例》，载《章学诚遗书》。他在这里所说的"家学"，具有广泛的含义，强调"辨家学之渊源，明折中之有自"。依我的肤浅理解，说的是学有所本。我借用章学诚此种"家学"含义，以说明师承关系所形成的"家学"以及学术发展的源与流的关系。从我自己来说，自1964年做研究生以来已有50多年，自1981年回到母校跟随白先生做教学、研究工作也有30多年了。几十年来，从研究范围、治史宗旨以至于研究方法、学术话语，无不受到白先生的影响。久之，形成自觉意识，要把白先生的治学精神、学术志趣继承下来，传授下去，同时还要有新的追求和创造。在白先生的学生中，有这种自觉性者，并非我一人，这从一个方面反映出了白先生治学精神和学术遗产的魅力。我热忱地希望我的学生们和其他一些年轻的朋友，认识到这种魅力而激励自己的学术志向。

周：1985年3月，在白寿彝先生主持下，在北京举办了"史学史座谈会"，这也是新中国成立以来第一次聚集全国的中外史学史研究者开这样的会议，意义重大。《史学史研究》1985年第2期刊载了学者们在座谈会上的发言，最后一篇是"凌晨"写的《史学史座谈会纪事》。听人说，"凌晨"就是您的笔名，请您予以证实。

瞿："凌晨"是我的笔名，是我介绍白先生的文章而用的笔名，一篇《历史上民族关系的主流是什么?》，另一篇是《怎样对待史学遗产?》，都发表在《人民日报》上。第一篇是 1981 年 12 月发表的，第二篇是 1982 年 1 月发表的，前后不超过一个月。"凌晨"的笔名就是从这里来的。

周：您的这一番分析，对全面认识白寿彝先生的治学精神和学术遗产，很有启发。您关于"家学"的看法，很值得我们晚辈深思。

瞿：我在《史学遗产和史学研究——读〈谈史学遗产答客问〉书后》那篇文章里面很大胆地这样说："培养专门之才很困难，培养通识之才更困难。"然后我说，我统计了一下，白先生连续发表的这四篇《谈史学遗产答客问》，引用了 180 多种文献；他关于史学遗产的许多见解，对推进史学研究来说，是很重要的。研究断代之学，不容易驾驭具有通识性的工程。只有"通"了，才可能驾驭通识性的工程，这是很显然的。希望我们史学界的年轻朋友们在专门之才的基础上，向着通识之才努力攀登。

周：谢谢您给我们谈了这么多。这些内容既有重要的学术意义，又有宝贵的史料价值，很值得寻思和回味。

瞿：也谢谢你。你提出的问题使我想起了诸多往事，促使我从理论上进一步思考了不少问题。

周：再见!

瞿：再见!

出版说明

　　本卷收入作者近 30 年来所做的学术演讲 21 篇，系首次结集出版。作者近年还接受过一些学术专访，这些访谈多与演讲内容相关联，故将已有访谈录附 6 篇置于本书之后。

后记

  2015 年春夏之际，北京师范大学出版社制订了一个为资深教授出文集的出版计划，这使我十分感动，表示一定积极配合。这年夏天，谭徐锋先生和宋旭景女士来访，进一步商谈此事并达成共识。

  出版社方面由宋旭景女士具体负责文集的策划、统筹和编辑事宜。宋旭景女士作为策划编辑，在文集部帙、版本选择、规范体例等方面，做了大量的、细致的工作，又为协调文集各卷的编务，付出很多的辛劳，大大加快了前期编辑工作的进程。2015 年冬，十卷本的《瞿林东文集》顺利地进入编辑、出版程序。

  文集各卷的责任编辑在整齐版式、校核文字、统一注释体例诸多方面，不辞事情的烦冗、细碎，都耐心对待，显示出严谨、认真的编辑作风。

  在《瞿林东文集》即将付梓之际，我首先要对北京师范大学出版社表示衷心感谢，向策划编辑宋旭景女士和各卷责任编辑表示衷心感谢！

同时，我不会忘记，几十年来，在学术上给予我指导、启发和帮助的师长们，以及史学界的许多同行，还有报社、杂志社、出版社的一些朋友，我向他们表示敬意和感激之情！我也要感谢我的家人对我多方面的支持！

我的一些早年毕业的博士研究生和目前正在就读的几位博士研究生，协助我校阅了文集各卷的校样，他们是：刘开军（第一卷）、朱露川和曲柄睿（第二卷）、毛春伟（第三卷）、陈安民（第四卷）、尤学工（第五卷）、赵梅春和邱锋（第六卷）、范宇焜（第七卷）、阎静（第八卷）、李凯（第九卷）、于泳（第十卷），胡祥琴博士校阅了第十卷中部分未发表过的文字。他们的帮助，保证了文集得以按时出版。我向他们表示真诚的谢意！

这里，我还有两点说明。

第一，近年学术界、出版界对于论著的注文有规范的格式，在编辑者和校阅者的共同努力下，文集各卷都在注文应包含的信息方面作了很多补充，以符合规范。其中，在征引文献的版本方面，则尽量以通行的或常见的版本作了相应的替换，以便于读者阅读。

第二，《瞿林东文集》收入的专书、论文，多撰于 20 世纪 70 年代末，有的至今经历了近四十年，历史的印记和学术的轨迹，或多或少都会有一些呈现出来，其中必也包含着某种不足甚至缺陷，敬祈读者不吝赐教。

瞿林东

2016 年 10 月 1 日谨记

图书在版编目(CIP)数据

走进我们共有的精神家园:近三十年史学演讲录 / 瞿林东著.
—北京:北京师范大学出版社,2017.9
(瞿林东文集;第十卷)
ISBN 978-7-303-21543-0

Ⅰ.①走… Ⅱ.①瞿… Ⅲ.①史学—文集 Ⅳ.①K0-53

中国版本图书馆 CIP 数据核字(2016)第 270708 号

营 销 中 心 电 话　010-58805072　58807651
北师大出版社高等教育与学术著作分社　http://xueda.bnup.com

QULINDONG WENJI

出版发行:北京师范大学出版社 www.bnup.com
　　　　　北京市海淀区新街口外大街 19 号
　　　　　邮政编码:100875
印　　刷:北京盛通印刷股份有限公司
经　　销:全国新华书店
开　　本:787 mm×1092 mm　1/16
印　　张:24.75
字　　数:337 千字
版　　次:2017 年 9 月第 1 版
印　　次:2017 年 9 月第 1 次印刷
定　　价:138.00 元

策划编辑:宋旭景　　　　　责任编辑:张　爽
美术编辑:王齐云　　　　　装帧设计:王齐云
责任校对:陈　民　　　　　责任印制:马　洁